中公文庫

文明の生態史観

増補新版

梅棹忠夫

中央公論新社

目次

文明の生態史観

増補新版

東と西のあいだ

解説

一九五五年の五月から一一月まで、ちょうど半年のあいだ、わたしは、アフガニスタン、パキスタンおよびインドを旅行した。当時わたしは、大阪市立大学理学部に所属していたが、京都大学がカラコラム・ヒンズークシ学術探検隊というのを組織し、西南アジア方面に派遣するにあたって、わたしを、その隊員のひとりとして参加させることになったのであった。

この探検隊は、戦後の日本から海外に派遣された学術探検隊としては、最初にして最大の規模のものであった。隊長は、当時農学部の教授であった木原均博士で、ほかに、植物学、地質学、人類学、考古学、言語学、医学などの専門家たちが十数人参加した。隊は、カラコラム隊とヒンズークシ隊とに編成され、その行動範囲は、アフガニスタン、パキスタン、インドおよびイランの四カ国にわたった。

この探検隊については、当時の新聞などにもくわしく報道され、また、その記録映画「カラコルム」が一般公開されたりしたので、記憶しておられるかたがすくなくないとおもう。この探検隊については、一般読者のための概説的報告書として、木原均編『砂漠と氷河の探検』(註1)があるほか、隊員たちの著書がいくつかある。また、正式の学術報告書としては、英文で大部のものが出版されている。第一冊が一九六〇年にでて、一九六六年に第八冊が出版され、ようやく完結した（註2）。

わたし自身は、探検隊ではヒンズークシ隊に属し、人類学を担当した。わたし自身の旅行についていえば、それは三つの段階にわかれる。第一段は、カラチからカーブルまで。第二段はアフガニスタン一周。第三段は、カーブルからカルカッタまで、となる。

わたしの旅行の概略については、帰国後まもなく出版された『砂漠と氷河の探検』に、かんたんな日記の形で収録されている。また、旅行の第二段の、ゴラート地方におけるモゴール族の調査のいきさつについては、『モゴール族探検記』という本にくわしくしるした（註3）。アフガニスタン国内における見聞については、写真を主として、『アフガニスタンの旅』という小冊子をつくった（註4）。

ここに収録した「東と西のあいだ」というエッセイは、主として旅行の第三段階での経験を材料としている。すなわち、パキスタンおよびインドが中心で、アフガニスタンは、ここではあまり問題になっていない。アフガニスタンでの経験は、専門の人類学的研究という点では、もちろん貴重な収穫をたくさんもたらしたが、わたしに比較文明論への目をひらかせてくれたのは、むしろ旅行の第三段階、すなわちパキスタンおよびインドの旅だったのである。本文中に、F・H・シュルマン博士とE・ランダウアー氏という、ふたりのドイツ系アメリカ人学者がでてくるが、ふたりともこの第三段階の旅行の同行者である。三人で、カーブル以来、一台のフォルクスワーゲンでいっしょに旅行したのであった。旅行中の、とくに歴史学者のシュルマン博士とのディスカッションは、ひじょうに得るところがおおきかった（註5）。

この文章は、印象記ふうのエッセイとでもいうような形をとっていて、紀行ではない。のちに、旅行中の日記をもととして、ちょうどこの旅行の第三段階の部分の紀行をかいた。「世界の旅」第二巻に収録されている（註6）。

わたしはもともと、自然科学ばたけの出身で、大学もこの当時は理学部に属していたし、このエッセイでとりあつかったような、文化だとか、芸術だとか、宗教だとか、歴史だとか、そういうものについて、かんがえたりかいたりするようになろうとは、夢にもおもっていなかった。ところが、わたしがこの旅行からかえって、最初に発表したものがこれである。この旅行は、やはりわたしにひとつの転機をあたえてくれたようだ。

原稿は、当時河出書房からでていた雑誌『知性』にわたし、翌年（一九五六年）の二月号にでた（註7）。雑誌にでたときはべつの題になっているが、こんどここに収録するにあたって、もともとわたしの頭のなかにあった題にもどした。

一〇年たって、いまよみかえしてみると、不十分な点がすくなくない。しかし、このあとにつづくいくつかの文章の、これはまえぶれのような位置をしめている。あとのものをいっそうよく理解していただくために役だつだろうとおもい、そのままの内容でここに収録した。ただ、もとのものは、文章がいかにもまずく、意味の通じにくいとおもわれる点もおおいので、すこしく手をいれた。小見だしもふやし、小節の順序をいれかえた点もある。

（註1）木原均（編）『砂漠と氷河の探検』一九五六年三月　朝日新聞社
（註2）*Results of the Kyoto University Scientific Expedition to the Karakoram and Hindukush*, 1955, Kyoto University.
vol I. YAMASHITA, K.(ed.), *Cultivated plants and their Relatives*. 1965
vol II. KITAMURA, S.(ed.), *Flora of Afghanistan*. 1960
vol III. KITAMURA, S.(ed.), *Plants of West Pakistan and Afghanistan*. 1964
vol IV. UENO, M.(ed.), *Insect Fauna of Afghanistan and Hindukush*. 1963
vol V. IMANISHI, K.(ed.), *Personality and Health in Hunza Valley*. 1963
vol VI. *The Zirni Manuscript*. 1961
vol VII. MATSUSHITA, S. & K. HUZITA, *Geology of the Karakoram and Hindukush*. 1965
vol VIII. KITAMURA, S. & R. YOSII(eds), *Additional Reports*. 1966
（註3）梅棹忠夫（著）『モゴール族探検記』（岩波新書青版二五三）一九五六年九月　岩波書店（「著作集」第四巻『中洋の国ぐに』所収）
（註4）梅棹忠夫（監修・写真）岩波書店編集部・岩波映画製作所（編集）『アフガニスタンの旅』（岩波写真文庫二〇一）一九五六年一〇月　岩波書店（文章のみ「著作集」第四巻『中洋の国ぐに』所収）
（註5）かれはのちに、このときの研究をまとめて、つぎの本を出版している。
SCHURMANN, H. F.; *The Mongols of Afghanistan——An ethnography of the*

Moghôls and related peoples of Afghanistan, 1962, Mouton & Co.

（註6）梅棹忠夫（著）「カイバル峠からカルカッタまで」『インドから熱砂の国へ』「世界の旅」第二巻　六五―一五八ページ　一九六二年一月　中央公論社（「著作集」第四巻『中洋の国ぐに』所収）

（註7）梅棹忠夫（著）「日本はアジアの孤児だ――インド・パキスタン・アフガニスタンの旅から」『知性』二月号　第三巻第二号　一七四―一八九ページ　一九五六年二月　河出書房

I　困難な課題

北の国・日本

一九五五年一一月一一日、わたしは、インドから日本にかえってきた。羽田空港には、夜の九時半についた。カルカッタのダムダム空港をでたのは、その前日の夕がたの七時だった。そのあいだに、わたしは、経度にして五〇度以上の、巨大な空間をこえてきたのである。とてもそういう実感はない。信じられないようなことだ。

空港におりたったときの感じからいうと、夜の羽田のくらやみのすぐむこうに、あのカルカッタをおしつつんでいる、しめった、なまあたたかい熱帯の気団が、この東京上空をおおう、つめたい気団にすぐ接して、どろんとわだかまっているような気がするのである。

それにしても、日本はなんとさむいところなのだろう。それが、日本にかえってきたときの最初の印象である。羽田についたあくる日、わたしは東京の町にでてみて、道をゆく人びとの服装にとまどいする。みんなオーバーをきている。そして、みんな地味な、くろっぽい服をきている。わたしが、この半年のあいだ、毎日みなれてきた服装といえば、たいていはかろやかで、色はただまっしろか、さもなければこなれのわるい強烈な色彩のものばかりであった。それに対して、いまみる日本の風俗は、ひどく北国的な重厚さをもって、わたしにせまってくるのである。

わたしは、まえに、だれだったかヨーロッパを旅行してきたひとのカラー・スライドをみせてもらったのをおもいだしている。東京の街頭風景は、そのときみた北ヨーロッパの町に、にているのである。街路樹のかれ葉がちり、枝ははだかである。なんとさむざむした風景であろうか。日はてっている。しかし、カラチやニューデリーでのてりつけかたにくらべたら、東京の日ざしの、なんとよわよわしいことか。東京は北国の都市なのだ。わたしは、日本は北の国なんだなあと、あらためておもいしる。

日本が北の国だなんて、いままであんまりかんがえたこともなかった。旅行にでるまえは、景観的にも文化的にも、むしろ南の国ぐにとの親近性のほうがつよいように感じていたくらいである。ところが、その南の国ぐにを旅行してみて、わたしははじめて、日本がたいへんな北国であることをしったのである。

外国へでてみて、日本のことがはじめてわかった。これが、旅行というもののもつ、たいせつな効果のひとつである。旅行は、訪問さきの国ぐにについて、ゆたかな知識をあたえてくれるとともに、自分の国についての、あたらしい認識をもあたえてくれるものなのだ。旅行は二重の収穫をもたらすのである。

だから、ここでおはなししようとしている、わたしの印象記ふうの旅行談も、ふたつの内容をふくむことになるだろう。ひとつは、わたしが旅行したアジアの国ぐにについての印象であり、もうひとつは、わたしのアジア旅行をとおしてみた日本の印象である。

アジアの国ぐにについては、ヨーロッパの人たちが、すでにたくさんの紀行や印象記をかきのこしている。しかし、ここでアジアの国ぐにについてかたろうとしているのは、ヨーロッパ人ではなく、ひとりの日本人である。アジアを、その西側からではなく、東側からみたら、どのようにみえるか、それをかたりたいのである。また、日本についていえば、たくさんの日本人が、主としてヨーロッパ諸国との比較において、日本を論じている。しかし、ここで日本についてかたろうとしているのは、ヨーロッパとの比較においてではなく、アジア諸国との比較においてである。日本を、ヨーロッパからではなく、アジアからみたらどうみえるかを、かたりたいとおもうのである。

群衆

アフガニスタンは、面積は日本の二倍ちかくある。そこにすむ人口は、わずか一二〇〇万にすぎない。国のなかのどこへいっても、ほんとにひとがすくないのにおどろく。

わたしは、アフガニスタンを旅行しながら、日本の、おそるべき人口密度のことをかんがえた。大阪や東京の街頭風景がおもいだされてくるのである。いつはてるともしれぬひとのながれが、ざわざわ、ざわざわと、わたしの頭のなかを、いったりきたりする。日本はこれから、どうなるのだろうか。日本の人口問題の深刻さをかんがえて、わたしは、くらい気もちになる。そして、アフガニスタンにおける人口密度の稀薄さをうらやましいとおもう。

ところが、わたしは、アフガニスタンからあと、パキスタン、インドをとおって日本にかえってきた。そして、そのうえで日本をみると、ひどく印象がちがうのである。東京の街頭にたって、あたりをながめまわす。アフガニスタンにいたときに、わたしの頭のなかをいったりきたりした、あのおびただしい群集のすがたは、どこにもない。現実の東京の街頭には、人かげは、ほんのまばらに、ぽつんぽつんとみえるだけなのである。わたしはいつのまにか、日本の群集のイメージを、現実よりもうんとコンパクトなものに、頭のなかでかってにつくりかえていたのであろうか。

現実の東京が人口稀薄にみえる最大の理由は、わたしがインドをとおってかえってきたからにちがいない。インドの街頭風景はみてきたばかりである。そのイメージは、まだ変形をうけていない。わたしは、あのカルカッタの下町にうごめく群集の姿を、一種のものすごさの感じとともにおもいおこす。

カルカッタ。人口七〇〇万。なんというとほうもない都会だろうか。この、面積においては東京よりははるかにちいさいとおもわれる都会の、いったいどこに、これだけのおびただしい数の人間が、すんでいるのだろうか。

カルカッタの雑踏は、まったくめちゃくちゃである。わたしたちは、カルカッタの市内では、車の運転をあきらめた。人間と、自動車と、牛との、このすさまじい混雑のなかを、安全に車をはしらせることは、われわれのようなよそものにはむりである。わたしたちは、ホテルをでて町へゆくときには、もっぱらあるいてゆくことにする。

しかし、あるいてゆくのも、かならずしもかんたんではない。歩道のうえも、ひとがいっぱいだからだ。わたしたちは、スリを警戒しながら、そして、こじきをおっぱらいながら、一本うりをしている万年筆のたちうり屋のあいだをぬうて、ひとをかきわけながらあるくのである。

カルカッタの街路は、文字どおりひとでうずまっている。人びとは、道路のうえにねむっているのである。人びとは、路傍にねむり、階段にねむり、屋上にねむっているのである。夜のカルカッタでは、どこへいっても、ねむっている人間のどこかをふみつけないように気をつけてあるかなければならないのである。

　そういうところからかえってきたばかりなのだから、東京が人口稀薄にみえたとしてもふしぎではない。カルカッタにくらべたら、東京の群集なんて、ものの数ではないのである。

試　練

　パキスタンで、わたしたちは、大洪水にであった。水は、はてしもなくひろがるパンジャブの平原をひたして、ゆっくりと南にうごいていた。パンジャブの、いくつの村が水びたしになったのか、わたしはしらない。おそらく、何千何万という数であろう。また、被災者の数がどれくらいにのぼるのか、見当もつかない。おそらく、数百万人という数であろう。いったい、これはどういうことになるのか。

　わたしは、ラホールでしりあいになった医者とともに、水害地救援の奉仕隊に参加して、被災した村のひとつをおとずれた。水におわれた避難民たちは、ゆくところもなく、水面よりわずかにたかい道路のうえに、何キロにもわたってならんでいる。かれらは、そまつな寝台のほかは、ほとんどもちものをもっていない。もともとまずしい難民たちだ。まずしいうえに、水がさらにすべてをうばってしまったのだ。

いくらか水のひいた村へいった。道路からはずれて、クリークを渡渉する。ここが村だというところへいってみたが、村らしいものはない。農民たちの家は、土づくりである。水がきて、家はみんなとけてなくなってしまったのだ。なにもかも泥になってしまった。泥は際限もなく大地をみたしている。そして、その泥のうえに、農民たちはすわりこんで、絶望的な目をわれわれにむけている。

農民たちは、穀物を全部水につけてしまった。かれらは、たべるものがない。これは、たいへんなことだ。わたしは、ことの重大さを、ようやくさとりはじめる。数百人、数千人の被災者なら、なんとかなるだろう。しかし、数十万人、数百万人の食がないとしたら、どういうことになるのか。パンジャブは、西パキスタンではいちばん人口密度のたかい地方である。そこがやられたのである。この、巨大な人口のうえた農民たちを、いったいだれがたべさせるのだろうか。

わたしたち、水害地救援の奉仕隊は、豪勢な自家用車に、なにがしかの食料をつんででかけた。それは、正直にいって、金もちが貧乏人に対しておこなうところの慈善以上のものではない。慈善は、しないよりはしたほうがよい。しかし、こういうささやかな善行が、この災害、このうえたる大群集に対して、どれほどの効果をもたらすであろうか。必要なのは、もちろん、個人的規模における善意のほどこしではなくて、国家的規模における効果的な救援である。うまれて間のないパキスタン国家は、重大な試練にたたされている。

しかもここでは、災害はめずらしいことではないのである。パンジャブの平原をつらぬいてながれる五本の大河は、毎年どこかであふれる。そのたびに、数万人の被災者がでて、パキスタン政府は、英雄的な奮闘をしなければならないのである。新生のパキスタン国家が直面しているのは、こういう問題なのであった。

困難な課題

わたしは、インドにおいても、おびただしい数のまずしい人たちをみた。とにかく、この国では、人間がありあまっているのである。そして、社会からはみでた人たちは、自分自身のダンピングをしてでも、なにかの、ささやかな仕事にありつくほかはないのである。かれらは、まったくおどろくべき低賃金ではたらいている。日本でも、低賃金のことをいうのに、「インド的低水準」という形容がおこなわれているのである。しかし、わたしがデリーであったある経済学者は、憤慨していった。

「なにが、『インド的低水準』なものか。そういうことをいうのは、インドの、言語を絶する低賃金の実状をしらぬ人だ。これにくらべたら、日本の低賃金なんて、極楽にいるようなものだ」

インドを旅行していると、まったくたまげるような職業にぶつかる。ここでは、洗濯ものをほすのに、ものほしざおにかけたりはしない。女が身にまとうサリーは、ながい一枚の布である。ふたりの男が、その両端を手にもって、日のあたるところにたつのである。そのまま、かわくまでたっている。

わたしはまた、道ばたにはいつくばって、手で地面をたたいている男をなんどもみた。それは、道路の修理工である。道具ももたずに、れんがのひとつひとつを、素手で地面にうめこんでいるのである。おそるべき人海戦術だ。

インドの人口は四億にちかい。中国についで、世界第二の大国である。パキスタンはほぼ一億、世界第六位である。この、巨大な人口、しかも、このおどろくべき貧困。これはいったい、どうなるのだろうか。

人口問題というものは、もちろん相対的なものである。けっきょくは、生産力しだいだ。人口がいかにたくさんでも、生産力があがれば「問題」は解消する。しかし、この巨大な人口を貧困から脱出させるほどに生産力をあげるには、どうしたらいいのか。うまれて間のないふたつの国、インド国家とパキスタン国家がいま直面しているのは、こういう課題である。しかし、これはきわめて困難な課題といわなければなるまい。

わたしたちの国、日本も、人口問題になやんでいる。インドやパキスタンも人口問題になやんでいる。それは、名目上はおなじ人口問題である。しかし、わたしはインド、パキスタンの実状をみて、これはだいぶん問題がちがうとおもった。わたしたちの国の人口問題は、いわば、子どもたちがおおきくなるころには、さぞ就職難がはげしくなっていることだろう、というような問題である。ここ、インドやパキスタンのは、あすの、あるいはきょうの生命の問題なのだ。これだけの人口が、あす、あるいはきょう、なにをたべるかという問題なのだ。名目はにていても、実質は全然ちがう。

わたしたちの国が、八〇年まえに近代化をはじめたころには、人口問題は存在しなかった。しかし、インドやパキスタンは、独立のその日から、この深刻な問題をかかえているのである。これらの国の前途のけわしさをおもわずにはいられない。

II 「分離」以後

「分離」以後

インドもパキスタンも、独立以来、急速に変容しつつある。それは、もうむかしの英国統治時代のインドではない。これは、まちがいのないことだろう。

しかし、それでは、どこがどのようにかわったのか、具体的に説明せよ、ということになると、独立まえのインドをしらないわたしには、なんともこたえようがない。たいへんかわったようだ、ともおもえるし、またある場合には反対に、すこしもかわっていないのではないか、とおもうこともある。

たしかにかわりつつあるという印象をうけるのは、たとえば、パキスタンの首都カラチのような場合である。ここではいま、さかんに建設をやっている。おおきい建築物は、みるからにあたらしいものがおおいし、また、れんがだての家を、現在もなお続々とたてている。この町は、もともとはふるい商港だったのだが、それほどおおきい町ではなかったはずだ。独立後、パキスタン国家の首都となって、急速に発展した町なのである。この町がめざましく変容しつつあることは、はじめておとずれたわたしたちにも、あきらかにわかる。

いっぽう、ちっともかわっていないのではないか、などとかんがえるのは、つぎのような例にぶつかるからである。パキスタンの、ラホールの近所では、巡査はカーキ色の制服をきている。そして、短ズボンで、帽子はあかい房のついたターバン型のものである。それは、たいへん特徴のあるもので、いっぺんみたらわすれられない。ところで、わたしたちは国境をこえて、パキスタンからインドにはいった。すると、インド領であらわれてきた巡査が、おどろいたことには、パキスタン領のとまったくおなじ服装をしているのだ。

とにかく、国がちがうのである。それが、国境をはさんで官吏の制服がおなじであるというのは、どうかんがえても奇妙である。これは、つぎのように解釈してよいだろう。つまり、この制服は、イギリス統治時代の旧パンジャブ州の巡査の制服なのだ。それが、一九四七年のいわゆるパーティション（分離）によって、インドとパキスタンにわかれたときに、パンジャブの西半分はパキスタンに、東半分はインドに帰属することになった。そこで、それ以来、インドとパキスタンの両方におなじ制服がのこることになった、というわけである。

いいかえれば、独立のときに、旧植民地の制度をそっくりそのままひきついで、しかもパーティション以来八年にもなるのに、どちらの国も、それをかえようとはしなかったのだ、ということになる。日本人の神経では、ちょっと理解しにくいようにおもった。日本人なら、諸政一新、たちまちあたらしいものにかえているだろう。インドやパキスタンで、独立とか革命とかいうことばをつかわずに、単にパーティションといいならわしているのは、意味があるのかもしれない。それは、「御一新」などではなくて、ほんとに、単なる「分離」にすぎなかったのかもしれない。ここでは、革命はまだすんでいないのではないか。

コマと大盤石

もうひとつ、例をあげよう。インドのある町で、ホテルの食堂にいった。壁に、多色ずりの、うつくしい観光ポスターがたくさんならんでいた。それぞれ、インド各地の風物をえがいたもので、どれにも、英文で、"Visit India" と標語がはいっている。わたしは、そのなかの一枚に眼をとめた。画は、あきらかにカイバル峠をあらわしている。そしてNorth-West Frontier（西北辺境州）という字がみえる。

わたしは、たまげてしまった。カイバル峠は、先日わたしたちが、アフガニスタンからパキスタンいりをしたときに、こえてきたばかりだ。カイバル峠も、それをふくむ西北辺境州も、いうまでもなくパキスタン領である。それが、"Visit India" の観光ポスターになっているのである。

これも、こういうことなのだ。この "Visit India" というときのインドは、むかしのイギリス領時代のインドなのである。つまり、このポスターは、カイバル峠をふくむ西北辺境州がまだインドに属していた時代、すなわちパーティション以前につくられたものなのだ。その後、すくなくとも八年以上のあいだ、インドの分割、インド、パキスタンの独立という大事件があったのもしらぬげに、このポスターは、この食堂の壁におなじようにかかりつづけていたのである。それをおもうと、わたしはちょっとほほえましくなった。インドもパキスタンも、けっきょくはひじょうに安定した社会なのではないかと、わたしはおもった。戦後、変化はたしかにあった。イギリスは後退し、政権はわたされた。しかし、インド人、パキスタン人の社会の様相を一変させるような変化は、まだなにひとつおこっていないのではないだろうか。あるいは、すでにどこかでゆっくりと準備中であるとしても、それはまだ、目だって表面にでてきてはいないようである。

いっぽう、日本はどうだろう。こういう変化のすくない国にくらべて、変転きわまりない日本の世相も、きわめて特殊なものであろう。日本人は、つねになにかあたらしいものをもとめているようだ。すこし時間がたったという以外にべつに理由もなく、ふるいものを、あたらしいものにとりかえる。それが日本のやりかたである。日本では、どんなうつくしい観光ポスターにせよ、おなじものが八年間もホテルの食堂の壁にかかっている、などということは、とうていかんがえられないことである。日本では、観光ポスターなどというものは、毎年あたらしくつくるものである。

じつは、観光ポスターを毎年とりかえたところで、社会が本質的なところでかわるわけではない。日本も、表面的なところでいかにめまぐるしくかわっても、全体としては、かなり安定した社会であることはまちがいない。ただ、インドやパキスタンの安定ぶりとくらべると、そこにはおのずからちがいがある。インドやパキスタンの社会の安定は、いわば大盤石の安定である。いわおのごとき安定である。そして、日本の社会の安定は、よく廻転しているコマの安定である。大盤石をひっくりかえそうとすれば、たいへんなエネルギーがいる。しかし、コマは、ブンブンまわっているかぎりの安定なのである。

官僚

インドも、パキスタンも、イギリスの支配から脱して、独立した。しかし、われわれからみると、これらの国ぐには、ひじょうにたくさんのものを、イギリス体制からひきついだようにおもえる。そして、それをなかなかにかえようとしていないようにみえる。

こういう見かたがある。この国を統治していたのが、ふるいものに執着する傾向のいちじるしいイギリス人である。旧イギリス領インドの人たちは、イギリスの文化を吸収し、その旧慣墨守の性癖まで習得したのだ、という見かたである。どこまであたっているか、わたしはしらない。

ちょっと意外だったのは、インドにおいて、イギリスはたいへん人気がある、という事実である。わたしたちは、反英闘争や独立運動のこと、それに、独立後のつよい民族主義のことなどをきいていたから、なんとはなしに、インド人は反英的なんだろうとおもっていた。しかし、これはたいへんちがっていた。インドでは、イギリスは一般に尊敬されているようである。独立によって、価値体系の転覆はおこらなかったようである。イギリスは、まことにみごとな撤退をやったものである。

インド人の官僚主義は、どうやら定評のあるところらしい。インドをおとずれたひとは、だれでもそれをいう。みんな、それぞれに、なやまされた経験があるのであろう。そして、これもまた、イギリスのインド支配の遺物であろうか。

インドの官僚については、わたしも、おもしろい経験——いや、おもしろくない経験かもしれないが——を、なんどもした。たとえば、わたしは出国まえに予防注射の証明書の一部の期限がきれていることに気がついて、その注射をしてもらおうとこころみたことがある。いくつもの官庁を、つぎつぎにたらいまわしにされて、まる一日ついやして、けっきょく注射をしてもらうことはできなかった。それでいて、おどろくべきことだが、出国のためにはその注射は不必要であるということを、わたしが自分で発見するまで、インドの官僚たちは、だれひとり、おしえてくれなかったのである。

責任回避、不親切、形式主義、非能率など、官僚主義のいくつかの特徴は、たしかにしばしばインドで経験するところである。インド人の官僚主義的傾向を指摘するのはやさしい。しかしわたしは、それにも、むりからぬ点があるようにおもう。この人たちは、ながいあいだイギリス人の支配のもとにあったのだ。自己の決断と努力の結果が、自己の身のうえにみのりとなってかえってこないような社会にあっては、だれがきびきびとはたらけるだろうか。

インドは、独立後まだ八年しかたっていない。植民地時代の精神的悪弊からぬけきるためには、時間が必要である。現にわたしは、すでにインドにおいて、すばらしく有能な官吏をなんにんもみた。かれらは、わたしのもちこんだ、かなりやっかいな問題を、責任と親切さをもって、しかも即座に、さばいてくれたのである。

植民地と英語

わたしがつとめている大学は、大阪の扇町にある。京都の家までかえるには、梅田のターミナルをとおらなければならない。そしてそのとき、国鉄の大阪駅のうえに、おおきなネオン・サインがあがっているのが、いやでも目につく。それは、OSAKA STATION と、英語でかいてある。それから、おとなりの中央郵便局のうえをみると、POST OFFICE というのがみえる。やはりおおきなネオン・サインだ。

わたしはまえから、こういうのをみて、まいど憤慨していた。どういうつもりだ。国民の、国民のための、駅であり郵便局であるはずだ。それに、どうして英語で看板をあげるのだ。だいたい、タバコの名まえもけしからん。日本のタバコに、PEACEとはなにごとだ。植民地根性もいいかげんにするがいい。わたしは、日本における英語の無意味なはんらんに、かんしゃくをおこしたのである。

ところが、こんど日本にかえってきて、おどろいた。すっかり印象がちがうのだ。日本は、なんと英語の看板がすくない国だろう。

日本がかわったのではない。大阪駅のも、中央郵便局のも、英語のネオン・サインはそのままである。しかし、みる目がかわったのだ。わたしの目がかわったのだ。インドやパキスタンにおける、英語、英字のはんらんぶりをみてきた目には、日本における英語のはんらんなんて、問題ではない。

たしかに、パキスタンにおいてはアラビア文字がもちいられている。インドには、デーヴァナーガリー文字やベンガーリー文字がある。そして、パキスタン人、インド人は、それらの文字で、自分たち自身の言語をかきあらわしている。しかし、じっさいに町のなかなどで目にふれる文字といえば、それらいわば固有のものと、ローマ字でかかれた英語と、どちらがおおいかというと、かんたんには結論がだせないだろう。それほど、英語がはんらんしているのである。カルカッタの繁華街などでは、あきらかに英語のほうが圧倒的におおい。

わたしは、あたらしい目で、梅田界隈をみまわす。どちらをみても、看板にも、壁にも、ポスターにも、おびただしい文字記号がおどっている。しかし、そのなかに、ローマ字がき日本語をもふくめて、外国文字がどれくらいあるだろうか。じっさいにかぞえてみると、じつにすくないのだ。OSAKA STATION などというのは、むしろ例外に属するのだ。こうしてみると、植民地根性になっているのは、国鉄とか、郵便局とか、専売公社とか、つまり政府諸機関だけであって、国民大衆はあんがい健康なのかもしれない。

インド、パキスタンと日本とにおける、英語のはんらんぶりのちがいは、もちろん、英語国民による支配期間のながさのちがいによるものであろう。インドやパキスタンは、ながいあいだ、イギリスの植民地であった。植民地であったということが、国民の生活に、どれほど深刻な影響をあたえるものであるかを、わたしは、文字記号のありかたという点についても、まなぶことができたようである。

国語問題

インドにおいても、パキスタンにおいても、独立後も、英語はひじょうな力をもっている。それは、現実的には、ただひとつの共通語であるし、また、公用語でもある。これらの国では、英語ができなければ公職にはつけないし、教養あるひととというとりあつかいをうけることもできない。ここでは、教育をうけることは、実質的には英語をまなぶことであろうか。そんな疑問さえ、いだきたくなるほど、英語がはばをきかせているのである。

そのような、英語の圧倒的優位という状況のもとに、しかも、パキスタン政府は、アラビア文字でかかれたウルドゥー語をもって、パキスタン国家の国語とし、インド政府は、デーヴァナーガリー文字でかかれたヒンディー語をもって、インド国家の国語としようとしているのである。そして、公用語としての英語を廃止しようとしているのである。これは、まことにいさましいくわだてである。

これが、これらの国ぐにの国語問題のおかれている状況である。これらの国ぐにの国語政策のたたかいは、いわば、はじめから絶望的な状況のもとでたたかわれているのである。もし、これらの国ぐにが、その国内から、現在の日本にみられる程度にまで英語をおいだすのに成功したとすれば、それはおどろくべき成功といわねばならないだろう。

こういう状況にくらべると、日本の国語問題なんて、問題ではない。日本におけるわずかな英語趣味の流行にもはらをたて、「植民地文化」だの何だのと悪態をつくわたしの態度などは、いささか小児病的であり、潔癖でありすぎるようにもおもえてくるのである。

とはおもいながらも、インドからかえってみて、大阪駅の、おおきな英語のネオン・サインをみるとやっぱりばかばかしいし、それに、専売公社がまたまたPEARLなどという英語名まえのタバコをうりだしたのをしると、やっぱりわが愛する日本語をまもるためにたたかわねばならないと、あらたな戦闘意欲がわいてくるのである。

インドはインド、日本は日本である。国情がひどくちがうのだ。いきなり比較して、とやかくいうのがまちがいだったのかもしれない。

窓

文字の問題で、もうすこしべつの面から考察しなければならないことがある。

パキスタンでもインドでも、旅行者は、英語さえしっておれば、なんとかなる。英語のわかるひとは、いたるところにいるし、道しるべでも、看板でも、たいていのものは、英語で、すくなくともローマ字でかいてある。わたしは、ウルドゥー語もヒンディー語もわからないし、アラビア文字もデーヴァナーガリー文字もよめないので、もっぱら英語とローマ字のごやっかいになった。

英語は、インドおよびパキスタンが、外国人に対してひらいている窓である。それは、わたしのような、英語国民でないものにとっても、そうである。わたしたちは、英語を通じてのみ、インド人、パキスタン人の生活を、わずかにうかがうことができるのである。

わたしたちは、自動車旅行をつづけながら、ときどき、道標をみるために車をとめる。道標の地名が、ローマ字でかいてあれば問題はない。それが、デーヴァナーガリー文字だけでかいてあることがある。わたしたちは、おもわず、「ちぇッ、サンスクリットだ!」などとさけんでしまう。これをサンスクリットというのは、もちろんまちがいである。言語としては、あきらかにヒンディー語というべきであろう。しかし、あの文字でかいてあると、いかにも、難解で神秘的なサンスクリット語という感じがするのだ。あれにであうと、わたしたちは、目のまえで窓がぴしゃりとしめられた、という印象をうけるのである。まさに、とりつく島なし、というところだ。あのなかでは、インド人の、ゆたかな精神生活がおこなわれているのだろうが、わたしたちにはなにごともしりえないのである。

ところで、もしほんとうにヒンディー語だけがインドの公用語になり、英語がインドから追放されたら、全インドが、世界のまえに窓をとざすわけだ。すくなくとも現在は、インドは、英語によって、世界の人びとのインド的世界への自由侵入ないしは通過をゆるしている。それが不可能になるのである。

わたしは、日本へかえってきて、まったくおかしくなってしまった。日本が、まさにそういう状態にあるのだ。日本における英語の使用が、じっさいはきわめて小範囲にかぎられているのに気がついて、日本にいる外国人のことにかんがえおよんだのだ。インドでは、英語はたしかに実用的な意味でつかわれている。それに反して、日本の英語は実用的なものではない。日本で、英語をかいてあるところは、たいていは一種のかざりとしてつかってあるので、じっさいに必要なところには、ちっともかいてない。日本にいる外国人は、いたるところで、わたしが「サンスクリット」につっぱなされたのとおなじ絶望感をあじわっているのだろうとおもうと、なんだかおかしくなってきたのだ。

つまり、日本は、外国人に対しては、無情に窓口をとじているのである。そこで、おおかたの外人諸君は、あきらめて、あえて日本人の精神生活のなかまでは、たちいろうとはしないのだろう。日本には外人がたくさんくるわりに、日本のことがひどく理解されていないのは、ひとつには、こういう事情があるからだろうとおもう。

もちろん、だからといって、日本は英語を併用することによって、外人のために窓をひらくべきだ、などといっているのではけっしてない。文字記号のちがいのもたらす絶望感のふかさについてかたっただけである。

Ⅲ　地方色

地方色

インドは、民俗学的にみてたいへんおもしろい国である。国内に、種々さまざまな民衆の生活があり、風俗のちがいがある。

旅行の経路にそうて、女の服装がうつりかわってゆくのをみているだけでも、けっこうたのしかった。ズボンのうえからワン・ピースをつけたパンジャブ式の服装もあれば、イ・ンドふうのサリーもある。ひだのおおいスカートをはいたのもでてくる。家の形にしても、地方によってずいぶん変化があるものだ。たいらな陸屋根もあるし、切妻の瓦ぶきもある。これで、それぞれの土地にいりこんで、伝説やら民話の採集でもはじめたら、それこそおもしろくてやめられないだろう。

服装や家屋などの、いわば伝統的な風俗習慣のほかに、起源のあたらしい器物にも、ゆたかな地方色がみられるのが、たいへんおもしろかった。たとえば、どの町にもリンタクや馬車がはしっている。そのボディは、たいてい金属板ではってあって、それに模様があったり絵がかいてあったりする。その模様や絵の様式が、各地方ごとに、それぞれちがうのである。

これが日本なら、こういう機械類は、たとえば名古屋なら名古屋の工場で大量生産され、それが販売網を通じて全国にくばられる、という方式をとるところである。だから、日本の機械・道具の類は、全国画一的で、おもしろくない。インドでは、こんな機械・道具の類まで、地方地方でそれぞれべつべつにつくっているものとみえる。

総じて、インドでは各地方の経済的な自立態勢がつよいようである。自給自足の度あいがたかく、つまり、各地方はそれぞれによその地方の力をかりずにいきてゆける。国全体としての体制化がまだすすんでいないようである。インドにくらべると、日本などは、各地方が、おたがいにひどく緊密にむすばれ、厳重に組織されているので、国のどこかの部分をガンとたたけば、たちまち全国にビンとひびく。

たとえてみれば、日本は、中枢神経系の極度に発達した小型の脊椎動物のようなものだ。機敏で、新陳代謝はさかんだけれど、体のごく一部に傷をおうただけで、ときにはそれが致命傷にもなりかねない。それに対して、インドは巨大な蠕形《ぜんけい》動物のようなものだ、といえばあたっていないだろうか。体全体が、おおくの体節からなっていて、おのおのの体節が、なおそうとうの自活力をもっている。体節どうしのむすびつきは、ゆるやかなのである。どうやら、日本とインドと、ふたつの国の生理学は、まったくことなる原理にたっているようにおもえる。

プロビンシアリズム

地方色がもっとも鮮明にあらわれるのは、言語においてであろう。日本語についていえば、わたしは、日本語がひとつに統一されるようなことをこのまない。生活のなかで、いきいきと躍動的につかわれている方言群が姿をけして、平板で機械的な、いわゆる「標準語」にとってかわられる、というような事態がおこることをおそれているのである。日本においては、方言の問題にかぎらず、ある程度の文化的プロビンシアリズムが存続することを、日本のために、むしろのぞましいこととかんがえているのである。

しかし、インドでは事情がちがうようだ。ここでは、プロビンシアリズムのほうが統一よりさきに存在する。あらゆる面で、つよいプロビンシアリズムが遠心的にはたらいて、各地方の力を統一インド国家の力にまで結集することを、さまたげているのである。

じっさい、インドにおける言語の問題は、やっかいきわまる問題である。おどろくべきことだが、インドには、「インド語」という言語は存在しないのである。存在するのは、それぞれの地方の、「地方語」だけなのである。「地方語」の数は、たっぷりある。ものの本によると、かぞえあげれば数百種類にもなるという。「一二マイルちがえば、ことばがちがう」といわれているそうである。そういうさまざまな「地方語」がそれぞれに独自の存在権を主張してゆずらないのだから、たいへんなことになる。

わたしたちが通過した地域だけをみても、まず、パキスタンからつづいてパンジャービー語の領域をとおった。それから、西ヒンディー語、つづいて東ヒンディー語の範囲をとおった。最後は、ベンガーリー語の地域である。これらはどれも、いわゆるアーリア系のことばであって、その意味ではまだ共通点もあるわけだが、南インドでひろくおこなわれているドラヴィダ系のことばは、まったく系統が別である。

「共通語」が全然成立していないということは、まったく、おどろくべきことである。もっとも、「共通語」はすでに指定はされている。いわゆるヒンディー語がそれである。わたしは、インド領にはいってすぐ、本屋で「インド語」の教科書をかったが、それがヒンディー語だった。インド共和国政府は、このヒンディー語をもって、全インドの共通語たらしめ、それを、将来の共和国の公用語としよう、としているのである。

しかし、じっさいはこの「共通語」は、あまり普及はしていないようだ。「共通語」を理解しないインド国民が、おびただしくいるのである。

わたしたちは、西ベンガル州にはいったとき、商店の看板の文字までが、いままでとはかわったものになったのに気がついた。そこは、ベンガーリー語の勢力範囲であり、ベンガーリー文字の通用する地域である。わたしは、ある町で、道ばたで演説をしている男をみた。わたしは、かれがなにをかたっているかをしりたいとおもって、たまたましりあいになったベンガル人の青年に通訳をたのんだ。青年は、胸をはってこたえた。

「ヒンディーだ。ぼくには一言もわからん!」

そんな共通語なんか、わかってやるものか、というような調子である。

日本のように、いちおうの共通語が成立して、全国民的なコミュニケーションが可能になったうえで、なお若干のプロビンシアリズムをのこすことをかんがえているような、そういう国とはインドはまったくちがうのである。ここでは、国内の、多様なるものの統一が、まだ成立していないのである。

中華思想と辺境民族

インドは、ながくイギリスの植民地だったけれど、それにもかかわらず、この国には、一種の中華思想がいきているようにおもった。

インドは、なんべんも外からの侵入をうけた。しかし、侵入者はみんなインドに同化したてはないか、という自信である。なるほど、インドに侵入して、インドに同化しなかったイギリスは、けっきょく退却したのである。この種の自信は、中国にみられるものと、ほぼおなじ種類のものである。中国では、国号さえも、「中華」を名のっている。しかし、インドの場合、その中華意識の表明の仕かたは、中国の場合よりも、しばしばいっそう露骨であるようにおもった。

　インド人は、おそろしく自尊心がつよい。そのことは、インド人自身がみとめている。旅行前にも旅行中にも、インド人にむかってインドの批判はしないほうがいいという忠告を、いろいろなひとからうけた。もちろん、こちらはただの旅行者で、とうてい批判めいたことはいえもしなかったが、ときどき、たしかに、ずいぶん尊大だなあとおもわずにはいられないような事例にはぶつかった。のっけから、インド文化――とくにその精神文化の優越性を信じきっているのである。

　これも、われわれの国とはだいぶんちがう点である。日本人にも自尊心はあるけれど、その反面、ある種の文化的劣等感がつねにつきまとっている。それは、現に保有している文化水準の客観的な評価とは無関係に、なんとなく国民全体の心理を支配している、一種のかげのようなものだ。ほんとうの文化は、どこかほかのところでつくられるものであって、自分のところのは、なんとなくおとっているという意識である。

おそらくこれは、はじめから自分自身を中心にしてひとつの文明を展開することのできた民族と、その一大文明の辺境諸民族のひとつとしてスタートした民族とのちがいであろうとおもう。中国も、インドも、それぞれに自分を中心として一大文明を展開した国である。日本は、中国の辺境国家のひとつにすぎなかった。日本人は、まさに東夷であった。

わたしは、インドで、ヒマラヤのふもとのカリンポンへいって、そこで、チベット人に接触した。かれらの文化は、それはそれなりに高度のものではあるが、インドの文化にくらべると、はるかに素朴である。わたしは、同行のシュルマン博士をかえりみて、いった。

「われわれ日本人は、辺境民族ですから、中華思想には反発し、むしろ、こういう辺境文化のほうに共感をおぼえる点があります」

シュルマン博士は、わらいだして、いった。

「ドイツ人もそうですよ」

かれは、ドイツ系アメリカ人である。そして、ドイツ人は、ローマ世界の文明の外にすむ、ゲルマンの蛮族だったのだ。

自己礼賛

インドで、新聞その他の印刷物をみて、しばしば感じることのひとつは、全体の傾向が、いちじるしく自己礼賛的であるということである。

反政府的といわれている新聞でも、インド国家自体については、けっしてわるくいわない。国際外交におけるインドの成功、国内におけるインドの前進を、つねにほめたたえているのである。かんがえてみれば、あたりまえのことかもしれないが、日本のジャーナリズムにくらべて、たいへん態度がちがうようにおもったのである。

日本では、ジャーナリズムの論調は、すべてが自己批判的である。その傾向は、しばしば「進歩的」であるほどつよい。ときには、自虐的でさえある。きくところによれば、ドイツあたりもおなじで、ひどく自己批判的であるという。

その、ことの善悪は別として、このような、自己礼賛と自己批判のちがいができてくるという現象そのものを、おもしろいとおもった。こういうちがいは、どこからくるのだろうか。やはり、中華思想と辺境蛮族意識のちがいに由来するものであろうか。

そういう点もあるだろうが、ひとつには、現にその国がおかれている状況にもよるのであろう。強力な政府に指導されている場合には、自己礼賛的になるだろう。中国やソ連は、強力な政府に指導され、たしかに自己礼賛的である。戦争中の日本も、かなりそういう点があった。そして、現在のインドは、強力な政府をもっているのである。

Ⅳ　聖と俗

美と宗教

旅行中に、わたしはたくさんの寺をみた。アフガニスタンとパキスタンは、イスラーム教の国である。そこでは、いわゆるモスクをいくつもみた。インドでは、ヒンドゥー教や、ジャイナ教や、仏教の寺をみた。しかし、率直にいって、どれにもあまり感動しなかった。なかには、規模の壮大さや形のおもしろさに心をひかれたものもある。しかし、そういうのは、たいてい色がわるい。建築はともかくも、内部の装飾や宗教画、仏像、神像などで、感動したものはひとつもない。こんな偉大な国民が、どうしてこんなつまらないものをつくるのだろうかと、ふしぎにおもわれてならないのである。もちろん、博物館などにあるずっとふるいものには、すぐれたものがみられる。いま、寺のなかでいきている、あたらしいものがよくないのだ。サールナートの仏教寺院に、日本人画家がえがいたという大壁画があって、人気をよんでいる。現代のインドにあっては、これはきわめて注目すべき芸術作品であろうが、本格的な日本美術の伝統からいえば、それほどたかく評価されるものともおもわれない。アジアの、この地方は、美をそだてるためのなにものかが、欠けているのであろうか。

わたしが、寺をみるたびに、つまらないといってこぼすのを、同行のシュルマン博士がきいて、わらう。

「あなたがた日本人にかかると、世界じゅうのものがどれもこれもつまらない。あなたがたの美の標準がたかすぎるのです」

わたしは、たしかにそういうことがあるとおもう。美というものについては、わたしたち日本人の態度には、ひどく厳格なところがある。シュルマン博士は、日本にいたことがあるから、それをよくしっているのである。

わたしはしかし、わたしなりに、またべつな自己批判もしていたのである。それは、こういうことである。

「これは、寺である。寺は、宗教にかかわるものであって、芸術作品ではない。われわれは、宗教的体験の場である寺を、美的標準からのみ評価するというあやまりをおかしている」

まったく、わたしたち日本人は、なんでもかでも、美の尺度ではかろうとしていることがおおいのではないだろうか。あるいは、芸術的感動をもって行動の原動力としていることがおおいのではないだろうか。すくなくとも、美をともなわぬ宗教的体験なんて、わたしたちにはかんがえられない。日本では、科学さえも、一種の美的体験としてうけとめられているとおもわれるふしがある。数学者や科学者たちも、単なる理論の追求というよりも、理論のうつくしさを追求していることがおおいのではないだろうか。日本人にとっては、科学さえも一種の芸術なのである。

そういうところが、おそらくはインドあたりのひとのお寺に対する態度と、ひどくちがう点なのであろう。わたしたちは、かれらのいう意味での宗教なんか、まるで理解していないのかもしれない。日本で、お寺へゆけば、たいていは仏像なり仏画なりの芸術的解説をきくことができる。たとえば、その作者についてなり、流派についてなり、あるいは国宝・重要文化財であるかないか、などについての話である。その画の宗教的意味についてのくだくだしいお説教など、だれが耳をかすものか。ところが、インドではちがう。説明は、芸術的解説ではなくて宗教的解説である。その画が、宗教上の教義のなにをあらわしているかが問題なのである。その説明は、しばしば難解な哲学の講義のようなことになる。わたしたちには、わからない。

ある寺で、壁画を熱心に模写している画家をみた。わたしたちがみたら、まったく非芸術的としかおもえないような壁画である。かれはもちろん、いい画だとおもっているのだろう。わたしたちが、宗教をも芸術の尺度ではかるというあやまりをおかしているように、この画家などは、芸術をも宗教の尺度ではかるというあやまりをおかしているのかもしれない。

かれら、インドの人たちが、科学に対して、やはり宗教的なものを感じているかどうか、しりたいとおもう。

仏教徒であること

いっしょに旅行をつづけていたランダウアーさんは、つごうで、ひとあしさきに日本へゆくことになる。そこでかれは、日本についての予備知識を、できるだけたくさん、わたしから吸収しようとする。かれは、日本人の宗教生活について質問する。わたしは、なんとかこたえなければならない。

「さあね。あなたはどういう宗教生活をもっているかという質問は、日本では、もっとも間のぬけた質問のひとつでしょうな」

ランダウアーさんは、このこたえをきいて、たまげてしまう。

わたしは、旅行中いたるところで、おまえの宗教はなにかという質問をうけた。無宗教だとか、無神論者だとか、そんなふうにこたえるのは危険である。それは一種の挑発行為だ。相手はみんな、なにかの神を信じて、宗教なしで人間がいきてゆけるとはかんがえていない人たちだ。かなりめんどうなことにもなりかねない。

わたしは、「仏教徒です」とこたえることにしている。なんだかすこし気がひけるけれど、うそではない。キリスト教徒ではないし、もちろんイスラーム教徒でもない。新宗教をはじめるほど神がかってもいないし、無神論や無宗教を主張するほどの否定的情熱もない。だいたいはやはり仏教的な文化のなかでそだち、仏教にはなにほどかの共感を感じている。だから、まことに不熱心だけれど、やはり仏教徒の一種だろう。

わたしは、仏教徒だと名のるときに、いつのまにか、すこしはほこりをこめるようになっているのに、自分で気がつく。なんせ、仏教といえば、世界の大宗教のひとつであり、宗教界ではしにせである。説明なしで、どこでもとおるのだ。

わたしはここでも、外国にでて、あらためて日本についての発見をしているのである。発見はふたつある。ひとつは、わたしをもふくめて、おおくの日本人が、その日常生活において、宗教については異常に無関心であるという事実である。どうも、ほかの国のひとに、こういう状態を理解させるのは、きわめてむつかしい。もうひとつは、それにもかかわらず、といつめれば、やはり仏教にかえってゆく。日本人は、けっきょくは仏教的なのだ、という事実である。

ランダウアーさんは、わたしの説明で、なかなかなっとくしなかった。よくわからない、というのである。それほど、日本人の宗教生活というのは、説明がむつかしいことがらであることに、ようやく気がついた。

聖と俗

日本人の宗教生活のふしぎさにくらべたら、インド、パキスタン、アフガニスタンなどという国の人びとの宗教生活は、しごく明快である。要するに、なにかの宗教に「きわめて熱心」なのであって、みなたいへんはっきりしている。アフガニスタンとパキスタンは、イスラーム教だし、インドはだいたいにおいてヒンドゥー教徒がおおい。しかし、たいへん宗教的だという点では、みんな共通しているし、そして、その点で、われわれ日本人とはちがっているのである。

イスラーム教が強烈な宗教であり、人間生活のすべてをイスラーム的なものでぬりこめてしまうほどの力をもっているということは、あらかじめ承知していた。ヒンドゥー教については、それほどともかんがえてもいなかったが、これまた、そうとうのものだ。アフガニスタン、パキスタンにおとらず、インドもまた、つよい宗教的放射能をもった国である。

イスラーム教徒が、ムハンマドとか、クライシとかの、アラビア的・イスラーム的栄光にみちた名や姓を名のっていることは、予期していたことだが、インド人に神さまの名がおおいのにはおどろいた。ラクシュミだの、クリシュナだの、ドゥルガだの、みんなヒンドゥー教の神さまだ。イスラーム教の世界では、偶像をきらうので、具象絵画をみかけることはまれだが、インドではめずらしくない。それが、たいていは神さまの絵である。彫刻といえば神さまの像だし、舞踊といえば神さまのおどりだ。役所の休日が神さまと関係があり、商店街が神さまと同盟している。極端にいえば、ここでは、すべての社会的現象は、宗教的現象である。ここでは、聖なるものと俗なるものがふかく融合していて、分離できないのである。

宗教熱心と、聖俗不可分という点では、イスラーム世界、ヒンドゥー世界だけでなく、キリスト教世界もまた、たいへんよくにているかもしれない。わたしは、ヨーロッパをしらないのだが、断片的な知識から想像すると、ヨーロッパのキリスト教世界もまた、われわれの社会よりもはるかに神とのかかわりあいがふかく、聖と俗とが緊密にむすびついているようである。

ユダヤ教、キリスト教、イスラーム教などの、セム族起源の強烈な一神教のグループと、ヒンドゥー教のような多神教とをいっしょにあつかうのは、けしからぬことかもしれないが、社会における宗教のありかたという点では、みんな共通点があるようにおもう。宗教の性質がにているのか、社会の性質がにているのか、そのどちらであるかはわからないけれど、とにかく、その点では、われわれからみると、インドはむしろ東洋というよりは、西の国に属する。西洋とはいわぬまでも、西方諸国との共通性をつよく感じさせるのである。原始アーリア族以来の文化的特質か、というようなところまで推理を飛躍させる気はないが、なにかひとつの社会人類学的な問題が、こういうところにひそんでいるような気がした。

日本でも、戦前には、「祭政一致」などという政治綱領をかかげた政治家がいたが、社会のだいたいの骨ぐみは、聖俗分離ないしは聖に対する世俗の優位という態勢になっている。日本は、ひどく俗な国である。あるいは、実際的な国である。そういう点で、日本に似た国をさがせば、やっぱりおとなりの中国あたりということになるのではないだろうか。

キリスト教・イスラーム教・ヒンドゥー教

キリスト教徒とイスラーム教徒は、歴史における諸事実がしめすように、おたがいにひどく仲がわるい。しかし、われわれのような完全な「異教徒」からみると、このふたつの宗教は、内容的にたいへんよくにているのである。

たとえば、どちらにも、唯一にして偉大な神がある。それから、予言者というものがある。そして、人間がある。そういう構造になっている。そして、キリスト教においても、イスラーム教においても、人間は神にいのる。われわれ仏教徒は、仏さまをおがむことはあっても、いのるということはない。正直のところ、神にいのるというのはどういうことなのか、われわれにはよくわからないところがある。

ヨーロッパから、トルコ、イランをへて、インドにいたる道をたどるとすれば、その途中で通過する国ぐには、キリスト教とイスラーム教とのちがいこそあれ、要するにすべて一神教の国である。それが、パキスタンから国境をこえてインドにはいったとたんに、かわるのである。インドは多神教の国である。

わたしは、アフガニスタン以来、イスラーム圏を旅行して、その、いっさいの偶像の存在をゆるさぬ、きびしい一神教的雰囲気に、いささか精神のつかれを感じていたのである。それで、偶像の躍動するヒンドゥー教の世界にはいって、正直のところ、ほっとしたという点がないでもない。ここなら、なにかことばが通じるような気がするのである。われわれは、やはり偶像崇拝者なのである。

宗教についていえば、インドと日本との関係は、やや微妙である。われわれ日本人からみると、インドの人たちは、宗教熱心という点で、わたしたちとはたいへんちがうという印象もあたえるのだが、同時にいっぽうでは、インドの宗教と日本の宗教とはおなじ系統のものだ、という親近感もないわけではない。じっさい、仏教はある意味ではヒンドゥー教のわかれとかんがえられないこともない。

デリーで、ビルラ・テンプルといわれている寺をみにいった。ビルラという金もちがたてたのでそうよばれているが、ほんとうの名は、ラクシュミナラヤン寺院という。その名からもわかるように、あきらかにヒンドゥー教の寺である。ところが、いってみると、なかに仏教の寺がいっしょにたっているのである。ヒンドゥー教が仏教をかかえこんだかたちになっている。

ヒンドゥー教には、なにほどかの普遍主義とでもいうようなものが存在する。なにもかも、おのれのなかにつつみこんでしまうのである。ヒンドゥー教徒の立場からいえば、仏教も、ジャイナ教も、シク教も、みんな大ヒンドゥー教の一宗派にしかすぎないとかんがえているのかもしれない。そういわれてみれば、われわれのほうでも、その感じがわからぬでもない。どこか、つながりはあるのである。

わたしたち日本人は、仏教といえばインドをおもい、インドを、ある意味では自分たちの文化の発源池のひとつであるとみている。それで、日本からは、たくさんの僧侶たちが、仏教研究のために、インドにわたった。いまでもそれはつづいている。いまでは、大学からの派遣留学という形の場合がおおいので、目だたないが、留学生には僧籍にあるひとがすくなくないのである。わたしも、こんどの旅行中に、なんにんもそういうひとにであった。仏教のことをおもうと、われわれの国はなおインドと共通の文化圏に属しているのではないかという気になる。仏教が、現代においてもなお、日本とインドとをむすぶ精神的な帯のひとつでありうるのではないだろうか。インドを訪問するまえに、わたしの心のなかには、なにほどかは、そういう期待があった。

しかし、こういうかんがえかたは、もちろんひじょうに危険である。現在のインドは、ヒンドゥー教徒の国であって、そこでは仏教はほとんどいきのこっていないからである。そのことは、じゅうぶん承知しているつもりであっても、じっさいにインドを旅行してみて、仏教徒の数が、インドの人口の〇・一パーセントにも達しないという事実をしると、あらためてかんがえなおさなければならない、という気になる。仏教は、セイロン、ビルマ、タイ、チベット、あるいは、とおくはなれた日本というような国でさかえて、本家本元のインドでは、ほとんどほろびさってしまっているのである。仏教が、今日においても、日本とインドとの精神的なつなぎになりうるとかんがえるのは、やや片おもいにもにた、われわれのおもいすごしかもしれない。

現代のインドにおいて、仏教は、まったく存在しないわけではない。ごく少数であるが、仏教徒がいる。とくにそれは、比較的最近に、ひとつの復興運動という形で、活動がおこなわれているようであった。ところが、そのインド仏教であるが、わたしたちのしっている日本仏教とくらべると、どうも、どこかたいへんちがっているように、わたしはおもった。

どうせ、まことに不熱心な仏教徒のことだから、日本仏教についての知識もあやしく、よくはわからないのだが、どうもちがう。そのひとつをいえば、インドの仏教では、おシャカさまがたいへんいばっているという印象をうけた。仏教の寺へいっても、おシャカさまの像があるばかりで、ほかになにもない。仏教といえば、ブッディズムだ。ブッディズムはブッダの宗教だ。ブッダはおシャカさまだから、それでいいではないか。論理的には、たしかにそのとおりなのだが、どうもちがうような気がする。

つまり、インドの仏教においては、神がみの世界と人間の世界との間に、ブッダが媒介者としてたちはだかっている、という感じなのだ。ちょうど、キリスト教におけるキリスト、イスラーム教におけるムハンマドのように、ブッダ教においてはブッダが、一種の予言者のような形でたっているのではないか。そういう感じなのである。

しかし、わたしたち日本の仏教徒の観念にある仏教は、そういうものとはちがう。たとえば、わたしたちは、仏とはブッダであり、ブッダとはおシャカさまだ、といわれると、すこしあわてるだろう。おシャカさまは仏さまだろうが、仏さまはおシャカさまにはかぎらないのである。仏像とは、ブッダの像ではない。シャカムニ仏もあるけれど、観音さま、如来さま、菩薩さま、毘沙門に弁天に仁王、ご先祖の位牌からお精霊《しょうらい》さままでが、われわれの文化では仏さまのカテゴリーにはいる。インドのブッディズムが仏教なら、われわれの仏教は仏教ではない。われわれの仏教が仏教なら、インドのブッディズムは仏教ではない。どうも、なにかがちがうようにおもった。

宗教的充電

日本の仏教とインドの仏教とのちがいは、大乗仏教とテーラワーダ仏教すなわち南方上座部仏教とのちがいということにすぎないかもしれない。わたしたちの仏教は、中央アジアをとおって北まわりでつたわったものであるのに対して、現在のインド仏教は、南まわりの、上座部仏教の逆輸入的復興であるからだ。

しかし、インドにおいて成立した仏教というものは、そもそものはじめから、わたしたちの日本仏教よりは、現在のインド仏教にちかいものではなかっただろうか。わたしは、こんどの旅行で、サールナートなどの現代的なインド仏教の寺院だけでなく、パキスタンのタキシラや、ペシャワルの博物館などで、古代の仏教遺跡からの発掘物をたくさんみたが、これもまたやはりブッダ色がたいへんつよくて、むしろまるで一神教的なにおいさえする。仏教というものは、ひょっとしたら、多神教であるヒンドゥー信仰のなかから、一神教的な宗教形態が、自己を差別的に確立していったものだ、というような見かたさえできるのではないか。そんなことまでかんがえさせられるのである。

日本へつたわった仏教なんかは、そういうものではない。つたわる途中で、ふるい土俗信仰なんかがいっぱいくっついてできあがったものだろう。だからむしろ、日本の仏教なんかは、インドの仏教とよりも、ふるい土俗信仰を介して、インドのヒンドゥー教のほうにつながりがあるかもしれない。ウマの顔をした馬頭観音は、ゾウの顔をしたガネッシュさまに対応するかもしれないなどと、しりもしないことで空想をたくましくすると危険だから、もうやめる。

もともと、旅行の印象記のつもりでかきはじめたのだから、自由に空想のはねをのばしてもいいようなものだが、ついついインドの宗教的雰囲気にかぶれて、たいへんなところまでいってしまった。まえに、マナスル登山隊の科学班としてネパールへいった川喜田二郎氏が、インド、ネパールの旅行からかえってくると、たいへん宗教論に熱心になりだした。それをみて、友人たちはひやかしたものだが、わたし自身も、インドからかえると、とたんに宗教をかたりだした。インドはふしぎな国である。あそこにいると、宗教的エネルギーの充電をうける。

V 中洋

アーリア・ダルマ

さきにいったように、われわれ日本人のあいだには、インドに対して、たとえ空想的なものであるにせよ、一種の文化的連帯感がある。しかし、インド人のあいだに、日本に対してそういう連帯感があるかどうかは、きわめてうたがわしい。われわれのインドに対する文化的連帯感は、たしかに仏教におうところがおおきいのだが、インドのほうは、仏教を輸出しっぱなしで、自分のところには、ほとんどなにものこさなかった。日本からの輸入品は、なにもない。

旅行のときの経験からいうと、インドはむしろ、西方世界、とくにヨーロッパ人とのあいだに、文化的連帯感をもっているのではないかとおもわせるようなことが、すくなからずあった。イギリス統治時代に、ふかくイギリスふうにそまったということは別にして、むしろ、そもそもインド文化の発祥のときからして、ヨーロッパとつながっているのではないだろうか。

インド人はもともと、土着のドラヴィダ人と、北もしくは北西からうつってきたアーリア人との結合によってできた、というのが定説である。そして、そのアーリア人の言語というのは、あきらかにインド・ヨーロッパ語族に属するものであって、その点では、英語、ドイツ語、ロシア語などとも、とおい親類関係になるわけだ。

デリーで、ラクシュミナラヤン・テンプルへいったことは、まえにのべた。そこでは、外国人の訪問客に英語でかいた説明書をくれる。それによると、この寺をささえている理念は、どうも一種のアーリア主義とでもいうべきもののようにおもわれる。そこでは、ヒンドゥー教のことを、「アーリア・ダルマ（法）」と規定し、そのアーリア・ダルマを守護し、保衛することは、インド人の責任であるとともに、ヨーロッパ人およびアメリカ人の責任でもある、とかいている。なんとなれば、これらの人びとは、すべておなじアーリア人の先祖からでているからである、というのである。

この説明書は、英語国民によませるつもりでつくられたのだろうが、アーリア人でない日本人がうけとってしまった。よんで、ははあ、インド人はやっぱり西むきなんだな、とおもった、というわけだ。おなじアジア人であるところの日本人や中国人には、一顧もあたえていない。東は問題ではないのだろう。

ただし、おなじ説明書の最後に、卍(まんじ)の説明があって、これは、すべてのアーリア文字の起源であるとかれている。そして、そのアーリア文字の例として、ローマ字、ギリシャ文字などとならんで、ジャパニーズというのもはいっているから、これからかんがえると、どうやら日本人もアーリア人のなかにかぞえられているのかもしれない。

人種主義

アーリア主義がみられるのは、インドにかぎらない。パキスタンも、民族的にはインドとおなじだから、おなじかんがえかたがあるだろうが、具体的には経験しなかった。アフガニスタンには、あきらかな形で、アーリア主義が存在する。たとえば、アフガニスタンのことを、一名アーリアナ(アーリア国)ともいうのだそうだ。だれがそういうのかしらないが、政府発行の本に、たしかにそうかいてある。そして、じっさいに、アフガニスタンの航空会社は、「アーリアナ・エアライン」という名である。

これはもちろん、全インド・ヨーロッパ諸族との文化的連帯感の表明であり、あるいはさらにすすんで、一種の主流意識の表明である。われこそはアーリア人の主流なり、といっているのである。

しかし、こういう思想は、もちろんそれほどふるいものではないはずだ。だいたい、インド・アーリア族などという観念ができたのは、言語学、人類学などの発達によるものであって、これも、それらの諸科学の成果をつごうよくとりいれての、最近の民族主義の一種とみてよいだろう。

アジア諸国に民族主義がみなぎるのは当然のことなのだが、このアーリア主義には、すこし気がかりな点もある。これらの国ぐにで、いろいろなひとから、この種の思想の表明をきいたが、かれらのアーリア主義は、アーリア族の文化的連帯感というよりは、しばしば人種主義のにおいがするのである。たとえば、英語の mother という語は、ペルシャ語では modar という。それは、インド・ヨーロッパ語族の文化的なつながりをしめす現象である。そういう話が強調されるのなら、まさに文化的連帯感の問題なのだが、じっさいは、そういう話よりも、まず、「われわれはヨーロッパ人とおなじように鼻がおおきい」

だとか、体格や顔つきのことだとか、そういう人種的連帯性のほうが強調されるのである。

これでは、ナチの人種論的アーリア主義をおもいださないわけにはゆかない。

インドにもアフガニスタンにも、たくさんの民族がいる。そのなかには、アーリア系でない人たちもたくさんいる。南インド人は、主としてドラヴィダ系だし、北アフガニスタン人は、主としてトルコ系である。アーリア主義が、アジアの新興諸国におけるナショナリズムの一種であるとすれば、そのアーリア主義は、これらの非アーリア系の国民に対してどういう態度でのぞむのであろうか。それは、おおきな問題であろう。

対外的にも、変なことがおこる。わたしたち日本人などが、ある種のアジア人的親近感をいだいて接近していったとき、むこうのアーリア主義は戸まどうにちがいない。「なにぶん、こちとらはアーリアでございますので」といわれれば、こちらも、「はあ、さようでございましたか」と、ひきさがるほかはない。しかし、かれらの西むきのアーリア主義が、ほんとうに西にいって、ヨーロッパ人と直接に接触した場合に、そこでどううけとられるかは、また別問題である。ヨーロッパ人たちは、アジアからきたアーリア主義者たちに、すっかり面くらうかもしれない。

世界はなかなかむつかしいものだ、とおもった。

東洋のはじまり

人種主義といえば、こういう顔つきのちがった人たちばかりみていると、わたし自身も、いささかは人種についてかんがえないわけにはゆかなくなる。

旅行の全期間を通じて、であった人たちは、人種的にはいろいろの程度に混血しているけれど、だいたいにおいては、やはりコーカソイドの系統の人種に属していた。鼻たかく、ほりのふかい顔である。その点は、ヨーロッパ人とおなじだが、色は、白人というわけにはゆかない。おおむね、われわれ日本人よりもよほどくろい。

そのなかにも、地方的にいろいろなちがいがあって、おもしろかった。アフガニスタンのパシトゥーン人なんか、たいへん特徴がある。わたしは、カルカッタの渡船場で、船からあがってくるひとのむれを、ながめるともなくみていたのだが、そのうちに、ふたりのパシトゥーン人がいるのをみつけて、おもわず感嘆の声をあげた。それほど、ちがうのである。インド人のなかにいると、いっぺんに区別がつく。アフガニスタン人もインド人も、おなじコーカソイド人種で、しかもどちらも人種主義的アーリア主義者かもしれないが、その人種的特徴は、これほどちがうのである。

自分の顔はみえないものだから、もっぱらコーカソイドのなかのヴァラエティをみて、たのしんだ。それが、カルカッタまでくると、かわってくる。ここではじめて、大量のモンゴロイドがあらわれてくるのである。中国人やビルマ人であろう。わたしはべつに人種主義者ではないけれど、カルカッタまでかえってくると、やはり、自分とおなじ種族のすむ世界がちかづいたというよろこびを感じ、あらためてインド以西にすむ人たちが、いかに自分らとちがうかを確認する。西から旅をつづけてきたヨーロッパ人は、やはり、ここまできて、「東洋はカルカッタからはじまる」という印象をうけるという。わたしも、その気もちがわかるようにおもった。

ヒマラヤにおける人種の滝は、もっとはっきりしている。わたしは、チベット貿易の拠点カリンポンまでいった。そこは、行政的にはインドの西ベンガル州だけれど、チベット人、ネパール人、ブータン人などがたくさんすんでいる。みんな、まさにモンゴロイドであり、東洋人の顔だ。ヒマラヤの北に、東洋があるのである。かれらは、ヒマラヤをこえて、その南側まで、滝になってあふれてできているのだ。

日本にかえってみると、レプチャ族というのが人気がでているのをしって、おどろいた。安田徳太郎氏が、『万葉集の謎』(註)という本をかいて、それがベスト・セラーになったというわけだ。それによると、ヒマラヤのレプチャ族は、顔も日本人によくにていて、古代日本語とおなじ言語をしゃべっているという。わたしがカリンポンにいったとき、レプチャ族はたしかにいた。顔は日本人によくにているが、このへんでは、日本人に似ているのはレプチャだけではない。チベット人も、ブータン人も、われわれとそっくりで、いっしょにいたら区別がつかないだろう。要するに、みんなモンゴロイドだ、というだけのことである。もちろん、だれも日本語なんかはなしているものはない。

（註）安田徳太郎（著）『万葉集の謎』（カッパ・ブックス）一九五五年一一月　光文社

インドと西

インドは、人種以外の点でも、東とよりは西との関係のほうがふかい。文化的にも、歴史的にも、もっぱら西とつながっていたのである。

わたしは、西からやってきた。アフガニスタンからパキスタンにはいり、それからインドにはいった。アフガニスタンは、ファルシーすなわちペルシャ語の勢力範囲だ。パキスタンにはいると、パンジャブ地方ではまだペルシャ語がかなり通用する。パキスタンの国語はウルドゥー語だが、ウルドゥー語のなかには、おびただしいペルシャ語がまぎれこんでいる。インドにはいると、国語はヒンディー語だ。しかしこれは、文字がちがうだけで、言語としては、本質的にはウルドゥー語とおなじといってよい。けっきょく、ペルシャ語をしっておれば、かなりの程度にまで通用する。こういうわけで、わたしは、いちばん西のアフガニスタンでおぼえたペルシャ語の単語のおかげで、東はカルカッタにいたるまで、ずいぶん便利をした。

インドは、歴史上なんべんも西からの侵略をうけている。そもそも、アーリア人自身が、西からの侵入者である。それからあとも、ペルシャ人がやってきたし、ギリシャ人も侵入してきた。それから、つぎからつぎへとアフガニスタンからでてくる王朝に、なんべんも征服された。アフガニスタンの首都カーブルから、カイバル峠をこえてパンジャブ平原へと、わたしがたどってきた道は、じつは、その古来のおきまりの侵入路だったのだ。だいたい、現在のウルドゥー語もヒンディー語も、このようにしてできた征服者たちのペルシャ語と、土着の言語とが混合してできたものだといわれている。わたしが、みちみち便利をしたのは、あたりまえであった。

インドの歴史は、東よりもむしろ西との交渉の歴史である。チムールも、ムガル王朝をひらいたバーブル帝も、モンゴル人の子孫だと称してやってきたが、要するに西からの侵入者であって、東アジアにおけるモンゴル族とは関係がない。

インドは、いまでこそ、イスラーム教徒のしめるわりあいはちいさくなったが、それはもちろん、旧イギリス領インドをふたつにわって、あたらしくイスラーム教徒の国パキスタンをつくったからである。しかし、インドはもともと西から伝播してきたイスラーム教と、ふかい交渉をもった国である。ながくイスラーム王朝の支配をうけ、社会・文化の各種の面で、イスラーム教ののこした影響はきわめていちじるしい。いまでも、イスラーム教の寺院はたくさんある。タージ・マハルは、インド第一の名所であり、インドの代表的建築とされるが、いってみると、それはすばらしくおおきい大理石のイスラーム建築である。また、インドの首都デリーにあるモスクは、じつは、イスラーム世界における三大モスクのひとつといわれているのである。

中　洋

要するに、インドは東洋ではない。中国を中心に発展してきたわれら東洋諸国とは、本質的に文化的伝統を異にする世界である。インドはむしろ、もっと西のほうのイスラーム的世界とこそ、歴史を共有するものである。

しかし、インドが東洋ではないとすれば、それはいったいなにか。もちろん、西洋ではありえない。インドが、西洋すなわちヨーロッパ的世界に属さぬことは、あきらかである。この、東洋でもなく、西洋でもないインドをさして、わたしがデリーでしりあったひとりの日本人の留学生は、うまいことをいった。

「ここは、中洋ですよ」

わたしは感心して、このことばをつかうことにした。

とにかくわたしは、いままで、インドおよびイスラーム諸国が、東洋でもなく西洋でもないことについて、明確な認識をもっていなかったことを、ふかくはじた。同時に、自分のはじをひとのせいにするようだが、この中洋的世界についてほとんどなにもおしえてくれなかった日本の学校教育を、ひどいとおもった。わたしのならった旧制中学校の東洋史の教科書には、インドのことは一ページほどかいてあったように記憶している。

それから、日本のインテリは、なにごとにつけても、東洋ではこう、西洋ではこうと、東西の比較だけで世界をわりきってしまう傾向がある。わたしも、そういうかんがえかたにならされてきた。しかし、この発想法も、たいへんいけないとおもった。東洋・西洋のほかに、中洋を勘定にいれなければいけないのだ。

中洋は、ひろく、おおきい。東洋から西洋にむかう途中、われわれは、ほとんどまる一日のあいだ、中洋諸国の上空をとばなければならないのである。それはなにも、不毛なる精神の砂漠の横断ではないのである。

VI　日本はお手本にならない

日本と西ヨーロッパ

インドの書店で、『インド思想史』という本を手にとってみて、おどろいた。ぶあつい本の、半分以上が、古代の話なのである。これはどうも、思想史にかぎらぬようである。ほかの歴史書を手にとってみても、やはりにたような傾向がみられる。ふるいところにおくのページがついやされているのである。これは、インド史の一般的傾向かもしれない。どうも、インドのことは、二〇〇〇年ほどまえの話がおおすぎる。いくら文化のふるい国だといっても、後世におけるあたらしい展開がすくないというのは、どうもふにおちかねるのである。ここでは、われわれの国とはまったくタイプのちがう歴史がながれているものとみなければならないのであろう。われわれの国では、歴史の本といえば、あたらしい時代のことをかいた部分ほど、ぶあつくなっているものである。

わたしは、旅行しながら、日本でたびたびたたかわされている議論のことをおもいだした。日本では、議論の焦点は、いつも、東洋と西洋とは、どうちがっているか、あるいは、日本と西洋とはどうちがっているか、という点に集中されているようである。インドなんかが、比較の対象にされることはない。

わたしは、インドの歴史をとくに勉強することもしなかったが、わずかな知識からかんがえてみても、インドの歴史は、わたしたちの国の歴史とは、ひどくちがっているようにおもえた。こういう国にくらべたら、みんなが議論している日本と西洋——とくに西ヨーロッパ諸国——とのちがいなんて、問題にならぬくらい、ちいさいのではないか。むしろ、日本と西ヨーロッパは、基本的な点で一致する。両者はおなじタイプの歴史をもっているのではないだろうか。

こういう問題をかんがえながら旅行するには、わたしは、同行者にたいへんめぐまれていた。シュルマン博士は、もともと西ヨーロッパ出身の歴史学者である。わたしたちは、たがいにさまざまな実例をあげながら、議論を展開させることができる。眼前におけるインドの存在が、西ヨーロッパの学者と日本の学者とを接近させているのである。

日本と西ヨーロッパと、そしてインドを比較すると、いろいろとおもしろいことに気がつくのである。たとえば、植民ということについてである。インドは、ヨーロッパの国の植民地であった。しかし、日本は植民地にはなったことがない。逆に、西ヨーロッパ諸国とともに、アジアにおいて植民地をつくったほうの国だ。

また、革命についてである。日本や西ヨーロッパ諸国は、なんどかの革命を経験した。そして、そのたびに、国内のふるい矛盾は克服されて、あたらしい飛躍的な発展がおこった。その歴史は、主として内部からの力でうごかされている。それに対して、インドはどうか。インドは、革命を経験していない国のようである。そのかわりに、なんべんでも、外からの侵略と破壊をこうむった。その歴史は、主として外部からの力でうごかされてきたようである。

また、封建制についてである。日本や西ヨーロッパでは、封建制というものがあった。そして、日本や西ヨーロッパでは、ブルジョワ革命によって封建制がおわりをつげた。しかし、インドでは、ブルジョワ革命はもちろんなかったし、だいいち、それによって清算されるべき封建制そのものがなかったのである。

そのほか、自由都市だの、農民戦争だの、宗教改革だの、西ヨーロッパのいろいろな歴史的事象をもってきても、たいていは類似の経過が日本の歴史にも存在する。すくなくとも、日本の歴史学者は、西ヨーロッパの歴史と日本の歴史を、対比しながら、かんがえをすすめることができるだろう。しかし、インド史はそうはゆかない。インド史を理解するには、日本や西ヨーロッパの歴史とは、まったくべつのかんがえが必要なのだろうとおもった。

近代化の条件

歴史のことは別としても、社会人類学的にも、注目すべきことがいくつかある。わたしは、こんどの旅行で、はじめてイスラーム諸国における社会制度の実態をみた。とくに、おもしろいとおもったのは、その相続制度である。それは、われわれの社会の伝統的制度とはまったくことなる均分相続制である。中国の社会が、均分相続制であることは、まえからしっていたのだが、イスラームの場合は、こんどよくわかった。そして、インドにくると、ここもまた均分相続制なのである。

ところが、日本と西ヨーロッパは、どちらも、伝統的制度としては、長子相続制である。これは、おそらくは両者に共通な封建制の発達ということと関係があるだろう。土地をやたらに分割したのでは、封建制の基礎がくずれてしまうのである。

それから、一夫多妻制についてもかんがえさせられた。イスラーム諸国では、妻は四人までもってよろしい。これは、イスラーム法で公認されている。また、インドも中国も、その点では寛容である。伝統的には、一夫多妻は公然とゆるされていた。ところが、日本では、キリスト教による禁制がなかったにもかかわらず、すくなくとも庶民のあいだでは、たてまえ上は一夫多妻は是認されていないのである。「日かげもの」ということばが、それをしめしている。

日本国内にいると、日本という国は、明治以来たいへんむりな近代化をやったために、いまもなお前近代的要素をずいぶんたくさんのこしているのだ、というふうにきかされていたし、じっさいそうだとおもっていた。ところが、国外にでて、インドのような国をみると、かんがえがかわってくる。日本の近代化は、じつは、なされるべくしてなされたものので、インドあたりにくらべると、なんと楽なことであったかとおもったりもするのである。日本なんかは、当然のなりゆきとして近代化したのである。

インドのような国は、近代化に際してのりこえなければならない障害を、膨大にせおっている。日本や西ヨーロッパにはなかった悪条件が、いっぱいあるのだ。たとえば、カースト制である。それから、一夫多妻制である。そして、人口過剰である。貧困である。飢餓である。資本の欠如である。外国による植民地的支配である。非識字である。宗教の重圧である。これでは、ありきたりのやりかたでは、とうてい近代化はむつかしいのではないか。そういう印象をもったことも、すくなくないのである。

日本はお手本にならない

ここで、ちょっと奇妙なことに気がついた。わたしは、中洋というものを、東洋および西洋と区別してかんがえるべきだといった。そして、東洋、西洋、中洋の代表というようなつもりで、日本、西ヨーロッパ、インドの比較を論じたのである。ところが、さきほどから、インドとの対比においてあげた、日本や西ヨーロッパの特徴は、まさに、日本や西ヨーロッパの特殊事情であって、けっして東洋一般、西洋一般の特徴ではないのである。東洋の中でも、中国なんかは、インドとの共通性がおおきいし、西洋のなかでも、西ヨーロッパだけがむしろ特殊地帯なのである。とくに日本についていえば、日本は、アジア諸国の中でも、ひどく特殊な国らしいということに、やっと気がついたのである。

わたしは、旅行中、アフガニスタンでも、パキスタンでも、インドでも、しばしばおなじ質問をうけた。「日本は、急速に近代化した。その秘伝をおしえてくれ」というのである。わたしは、正直のところ、その秘伝はないとおもう。これらの国をみて、これは日本とは事情がちがいすぎる、とおもったのだ。これらの国の人びとは、日本を、近代化のお手本だとかんがえている。また、日本のなかにも、日本はアジア諸国の近代化のお手本である、というかんがえかたがある。わたしはしかし、そういうかんがえは、まちがいだとおもった。日本は、これらの国のお手本にはならない。まねをして、まねができるようなものではないのである。日本は、べつのものだ。

日本がお手本になってもならなくても、アジアの国ぐにが近代化をはからねばならないという事情にはかわりはない。そして、じっさい、着々として近代化のための努力をかさねつつある。日本は、お手本になってもならなくても、それらの国ぐにに対して、技術援助そのほかの形で、その近代化に対して、じゅうぶんに協力できるはずである。しかし、それらの国ぐにに対する日本の立場は、どこまでも特殊であって、おなじカテゴリーの国ぐにのなかの、やや先進的な国ということではないのである。日本は別ものである。

アジアと日本

日本におけるさまざまな社会事象が、他のアジア諸国よりもむしろ西ヨーロッパに似ているということは事実であろう。しかし、だからといって、日本は西ヨーロッパだ、ということにはならない。むこうから、あなたはわれわれの仲間だ、といって、むかえにきてくれるわけはない。社会構造がいくらにていても、文化の系譜は、ヨーロッパと日本ではまったくちがうからである。

ただ、つぎのようなことは、いえる。日本のインテリ、とくに社会科学に関心をもつ人びとが、比較材料として、アジア諸国を素どおりして、もっぱら西ヨーロッパに目をそそぐ傾向があるのは、あながち理由のないことではないのである。わたしはいままで、こういう傾向は、日本のインテリの通弊であるところの、明治以来の西洋かぶれのせいではないかとおもっていたのだが、どうも、そうとばかりはいえないようである。西ヨーロッパとなら、ともかくも比較が成立する。アジア諸国とでは、比較がむつかしいのである。

ところで、わたしたち日本人は、自分ではアジア人だとおもっている。しかも、しばしば代表的アジア人だとおもっている。それで、西洋人がアジアや東洋についてかたるとき、自分のことをいわれているようにおもうのである。しかし、これは危険なおもいちがいだ。アジアは、あるいは東洋はひとつであるという見かたは、いかにも西洋人くさい見かたであって、こちら側からみれば、なかなかそうはゆかない。アジアの諸国は、それぞれ特殊性があるが、とりわけ日本は特殊である。その、直面している問題が、ほかのアジア諸国とはひどくちがうようにおもう。

ちかごろ、「日本はアジアの孤児だ」ということがいわれているが、かんがえてみると、それはなにも、ちかごろにはじまったことではなさそうだ。ずいぶんまえから、数百年もまえから、日本はほかのアジア諸国とはちがった運命をたどっていたのではないだろうか。これからもそうであってよい、というわけではない。日本と、アジア諸国とのあいだに、相互理解と協力のための通路を、いくつもうがってゆかなければならないだろう。しかし、そのときに、漠然たる一体感や、アジア的連帯感などをあてにしていてはだめだとおもう。また、西洋の植民地主義に対するアジア民族主義の英雄的なたたかいをみて熱狂するだけでは、まるでひとのすもうをみて熱狂しているのとおなじである。自分のすもうということになると、いろいろ微妙なべつの問題がでてくる。感情ぬきの、冷静な観察と研究が必要であろう。戦後、わが国において、アジアに関するよび声はおおいにたかまったけれど、すこし空転した気味がないでもなかろうとおもわれる。

（一九五六年二月）

東の文化・西の文化

解説

一九五五年の旅行からかえって一年ばかりのあいだに、わたしは、雑誌や新聞からもとめられるままに、みじかい文章をいくつもかいた。ここには、そのなかから、ひとつをえらんで収録した。

もとの文章は、一九五六年二月一三日の、『毎日新聞』の科学欄にのったものである(註)。新聞記事の見だしは、「アフガニスタンの遊牧民」となっていたが、これはまったく内容にそぐわないので、ここでは、「東の文化・西の文化」とあらためた。とりようによっては、東西文化比較論のような印象もあたえかねない題だが、そういう意味ではない。どちらかというと、わたしの関心が全体としては「文明」のほうにかたむいているのに、この小論は、めずらしく「文化」の系譜の問題にふれているので、こういう題をつけたまでのことである。

(註) 梅棹忠夫(著)「アフガニスタンの遊牧民」『毎日新聞』一九五六年二月一三日

はこぶ

昨年アフガニスタン、パキスタン方面を旅行した。それらの国の文化は、もちろんわたしたちの国の文化とは、すっかりことなっている。ことばや衣食住がちがうのは当然だとしても、そのほかの、ちょっとした日常の動作、態度、ものごし、身のこなしなどまでが、わたしたちとずいぶんちがう点があって、なかなかおもしろかった。

ヒンズークシ山脈の谷間で、テント生活をしている遊牧民にであう。その遊牧民が、子どもをはこぶさまをみて、びっくりした。かれらは、おんぶをしない。なきじゃくる子を、背中に、横ざまにだきかかえるのである。うしろへ手をのばして、子どもの頭と足とを、はがいじめにする。子どもはおとなの背中で、うしろむきに、水平の位置にせおわれたかっこうになる。にげようともがくが、頭と足とをおさえられているものだから、にげることはできない。日本ではみたことのない方式だが、あばれる子どもをあつかうには、便利なやりかたである。

日本にかえって間もなく、わたしは、『山河遥かなり』という映画をみる機会があった。

ヨーロッパの、戦争孤児たちの話である。そのなかに、アメリカ軍の兵隊が、戦災あとの廃墟で、にげまわる孤児たちをつかまえてはこぶところがでてくる。そのはこびかたが、アフガニスタンの遊牧民の場合とまったくおなじなので、わたしはまたびっくりした。

わたしは、この習慣は、あるいは西アジアからヨーロッパ諸国にまで共通にひろがっている、ひじょうにふるい文化要素のひとつであるかもしれない、とおもった。じっさい、それはありうることである。あのはこびかたは、おそらくは家畜をかうことと関係があるだろう。あれはもともと、ヒツジのような小家畜をはこぶのに、いちばん合理的なやりかたなのだ。アフガニスタンでは、家畜の皮をはいで水をいれる袋をつくるが、その水袋も、やはりおなじやりかたではこんでいる。

イスラーム教とキリスト教は、現在はひどくちがった宗教のようにみえるが、よくよく内容をしらべてみると、もともとたくさんの共通の観念をふくんでいる。それとおなじように、アジアの西部とヨーロッパとは、一見ひじょうにちがうようにみえながら、よくしらべてみると、おおくの点で農牧文化としての共通点をもっていたところで、ふしぎではないのだ。

握手とキス

あいさつの仕かたについても、おなじようなことを感じた。わたしは、むこうでは、ふつうは西洋ふうに握手をすることにしていたが、なれぬことをするのだから、どうもぎこちない。その点、アフガニスタンのいなかの人たちのほうが、ずっと自然にやってのける。われわれにとっては、握手はどこまでも外来の習慣であり、西洋伝来の文化なのだが、アフガニスタンあたりでは、どうも、固有の習慣として握手があるのではないか、とおもった。もっとも、現在のアフガニスタンでおこなわれている握手は、西洋ふうのものとすこしちがう。右手をにぎりあって、それに左手をそえる。みていると、両手でにぎりあっているようにみえる。

それから、おたがいにだきつくあいさつがある。ひさしぶりで友人にであったときなど、いきなりだきついて、顔を三どばかり左右に交差させる。そのまま、おたがいのヒゲづらに、チュッとキスするのも、ときどきみた。ロシア映画などでよくみるあれだ。これもまた、ヨーロッパと共通の基層的文化要素のひとつかもしれない。

握手とキスといえば、わたしたちは、漠然と、ヨーロッパの騎士道となにか関係があるような気がする。そして、じっさいそういうふうに説明した本もよんだことがある。しかし、これらの例からいうと、まるでちがうかもしれない。速断はできないけれど、騎士道なんかよりも、はるかにふるく、ふかい文化である可能性がある。

おじぎと合掌

西のほうのことはさておき、東のほう、わたしたちの文化はどうだろうか。わたしたちの動作や身のこなしにも、ふしぎなものはいくらもある。たとえば、おじぎはどこからきたのだろうか。おじぎを、封建的な習慣だときめつけ、その起源をも、日本の封建制と関係があるようにかんがえているひとがあるが、おじぎと封建制との関係は、握手と騎士道との関係のようなもので、もともとべつの話だったとおもわれる。日本のようには封建制を発達させることのなかったアジアの国ぐににも、おじぎの習慣は、かなりひろく分布しているからである。

また、仏さまをおがむときに、わたしたちは手をあわせるが、これはなんだろう。インドでは、仏さまでなくても、人間に対するふつうのあいさつとして、手をあわせるが、日本の合掌の習慣も、おそらくそれと関係があるにちがいない。すぐに、仏教の影響かというかんがえもでてくるだろうが、仏教に起源をおしつけても、答にはならないだろう。じつは、仏教がなぜそういうおがみかたを採用したかが問題なのだ。あるいはこれも、東の側の、ひじょうに基層的な文化かもしれないのだ。

東洋と西洋との文化的な伝統のちがいを、高級な文学や芸術について論証した例はすくなくないけれど、民衆の、ほんとの日常的な動作などについての比較人類学的な考察というものは、あんがいおきざりにされているようにおもう。こういう比較研究を根気よくつづけてゆけば、あるいは、旧世界の地底をながれる、人間文化の巨大な水脈をぶちあてることができるかもしれない。

旅行中、ぎこちない握手をくりかえしながら、空想したことであった。

（一九五六年二月）

文明の生態史観

解説

一九五五年の、アフガニスタン、パキスタン、インドへの旅行からかえって、ちょうど一年後にかいたのが、この論文である（註1）。『中央公論』の一九五七年の正月号のためにかきはじめたのだが、間にあわなくて、二月号にのった。

はじめにかいてあるように、そのころ、トインビー教授が日本を訪問された。一九五六年秋の、人類学民族学連合大会の公開講演会で、わたしは、アフガニスタンのモゴール族について講演をした。そのとき、聴衆のなかに、トインビー氏はおられたのである。この、トインビー氏の日本訪問という事件が、たしかに、わたしがこの論文を発表するためのきっかけをあたえてくれた。それで、わたしが、『歴史の研究』のなかから、ことばだけをかりてきて、「挑戦と応答」などという節をつくったりしたものだから、当時の新聞広告では、「トインビーの挑戦に応じて展開する独自の世界史観」などという文句がつかわれていた。

しかし、内容についていえば、これはトインビー学説とは、べつに関係はない。本文の最後にもしるしてあるように、これは、わたしの前年の旅行での収穫の一部なのである。旅行中にかんがえたことを、一年間あたため、その間にいくらか本もよみ、材料をつけくわえて、すこしは理論的な形に整理したものである。いわゆる論壇には縁のない、無名の人間が、突然こういうものを発表したので、一般にはやや意外の感じをあたえたかもしれないが、かき手としては、一時のおもいつきではなく、突然のくわだてでもなかった。その着想の芽は、すでに一年まえに発表したもののなかに、かなりの程度にかきこんであったのである。内容的には、「文明の生態史観」は、この本にも収録した「東と西のあいだ」の、まっすぐの延長線上にある。

題名については、つぎのようないきさつがある。この論文が雑誌にでたときの題は、「文明の生態史観序説」というのであった。そのうち、「文明の生態史観」までが、わたしのつけた題であって、「序説」については、わたしはかかわりしらない。編集者のほうで、さまざまな考慮から「序説」という字をおぎなわれたのであろうが、おかげで、かき手としてはすこしこまった。みんな、これは序論だと了解されるらしく、「本論はいつでるのか」と、たびたび質問をうけた。しかし、いかにみじかくても、いかにかんたんでも、これはひとつのまとまりをもった論文であって、なにかほかの論文に対する序論ではない。だから、「文明の生態史観概説」ではありえても、「序説」ではなかったのである。だから「序説」だけかいて、「本説」をかかずにおわったという非難は、わたしとしては返上するほかはない。概説に対する詳説なら、あるいは通論に対する各論なら、これからぼつぼつだしてゆくこともできるとおもうのだが。

「文明の生態史観序説」は、そうとうの反響をよんだ。日本の論壇において、いままで提出されたことのない、いくつかの論点をふくんでいたからであろう。とにかく、たくさんの人びとが、この論文について言及された。賛成論もあったが、もちろん手きびしい批判もあった。なかには、思想を理解してもらうことのむつかしさを、いやというほど思いしらされる誤解もあり、わたしは、反論するのもばかばかしいような、あきらかな誤解・誤読もあった。

いくつかの連鎖反応のうち、いまわかっているおもなものをつぎにあげておく。わたしとしては、これらの批判や意見、関連記事のあるものについては、いいたいこともたくさんあるが、いまはいっさい論評をくわえないでおく。

まず、「文明の生態史観序説」がでたすぐ翌月の『中央公論』に、加藤周一氏の「近代日本の文明史的位置」という論文がでた（註2）。わたしは、加藤氏および堀田善衛氏と、文明論の座談会をやった（註3）。

まもなく、日本文化フォーラムの人たちが「生態史観」を問題にしはじめた。『心』が座談会をひらき（註4）、竹山道雄氏は『新潮』に論文を発表された（註5）。それを中心にして、シンポジウムがひらかれたようで、その記録はのちに単行本として刊行された（註6）。

これらの人たちの論説は、その後も論議のまとになっているようで、ときどきわたしもひきあいにだされるのだが、この人たちの思想とわたしの理論とのあいだには、にている点もあるけれど、基本的な点で、ちがいがある。それを指摘されたのが、竹内好氏であった（註7）。

「生態史観」の歴史理論としての意味については、マルクス史観と比較しながら、上山春平氏がいくつかの論文を発表されている（註8）。マルクス史観の側からは、太田秀通氏、河音能平氏らの論文がある（註9、10）。そのほか戦後思想史における「生態史観」の位置づけというような点をめぐって、いくつかの論説が発表されているようであるが（註11）、省略する。

その後、京都大学人文科学研究所の社会人類学の共同研究班では、「生態史観」をまな板にのせて、徹底的に討論をおこなった結果、いくつもの重要な発見がつぎつぎにおこなわれ、理論はおおはばに前進した。わたし自身も、その研究会ですっかりきたえられ、かんがえがずいぶん発展した。だから、この「文明の生態史観」は、いまとなっては、わたしの思想の出発点というにすぎず、現在のかんがえをそのまましめすものというわけではないが、ここではいちおう、発表した当時のすがたのまま収録することにした。あらためて、研究班の成果を基礎に、もうすこし体系的なものをかかねばならないともおもっている。

研究班の成果は、まだまとまった形では出版されていないが、その一部は、『人文学報』第二一号の「社会人類学論文集」に収録されているし（註12）、上山春平氏の著書のなかにも一部紹介されている（註13）。また、「今西錦司博士還暦記念論文集」第三巻『人間』のなかにも、その一部がみられる（註14）。

なお、「文明の生態史観序説」は、そのままの題で、一九六四年一〇月号の『中央公論』の特集、「戦後日本を創った代表論文」のなかに、上山春平氏の解説をつけて、再録されている（註15）。

（註1）梅棹忠夫（著）「文明の生態史観序説」『中央公論』二月号　第七二巻第二号　第八二三号　三二―四九ページ　一九五七年二月　中央公論社
（註2）加藤周一（著）「近代日本の文明史的位置」『中央公論』三月号　一九五七年三月　第七二巻第三号　第八二三号　三二―四九ページ　中央公論社
（註3）加藤周一、梅棹忠夫、堀田善衞（著）「文明の系譜と現代的秩序」『総合』六月号　第一年第二号　二四―三五ページ　一九五七年六月　東洋経済新報社
（註4）竹山道雄、鈴木成高、唐木順三、和辻哲郎、安倍能成（著）「世界における日本文化の位置」『心』六月号　一九五七年
（註5）竹山道雄（著）「日本文化を論ず」『新潮』九月号　第五四巻第九号　四六―六八ページ　一九五七年九月　新潮社
（註6）日本文化フォーラム（編）『日本文化の伝統と変遷』一九五八年五月　新潮社
（註7）竹内好（著）「二つのアジア史観」『東京新聞』（夕刊）一九五八年八月一五日―一七日。これはのちに、『竹内好評論集』第三巻――『日本とアジア』（一九六六年　筑摩書房）に収録されている。
（註8）上山春平（著）「歴史観の模索――マルクス史観と生態史観をめぐって」『思想の科学』一月号　二七―三九ページ　一九五九年一月　中央公論社、および、上山春平「マルクス史観と生態史観」『京都大学新聞』一九六一年七月三日号など。これらの論文は、いずれものちに、上山春平『大東亜戦争の意味――現代史分析の視点』（一九六四

年八月　中央公論社）のなかに収録されている。

（註9）　太田秀通（著）「生態史観とはなにか」『歴史評論』三月号　第一〇三号　一―八ページ　一九五九年三月　至誠堂

（註10）　河音能平（著）「農奴制についてのおぼえがき――いわゆる『世界史の基本法則』批判のこころみ」『日本史研究』四七号・四九号　一九六〇年

（註11）　たとえば、香内三郎「生態史観と新世界像」『日本読書新聞』一九六四年四月二〇日号　および、いいだ・もも「文明の生態史観終説」『東北大学新聞』一九六四年一一月など。なお、あとのものは、のちに、いいだ・もも『大衆文化状況を超えるもの』（一九六五年　晶文社）のなかに収録されている。

（註12）　たとえば、藤岡喜愛「パーソナリティーの進化」一九―四〇ページ、上山春平「工業社会の組織原理」四一―五六ページ、中尾佐助「農耕文化の要素とアレライゼーション」五七―六四ページ、佐々木高明「焼畑農耕民の村落の形態と構造――東南アジア・南米の事例を中心に」七九―一二八ページなど。以上『人文学報』第二一号　一九六五年一二月　京都大学人文科学研究所

（註13）　上山春平『歴史分析の方法』（一九六二年　三一書房）の第二部「比較史方法論史論」、および上山春平「ブルジョワ革命と封建制」『歴史学研究』一九六一年四月号参照。あとの論文は、のちに『大東亜戦争の意味』（一九六四年八月　中央公論社）のなかに収録されている。

（註14）　川喜田二郎、梅棹忠夫、上山春平（編）『人間――人類学的研究』「今西錦司博士還暦記念論文集」第三巻（一九六六年八月　中央公論社）所収の諸論文参照。とくに、

谷泰「乾燥地域の国家」一五―七二ページ、上山春平「社会編成論」七三―九九ページ、飯沼二郎「世界農業史上における古代旱地農法の位置」一〇一―一三八ページ、角山栄「産業革命論」一三九―一七九ページ、川喜田二郎「チベット文化の生態学的位置づけ」二八九―三四二ページそのほか。

(註15) 梅棹忠夫(著)「文明の生態史観序説」(再録)『中央公論』一〇月号 第七九年第一〇号 第九二四号 三四〇―三五八ページ 一九六四年一〇月 中央公論社

挑戦と応答

トインビーというひとがやってきた。歴史家として、たいへんえらいひとだということだ。その著書は、いくつか翻訳がでているので、わたしも、そのうちのふたつをよんだ。『歴史の研究』簡約版（註1）と、『試煉に立つ文明』（註2）とである。ふたつとも、じつにおもしろかった。これは偉大な学説だとおもった。

しかし、それですっかり得心がいったというわけではない。わたしもわたしなりに、ひとつのかんがえをもっていたが、それがトインビー氏の説で、すっかりうちこわされはしなかった。わたしは、トインビー説に感心はしたけれど、改宗はしなかった。

とくに、日本のとりあつかいかたは、なっとくできない点がおおい。西洋人が世界の歴史についてかたる場合、ふつうは日本のことなどはほとんど問題にしない。それは、おおくはすくいがたい無知と独善からくる。それにくらべると、トインビー理論では、日本もひとつの独立した文明圏——極東文明の分派として、朝鮮とひとからげにはなっているが——としてのとりあつかいをうけている。その点ではましだが、現在地球上にのこっている六つの文明のうち、五つはもうだめになってきている、という。日本文明圏も、そのだめになりつつあるもののひとつだ。まだ解体がすすまず、健全さをのこしているのは、西欧文明ひとつだけだという。いますぐ日本文明がきえてなくなるというのではないから、どうでもよいようなものの、あんまりわれわれの勇気をかきたてるたちの結論ではない。

トインビー氏のかんがえには、まことにけたはずれにスケールのおおきいところがある。スケールがおおきいというのは、規模雄大ということだが、それとともに、文字どおり尺度がおおきいということでもある。地球の歴史、生命の歴史の尺度では、近々数千年の歴史などは、みな同時代にすぎない、という見かたである。そういう見かたから、日本文明はすでに一二世紀から解体期にはいっている、などということになる。

こういう尺度でものをいわれると、わたしたちはどうしてよいかわからなくなってしまう。ちょうど、天文学で、現在の宇宙はひじょうないきおいで膨張しつつある、といわれたところで、わたしたちにはどうしようもないみたいなものだ。それは真実かもしれないけれど、行動のうえにあまり意味をもたない。一年、二年の変動が重大だとはおもわないが、宇宙的な尺度を、もう少し人間的な尺度におきかえて、歴史を、世界を、理解することができないだろうかとかんがえた。

ここで、トインビー氏の学説を批判するつもりはない。それぞれの専門家が、それぞれの立場から、適切な批判をくだされるであろう。わたしはただ、わたしなりに、この世界についてのデッサンの第一号を、ここでかいてみようとおもいたっただけのことである。だから、トインビー氏のことからかきはじめたけれど、べつにトインビー説とは直接関係はない。ただ、トインビー説は、やはりいかにも西洋人ふうのかんがえかただとおもう。東洋人が、日本人がかんがえたら、もうすこしちがったふうにかんがえる。

ここにかくわたしのかんがえは、わたしは早産児だとおもっている。早産としりつつ、かく気になったのは、やはりトインビー氏の来朝が刺激になったのだ。わたしは、トインビー氏の来朝およびその学説をもって、文明論における西欧側からの挑戦とうけとった。トインビー理論からのことばだけを借用するようなことになるが、わたしはとにかく応答の名のりだけはあげよう、という気になったのである。

（註1）　いわゆるサマヴェル版とよばれているものの前半にあたる。
TOYNBEE, A. J. A *Study of History*. abridgement of volumes I-M. by D. C. Somervell, 1946. Oxford University Press.
これには日本語版がある。
アーノルド・J・トインビー（著）　蠟山政道、阿部行藏（訳）『歴史の研究』第一巻
一九四九年一一月　社会思想研究会出版部

アーノルド・J・トインビー（著）蠟山政道、阿部行藏（訳）『歴史の研究』第二巻　一九五〇年一〇月　社会思想研究会出版部
アーノルド・J・トインビー（著）蠟山政道、長谷川松治（訳）『歴史の研究』第三巻　一九五二年七月　社会思想研究会出版部
これはのちに、合本の形で出版された。
アーノルド・J・トインビー（著）蠟山政道、阿部行藏、長谷川松治（訳）『歴史の研究』（全）一九五六年五月　社会思想研究会出版部
また、サマヴェル版の第二巻は、原著が一九五七年にでて、日本語版は、翌年、出版されている。
アーノルド・J・トインビー（著）長谷川松治（訳）『続・歴史の研究』一九五八年一〇月　社会思想研究会出版部
正・続あわせて、のちに、長谷川松治訳で、現代教養文庫（社会思想社）におさめられている。
A・J・トインビー（著）D・C・サマヴェル（編）長谷川松治（訳）『歴史の研究』〔I〕（現代教養文庫）一九六三年二月　社会思想社
A・J・トインビー（著）D・C・サマヴェル（編）長谷川松治（訳）『歴史の研究』〔II〕（現代教養文庫）一九六三年七月　社会思想社
A・J・トインビー（著）D・C・サマヴェル（編）長谷川松治（訳）『歴史の研究』〔III〕（現代教養文庫）一九六三年九月　社会思想社

〔Ⅳ〕（現代教養文庫）一九六四年六月　社会思想社
A・J・トインビー（著）D・C・サマヴェル（編）長谷川松治（訳）『歴史の研究』〔Ⅴ〕（現代教養文庫）一九六四年一一月　社会思想社
（註2）A・J・トインビー（著）深瀬基寛（訳）『試煉に立つ文明』（上・下）一九五二年二月　社会思想研究会出版部
なお、トインビー氏の著書は、このほかにもたくさんあり、日本語に訳されたものもすくなくない。

日本の座標

「世界について」などと、おおきいことをいったけれど、じつはまだ、新世界についてはかんがえがまとまらない。南北アメリカ、オーストラリア、ニュージーランド、南アフリカなどについては、べつにかんがえることにする。さしあたり、旧世界に問題を限定しよう。つまり、アジア、ヨーロッパおよび北アフリカまでをふくむ地域である。この地域において、世界はどういう構造になっているか。

やはりまず、身ぢかな日本のことを手がかりにしよう。日本をどうみるか。それは、世界をどうみるかということと密接につながっている。現代の世界という空間のなかで、日本がしめている位置の、正確な座標を決定すること。それが当面の課題である。

空間ということばを、物理学的あるいは数理地理学的な意味でつかっているのではない。そういう意味でなら、日本の座標なんて、自明のことだ。北緯何度に東経何度。ぴたりときまってしまう。議論の余地はない。

日本は東洋の国である、といういいかたは、日本の位置についてのひとつの座標的な表示法とみてよい。そこでは、日本は東洋諸国のなかのひとつとしてグルーピングされ、西洋諸国との対比において、その位置がかたられている。しかもそれは、単なる北緯何度、東経何度の指定以上のものをふくんでいる。東洋といい、西洋というのは、もともと文化をかんがえにいれたところの、歴史的な観念だからである。日本は、歴史的・文化的な空間において、座標をあたえられたのである。

東洋と西洋

しかし、日本は東洋の国である、という指定では、いかにも内容が不十分である。近代日本の直面したおおくの問題を、東洋と西洋、あるいは東洋文化と西洋文化のからみあいとしてとらえようというかんがえかたが、以前からいくつもでているけれど、わたしは採用しない。そういう座標軸の設定は、すこし単純すぎるとおもうからだ。第一に、日本は東洋の一国であり、日本文化は東洋文化の一種であるとしても、それはただ、類別をあたえただけで、種別をはかる目もりが用意されていない。日本が東洋一般でない以上は、日本と日本以外の東洋とがどのようなことになるかが、かたられなければならない。よくしらべてみたら、案外ひどくちがうかもしれない。

第二にこれは決定的なことだが、世界を東洋と西洋とに類別するということが、そもそもナンセンスだ。頭のなかでかんがえると、東洋と西洋との比較というと、いかにもきれいに世界を論じたような気になるが、じっさいは、東洋でも西洋でもない部分を、わすれているだけである。たとえば、パキスタンから北アフリカ一めんにかけて展開する広大な地域、そこにすむ数億の人びと。いわゆるイスラーム世界である。これは東洋か西洋か。西ヨーロッパの人たちは、それをオリエントとよぶかもしれないが、わたしたちはそれを、われわれとおなじ意味での東洋とはかんがえない。じっさいにいってみると、いろいろな要素について、多分に西洋くさいものを、わたしたちはかぎつける。しかし、これをも西洋だといったら、西ヨーロッパの人たちはびっくりするだろう。

東洋とか西洋とかいうことばは、漠然たる位置と内容をあらわすには、たいへん便利なことばだけれど、すこし精密な議論をたてようとすると、もう役にたたない。そのような表示法では、世界における日本の位置表示はできないとおもう。

近代化と日本文化

もともと、日本の文化を形づくっていたひとつひとつの要素は、これはまず、まちがいもなく東洋的なものだ。漠然の便利さにまけて、東洋的などということばをつかってしまったが、もうすこし精密に、極東的といってもよい。ひじょうにおおくの要素を、アジア大陸の東のはしの諸地域と、共有している。日本独特のものもすくなくないが、その起源をたどってゆくと、たいていはやはり大陸にもとがある。トインビー氏が、日本文明をもって、中国を中心とする極東文明の分派とみたことは、むりではなかった。ただ、仏教関係および美術関係の要素は、もっと西のほうからきている。それは、インドから、中央アジアをとおってはるばるとわたってきた。

これだけなら、日本の位置の指定はまだやさしかった。東洋のなかで、いっそう精密に、日本以外のものとの種差を指定したらたりるはずだ。ところが、日本の場合にかぎってやっかいな事情があった。現代日本文化を形づくっている諸要素のなかには、西欧伝来のものがおびただしい程度にはいっている。明治以来の、日本近代化にともなって、そういう要素が、とうとうとながれこんだ。それをもはや、無視することはできない。その点をどうあつかうか、そこが、現代日本文化論の、かなめの点になるところだとおもう。

変化は全然表面的であって、本質においては、西欧的なものは、なにひとつ影響をおよぼさなかった、というかんがえもある。それはしかし、強弁だ。そんなことはない。現代の日本文化は明治以前の日本文化と、あきらかにちがっている。

また、トインビー氏は、日本を改宗者であるとみなしている。極東文明から西欧文明に改宗したのだという。これもすこし強弁だ。日本にはまだ、非西欧的な文化要素がおびただしくある。改宗して、過去の信仰の名ごりの神棚をたたきわるところまではいっていない。

加藤周一氏は、雑種文化だといった。これは、たいへんよいいいかただとおもう。日本文化は、西洋文化の輸入品で枝葉が接木されている、というようなものではない。それは、根本からの雑種になっている、という（註）。

これはみごとな、ひとつの座標表示である。わたしは、そのかんがえをおもしろいとおもう。しかし、それではまだ、ほかの国とくらべての、日本の特徴がはっきりしない。中国やインドとは、たいへんちがうようだというけれど、どうちがうのか。かれらの文化は、どうして雑種化しないのだろうか。西洋文化の流入の歴史からいえば、かれらこそ、もっと雑種化していてもよさそうなものなのに。

（註）加藤周一（著）『雑種文化——日本の小さな希望』（ミリオン・ブックス）一九五六年九月　講談社

系譜論と機能論

いままでのかんがえかたは、みんな文化の由来をもって日本の位置表示をおこなおうとしていた。あるいは、文化を形づくるそれぞれの要素の系図をしめすことによって、現在の状況をしめそうとしていた。加藤氏の雑種文化論も、その名がそのまましめすように、血統の問題として文化をとりあげている。わたしはここで、文化の機能論的な見かたをみちびきいれたほうが、話が、いっそうはっきりするとおもう。それぞれの文化要素が、どのようにくみあわさり、どのようにはたらいているか、ということである。

それは、素材の由来の問題とは全然関係がない。建築にたとえていえば、個々の材木が、吉野杉であるか米松であるかをいうのは、系譜論の立場だ。できあがった建築が、住宅であるか学校であるかをいうのは、機能論の立場である。それは、文化の素材の問題ではなくて、文化のデザインの問題であり、いっそうはっきりいえば、生活主体、すなわち文化のにない手たる共同体の、生活様式の問題なのである。

べつなたとえでいうと、こうなる。ひとつの共同体——たとえば国民——のもつ文化を、箱にたとえよう。文化の素材の系譜をいうのは、箱の色を論ずるのにあたる。機能論は、箱のおおきさと形を問題にする。また、べつなたとえでいうと、こうなる。共同体のもつ文化を、つみ木にたとえよう。ひとつひとつのつみ木の色は、いろいろあるかもしれない。しかし、個々の木片の色は、つみあげた構築物の形とおおきさには関係はない。

高度文明国・日本

現代の日本文化を要素に分解して、そのおのおのの系譜をあきらかにして、分類しても、あまりかいのないことだ。それでは、日本文化の特徴は、はっきりつかめない。

では、文化の素材の問題は棚あげにして、現代日本の文化は、全体としてどういうデザインで設計されているか、日本人の生活様式は、どういう特徴をもっているかをとおう。それは、じつにかんたんなことだが、高度の文明生活ということだとおもう。トインビー流の、何々文明というのとまぎらわしければ、とくに近代文明とよんでもよい。この場合、くりかえしいうけれど、そのなかの材料がどこからきたかは問題ではない。材料のくみあげかたの問題である。現代の日本文化は、雑種か純系かはしばらくおくとして、高度の近代文明のひとつであることはまちがいない。

戦前は文明国ということばをよくきいた。戦後はもっぱら文化国で、文明をいわなくなったのはどうしたことだろうか。戦争にまけて、鼻べちゃになったので、文明国の名を返上したのだろうか。しかし日本は、戦争にまけても、依然として高度の文明国である。ある部分では、戦前より文明の度がすすんでさえいる。

いちいち文明の特徴をあげるまでもないが、たとえば、巨大な工業力である。それから、全国にはりめぐらされた膨大な交通通信網。完備した行政組織、教育制度。教育の普及、豊富な物資、生活水準のたかさ。たかい平均年齢、ひくい死亡率。発達した学問、芸術。

わたしはなにも、日本の現状をもって理想的な状態だというつもりはすこしもない。それどころか、日ごろは欠陥ばかり目について、ぶうぶう不平をならしている。マイクロ・ウェーヴ網ができようというのに、市内電話の発達のわるさはどうだ。鉄道はあっても、自動車道路はこれでも道か。化学工業、造船、光学機械はたいしたものでも、工作機械はだめ。数百の大学と、わずかな研究費。たしかにこういうデコボコはあるにしても、全体としてみれば、やはり日本人の生活様式は、高度の文明生活であることは、うたがいをいれない。

第一地域と第二地域

このことは、日本の現状および将来をかんがえるうえでの、すべての基礎になる事実だとおもう。これをかんがえにいれないような日本文化論は、いっさいナンセンスだ。また、どんな変革も、文明をいっそう前進させるという方向においてのみ、かんがえることができる。文明こそは、わたしたちがよってたつところの基点であり、わたしたちがまもるべきところの伝統である。

このことは、日本が高度資本主義の国であるということとはべつのことである。資本主義国がみんなこういう高度の文明国になるとはかぎらないし、日本のような高度の文明国が社会主義国にならないともいえない。

しかしながら、実際問題として、旧世界においてこういう状態の実現に成功した国は、その体制がどのようなものであれ、まだ、ごくすくないのである。部分的には、これにちかい状態にある地域もあるが、国全体として高度の文明国になったのは、日本と、その反対側の端にある西ヨーロッパの数ヵ国とだけである。あとは、中国も、東南アジアも、インドも、ロシアも、イスラーム諸国も、東欧も、まだ格段の差がある。

ここでわたしは、問題の旧世界を、バッサリふたつの地域にわけよう。それぞれを、第一地域、第二地域と名づけよう。旧世界を横長の長円にたとえると、第一地域は、その、東の端と西の端に、ちょっぴりくっついている。とくに、東の部分はちいさいようだ。第二地域は、長円の、あとのすべての部分をしめる。第一地域の特徴は、その生活様式が高度の近代文明であることであり、第二地域の特徴は、そうでないことである。

近代化と西欧化

ここでもういっぺん、素材の系譜論にかえろう。日本が高度の近代文明を建設しえたということは、だれでもしっている。なにを事あたらしく、という感じもあろう。しかし、それを日本の近代化の結果であり、西欧化の結果であるとかんがえるならば、問題がある。日本は文明国になったというけれど、みんな西欧のまねじゃないか、というのが、近代化の過程をとおってくるあいだじゅう、日本のインテリの自尊心をなやませつづけた呪文だった。この呪文は、いまでも効力がある。しかし、こういう素朴な血統論は、あまり深刻にかんがえる必要はないようだ。全体の生活様式は、ちゃんと日本むきのパターンにつくられていて、かならずしも西欧化しているとはいえない。

わたしは、明治維新以来の日本の近代文明と、西欧近代文明との関係を、一種の平行進化とみている。はじめのうちは、日本はたちおくれたのだから仕かたがない。そうとう大量の西欧的要素を日本にもってきて、だいたいのデザインをくみたてた。あとは運転がはじまる。ただ西欧から、ものをかってくればよい、というのではなかったはずだ。あたらしい要素の出現のたびに、全体のシステムは修正され、成長をつづけてきた。あたらしい要素は、西欧からもちこまれる場合もあり、内部でくふうされた場合もあった。西欧だっておなじことだ。はじめから自動車があり、テレビがあったわけではない。そういうあたらしい要素が出現するたびに、西欧流に、やはりふるいシステムを修正しながら成長をつづけてきた。あたらしい要素は、西ヨーロッパのどこかの国に出現する場合もあり、新大陸からもちこまれる場合もあり、また、テレビのアンテナの例のように、はるかにとおい極東の第一地域、日本からあらわれる場合もあった。

とにかく、日本はかならずしも西欧化を目ざしていたのではない。いまでもそうではない。日本には日本の課題があった。ただ、西ヨーロッパ諸国と日本とは、いろいろな点でたいへん条件がにていたために、平行的な道をあゆんでしまったとみるのである。その途中で、どちらに由来する要素がよりおおいかという系譜論は、じつはあまりたいした問題ではないようにおもう。

第一地域の比較

東西の第一地域が、この一世紀間にあゆんできた道をくらべることは、たいへん興味がある。もちろん、第一地域のなかでも、すこしずつ差がある。イギリスはフランスとちがうし、フランスはドイツとちがう。そして、ドイツと日本はもちろんちがう。いままで、わたしたちは、そのちがいかたの話を、よりくわしくきいていたような気がする。ちがいをもちながら、おたがいにたいへんよくにているということは、そのほかの、第二地域にある国、たとえばインドとか、ロシアとかにくらべるとよくわかる。とくに、とおくはなれていながら、ドイツと日本とは、まったくよくにた道をあゆんだものだ。ちがいはある。ちがいは主として、文化の系譜のちがいによる。

だれでもしっていることだから、べつにくわしくあげることもいらないが、たとえば、戦後はどちらも廃墟のなかからたちあがって、めざましい復興ぶりをしめした。戦争は、どちらもファシズムの政府が指導して、まけいくさだった。もっとまえのところからくらべると、どちらもあとから列強のなかにわりこんで、植民地争奪をやった。どちらも帝国だった。イタリアも、かなりよくにている。

イギリス、フランスはすこしちがうが、全体として、ドイツや日本といちじるしい共通点をもっている。それは、みんな帝国主義的侵略をやった国だ。そして、みんな資本主義国である。大戦で、たがいに敵味方にわかれてたたかったが、奇妙なことに、戦後は、かったほうもまけたほうも、いっせいにおち目である。とても戦前のような威勢はない。それでも、たとえばヒマラヤ登山というようなことになると、八〇〇〇メートル級の登頂に成功した国は、全部第一地域に属している、というような事実もある。

第二地域の特徴

第二地域は第二地域で、きわめて興味のある現象がたくさんおこっている。たとえば、第二次世界大戦後の旧世界の情勢を、ひとくちでいえば、それは、第二地域の勃興である。ソ連、中国から、インド、パキスタン、ユーゴースラビアからモロッコにいたるまで、種々さまざまの事情にある何十カ国を、いっさいひとからげにして、こういう表現ができるところは、やはりこの第二地域という概念の有効さをしめすものであろう。いわゆる後進地域といわれるものに似ているが、そういう相対的であいまいないいかたより、ずっとはっきりする。

この地域は、第二次大戦後に独立した、おびただしい数の国ぐにをふくんでいる。第一地域には、戦後あたらしく独立をえた国はひとつもないのと、いちじるしい対照をしめしている。第二地域は、戦前までは、おおくは植民地かあるいは半植民地の状態にあった。そうでない国も、たくさんの難問題をかかえて、四苦八苦だった。以前には、この地域にも、いくつかの強大な帝国があった。ツァーのロシアのように、いくらか帝国主義的侵略に似たことをやった例もあるけれど、資本主義の裏づけがないから、事情はことなる。第一次大戦は、この第二地域における残存帝国を一掃する作用をした。ロシア、オーストリー・ハンガリー、トルコの三大帝国が崩壊した。

わたしたちがみて、すぐに気がつくことは、第二地域において最近三〇年間におこった革命の数のおびただしさである。独立運動の成功をそのなかにかぞえると、まったくおどろくような数になる。そのなかには、いくつかの波があったようだ。また、いくつかの性質のちがうものがふくまれているようだ。ひとつは、中国の辛亥革命にはじまり、数年前のエジプト革命におよぶ。孫逸仙、ケマル・アタチュルク、ネルー、スカルノ、ナセルなどの人たちの名が、そこにならぶだろう。つぎは、ロシア革命にはじまるプロレタリア革命だ。中国、ユーゴがそれにつづくだろう。もうひとつは、東欧諸国や北朝鮮のような場合である。

革命のことをいえば、第一地域においては、右の三〇年間において、革命のあった国はひとつもない。いくらかにた現象をあげれば、第一次大戦の敗戦でドイツ皇帝が退位し、第二次大戦の敗戦でイタリア皇帝が退位しただけだ。もちろん、第一地域の国ぐにも、みんな革命の経験者だ。しかし、ずっとむかしにすませてしまった。イギリスがいちばんはやく、フランスがそのつぎ、日本の明治維新がイタリア、ドイツと前後してそのシリーズの最後をかざった。

このへんのところ、こうかんたんにすませてしまっては、おおいに異論がでるかもしれないが、いまは小異をすてて大同につくのだ、ということにしておこう。

資本主義と革命

第一地域と第二地域という区分をして、その、近代における特徴的な事件をならべてみた。わたしは、かならずしも歴史的な事件の推移が、それぞれの地域において一致しているということに興味があるわけではなく、その背後にある、両地域における共同体の、生活様式に興味があるのだ。あるいは、それぞれの地域における、文化の機能論的なデザイン、または社会の一般的構造といってもよい。それぞれ、対応をつけることができるだろう。

わたしはつまり、第一地域と第二地域とでは、もともと、社会の構造がかなりちがうのだとかんがえている。それが、それぞれの条件のもとに発展してゆく。第一地域に属する社会は、おたがいに共通点をもつから、にた条件においては、にた反応をしめす。第二地域に属する各社会も、同様である。しかし、第一地域の社会と、第二地域の社会とでは、かなりの差がある。

第一地域の、現代における経済上の体制は、いうまでもなく高度資本主義である。その国ぐにでは、ブルジョワが実質的な支配権をにぎっている。そしてその体制は、みんな革命によって獲得された。

革命によってブルジョワが実質的な支配権をえた、ということは、それらの第一地域の国ぐにでは、ブルジョワの力が、すでにそうとうおおきかった、ということだ。革命以前、すでにそういう階級が、これらの国ぐにでは成長していた。革命以前はどういう体制か。いうまでもなく、封建体制である。封建体制が、ブルジョワを養成した。ここで、第一地域の歴史において、たいへんいちじるしい共通点をみいだす。つまり第一地域というのは、封建体制のあった地域なのだ。

第二地域は、それの裏がえしになる。第二地域では、資本主義体制は未成熟である。すくなくともいままで、高度資本主義国になった例はひとつもない。そこでは、革命によってもたらされるものは、おおむね独裁者体制である。そして、革命以前の体制は、封建制ではなくて、主として専制君主制か、植民地体制である。専制君主や植民地体制の支配のもとでは、ブルジョワは発育不良である。

第一地域・第二地域の区分が、革命以前の体制として、封建制をもっていたかどうかとふかい関係があるということは、たいへん興味ぶかいことである。すると、第一地域の国ぐにには、最近数十年間の、近代文明の建設時代だけでなく、ずっとむかしから、封建制の時代から、しらずしらずのうちに、平行進化をとげてきたのだ、ということになる。だから、この点からも、明治以来の日本文化の発展は、歴史の法則の、必然的な展開にすぎないのであって、文明の改宗とか、西欧化とか、いうべきものではなかった、ということになる。くりかえしいうが、そういうことは、文化の素材の原産地の吟味にすぎない。素材をくみあわせた構築物の、いきてはたらいている機能の問題ではない。

封建制の比較史

封建時代の歴史の比較研究は、これは前例がいくつもあって、かなりくわしい論考があるようだ（註）。日本の封建制の歴史と、西ヨーロッパの封建制の歴史が、じつによくにた平行現象をしめす、という事実は、歴史家の間では常識になっているようだから、これは話がらくである。もちろん日本の封建制とドイツの封建制のあいだにはちがいがあるが、これも、小異をすて、大同につきうるものだ。この場合も、第二地域の場合とくらべてみればわかる。第二地域にも、中国、インド、イラクなどの地方や、あるいはモンゴルのステップにおいてさえも、いろいろな時代に、歴史上やはり封建制とよばれる現象がみられるが、それはみかけの類似にすぎないと、わたしはおもう。それをも封建制というかどうかは、封建ということばの定義しだいだろうが、実質的な内容においては、第一地域において、資本主義体制に先行し、ブルジョワを育成したところの封建体制とは、べつのものであることはあきらかだ。

第一地域の各地方で、封建制の平行現象があったとみとめると、その応用問題として、封建時代あるいはその前後に、いろいろな社会現象について、第一地域内での平行現象をひろいだすことができる。たとえば、宗教改革のような現象。中世における庶民宗教の成立。それから、市民というものがあらわれはじめる。ギルドの形成。一連の自由都市群の発展。海外貿易。農民戦争。みんな、日本にも西ヨーロッパにもあったことだ。いずれゆっくり、こういうこまかい点について、世界史の勉強をしてみたいとおもっているが、ここでは、ふかいりしない。

封建時代の後半は、第一地域の東の部分と西の部分とで、かなりことなる事情がおこった。日本が鎖国という奇妙なことをやってしまったからだ。そのため、東南アジア一帯に散在していた日本人植民地の足がかりは、成長せずに、そのままきえさってしまった。それは、ゴア、ポンジシェリー、カルカッタのようにはならなかったのだ。これで、日本によるアジア侵略と植民地化のうごきは、二〇〇年以上もおくれ、日本の封建体制の崩壊もまた、おくれることになった。貿易と植民地経営による、膨大な富の蓄積がおくれ、ブルジョワの成長がさまたげられたからである。

植民地経営者として、第一地域の西の部分でイギリス、フランスがはたした役わりは、東においては当然日本がはたすべきところであった。植民地からあがるもうけということを考慮にいれると、もし鎖国ということがなかったら、日本は独自の産業革命を、すでに明治以前になしとげていたかもしれないとおもう。あるいは、とっくのむかしに、インドあたりで、イギリスと決戦をやっていたかもしれない。第一地域での東西の決戦は、しかし、第二次大戦までもちこされてしまった。やった結果は、両方ともが痛烈な打撃をうけて、方針の変更をせまられただけであったが。

（註）たとえば、COULBORN, R.(ed.), *Feudalism in History*, 1956, Princeton University Press.

専制帝国の比較史

第二地域内でも、当然いくつかの平行進化の例があるはずだ。そういう現象をとくに研究した例があるかどうか、わたしはしらない。第一地域における封建制の平行的発展ほど人目をひいていないかもしれない。しかし、ツァーのロシア、清朝、ムガル帝国、スルタンのトルコなどの、第二地域にならぶ巨大な専制帝国の社会史の比較研究は、すばらしくおもしろそうなテーマだとおもう。ちょっとかんがえただけでも、平行現象がいくつもありそうだ。燦然たる宮廷、広大な領土、複雑な民族構成、辺境の存在、植民地のかわりに衛星国をもつこと、農民の無知と貧乏、地方官の勢威、巨大な地主、そしておきまりの腐敗と崩壊。それからもうひとつは、第一地域の諸国の植民地になることによってひきおこされる平行現象。朝鮮とインドシナの比較。李王家とバオダイ。同化政策。植民地インテリゲンチアの形成とその動向など。わたしの知識がとぼしいので、わらわれそうだが、わたしの将来の勉強のためのプランのメモをかいてしまった。

生態史観

わたしが、世界史を専攻したいといったら、歴史学には日本史、東洋史、西洋史などはあっても、世界史という分野はない、といわれた。まったく、わたしのような歴史のとりあつかいかたは、いかにもしろうと談義である。それは、やむをえないことだ。もっとも、トインビー氏だって、ある歴史家によると、ああいうのは歴史家とはいわないそうだ。また、トインビー学説だって白柳秀湖氏の史論と本質的にはかわらないという批評もきいた。わたしはある種の安心感をおぼえた。歴史家でなくても、歴史の研究はできる。

わたしが世界史をやりたいとおもったのは、人間の歴史の法則をしりたいからだ。そして、いまこころみている方法は、比較によって歴史における平行進化をみつけだすという方法である。そしてじっさいは、わたしの頭のなかに、理論のモデルとして、生態学理論をおいている（註1）。

ここで、むしろ用語をかえたほうがよい。進化ということばは、いかにも血統的・系譜的である。それはわたしの本意ではない。わたしの意図するところは、共同体の生活様式の変化である。それなら、生態学でいうところの遷移（サクセッション）である。進化はたとえだが、サクセッションはたとえではない。サクセッション理論が、動物・植物の自然共同体の歴史を、ある程度法則的につかむことに成功したように、人間共同体の歴史もまた、サクセッション理論をモデルにとることによって、ある程度は法則的につかめるようにならないだろうか。

文化要素の系譜論は、森林でいえば、樹種の系統論である。生活様式論では、それが森林であるのかどうか、森林なら、どういう型の森林であるかが問題なのであって、樹種はなんでもよい。もともと、落葉広葉樹林とか照葉樹林とかいっても、同じ種に属するものだけの純林などというものは、むしろすくない。まじりあいながら、しかもひとつの生活様式――生活形共同体をつくっているところに、植物生態学が成立した。さもなければ、区系地理学だけでじゅうぶんなところであった。そして、一定の条件のもとでは、共同体の生活様式の発展が、一定の法則にしたがって進行する、ということをみとめたところに、サクセッション理論が成立した。

人間は植物とちがうから、おなじようにゆくとはかぎらない。しかし、うまくゆくかもしれないから、やってみようというのが、わたしの作業仮説である。人間生態学というと、シカゴの社会学者たちのつくったやす普請がおもいだされて（註2）、めいわくするが、いろいろな人間生態学が存在して、もうすこし哲学的に上等なのだって、できるわけだ。うまく成功すれば、それはひとつの有力な歴史の見かた――史観でありうる。生態学的史観、あるいはみじかく、生態史観とよぶことにしようか。

（註1） 生態学理論については、たとえば、今西錦司ほか編「生態学大系」（全六巻、ただし一部未刊）古今書院　などをみられたい。とくに、植物のサクセッションなどについては、その第一巻、沼田真編『植物生態学1』一九五九年四月　古今書院参照。

（註2） たとえば、R. E. PARK, E. W. BURGESS, R. D. MCKENZIE などのアメリカの都市社会学者たちの手で、すでに一九二〇年代から、"Human Ecology" の研究がたくさん発表されている。それらの批判的展望については、M. A. ALIHAN, *Social Ecology*――*A critical analysis*, 1964, Cooper Square Publishers. など。

進化史観と生態史観

旧世界を、第一地域と第二地域とにわけて、それぞれが特有のサクセッションの型をもつこと、そして、それはおたがいにことなっていること。これがいままでにかいたことの内容である。ふるい進化史観は、進化を一本道とかんがえ、なんでもかでも、いずれは、おなじところへゆきつくとかんがえた。現状のちがいは、そこへゆきつくまでの発展段階のちがいとみたわけだ。じっさいの生物の進化は、けっしてそんなものではないのだが、人間に適用された進化史観は、まさにそういうものだった。生態学的な見かたをとれば、当然道はいくつもある。第一地域と第二地域とで、社会がそれぞれべつの生活様式を発展させてきたところで、ふしぎではない。

ここでは、生態学の基礎的なかんがえかたにふかいりして説明する余裕はないが、要するに、サクセッションという現象がおこるのは、主体と環境との相互作用の結果がつもりつもって、まえの生活様式ではおさまりきれなくなって、つぎの生活様式にうつるという現象である。すこしむつかしくいえば、主体・環境系の自己運動ということだ。条件がちがうところでは、運動法則がちがうのは当然である。

生態学理論をモデルにするならば、まだ、サクセッションがゆきつくところのクライマックス（極相）の問題とか、コンペティション（競争）およびコオパレーション（協同）の問題とか、いろいろ検討しなければならないことがおおいが、それはべつの機会にして、いまは、歴史のほうをもうすこしたぐってみよう。

第一地域と第二地域とのちがいを、第一地域における封建時代以後についてのべたが、両地域による共同体の歴史は、じつは、そのまえからちがっていたようにおもう。第一地域・第二地域というかんがえかたを古代史にまでおよぼしてみよう。

古代史のはじめのころは、第一地域は全然問題にもならない。第二地域にさかえる古代文明の燦然たる光も、ようやくとどくかとどかぬかというような辺境のひとつにすぎない。日本民族やゲルマン民族の、古代における素朴ぶりは、だれもしっているとおりだ。第二地域には、すでにはやくからみごとな古代帝国が成立しているが、やがて、第一地域においても、その、ささやかなイミテーションが成立する。東の第一地域では、隋・唐にならう日本律令国家が、西の第一地域では、ローマ帝国をならうフランク王国ができあがる。ギリシャ・ローマの地中海文明は、しばしば西欧文明の前身とみられているが、わたしはべつのものだとおもう。あれは、第二地域の東部にある古代中国の、西部における対応物であろう。近代イタリアは、第一地域に属するが、それはローマ帝国の後継者ではない。

それからあとは、ずいぶん道がちがってきた。第一地域では、動乱をへて封建制が成立するが、第二地域では、そういうように、きちんとした社会体制の展開はなかった。第二地域のあちこちでは、いくつもの巨大な帝国が、できてはこわれ、こわれてはまたできた。

破壊力の源・乾燥地帯

東と西にとおくはなれたふたつの第一地域が、もうしあわせたように、きちんと段階をふんで発展してきたのは、なぜだろうか。それをとうまえに、逆に、大陸の主体をしめる第二地域では、なぜ第一地域のような、順序よく段階をふんだ展開がなかったのかをかんがえてみよう。これはもうひとつのタイプの、生態学の応用問題だ。

旧世界すなわちユーラシアおよび北アフリカをふくむ巨大な陸地の自然の、生態学的構造をかんがえてみよう。きわめていちじるしい現象は、全大陸を東北から西南にななめに横断する巨大な乾燥地帯の存在である。それは、砂漠とオアシスの地帯か、あるいはステップである。それに接して、森林ステップあるいはサバンナがあらわれる。

古代文明は、だいたいもうしあわせたように、この乾燥地帯のまっただなかか、あるいはその縁辺にそうサバンナを本拠として成立している。ナイル、メソポタミア、インダス河谷はもちろん、黄河、地中海さえも、実質的にはそうである。おそらくは、開拓と水利の問題だったのであろう。そののち、第二地域にいくつもの大帝国があらわれるが、どれもこれも、依然としてその性格をぬけきることができない。ビザンチンも、ロシアも、インドも、みなそうだった。東南アジアだとかシベリアの森林地帯が、文明の歴史の舞台になるのは、ごくあたらしいことだ。中国でさえ、南中国の発展は近世に属する。

乾燥地帯は悪魔の巣だ。乾燥地帯のまんなかからあらわれてくる人間の集団は、どうしてあれほどはげしい破壊力をしめすことができるのだろうか。わたしは、わたしの研究者としての経歴を、遊牧民の生態というテーマではじめたのだけれど、いまだにその原因について的確なことをいうことはできない。とにかく、むかしから、なんべんでも、ものすごくむちゃくちゃな連中が、この乾燥した地帯のなかからでてきて、文明の世界を嵐のようにふきぬけていった。そのあと、文明はしばしばいやすことのむつかしい打撃をうける。

遊牧民はその破壊力の主流であり、そのお手本を提供したけれど、破壊力をふるうのは遊牧民とはかぎらない。そののち、乾燥地帯をめぐる文明社会そのもののなかからも、猛烈な暴力が発生するにいたる。北方では、匈奴、モンゴル、ツングース、南方ではイスラーム社会そのものが、暴力の源泉のひとつになる。

第二地域の歴史は、だいたいにおいて、破壊と征服の歴史である。王朝は、暴力を有効に排除しえたときだけ、うまくさかえる。その場合も、いつおそいかかってくるかもしれないあたらしい暴力に対して、いつも身がまえていなければならない。それは、おびただしい生産力の浪費ではなかったか。

たいへん単純化してしまったようだが、第二地域の特殊性は、けっきょくこれだとおもう。建設と破壊のたえざるくりかえし。そこでは、一時はりっぱな社会をつくることができても、その内部矛盾がたまってあたらしい革命的展開にいたるまで成熟することができない。もともと、そういう条件の土地なのだった。

近世にはいって、はじめて遊牧的暴力はほぼ鎮圧され、第二地域における四大帝国、中国、ロシア、インド、トルコが成立する。皮肉なことには、ちょうどそのころから、第二地域は、こんどは背後の、沿岸の森林地帯からあらわれてきたあたらしい暴力、第一地域の侵略的勢力にたちむかうことになる。けっきょく、第二地域における革命的展開は、全部今世紀までもちこされ、第一地域からの圧力のもとに、はじめて、それも第一地域とはべつの意味のものとして遂行されることとなった。

オートジェニック・サクセッション

第一地域の特徴は、もはやあきらかであろう。そこは、めぐまれた地域だった。中緯度温帯。適度の雨量。たかい土地の生産力。原則として森林におおわれていたから、技術水準のひくい場合は、乾燥地帯のように、文明の発源池にはなりにくいが、ある程度の技術の段階に達した場合は、熱帯降雨林のような手ごわいものではない。なによりも、ここははしっこだった。中央アジア的暴力が、ここまでおよぶことはまずなかった。しかも、いよいよそれがやってきたときに、それに対抗できるほど、実力の蓄積ができていたことは、この地帯にとって、たいへんさいわいであった。ドイツ騎士団は東プロイセンにチンギス汗、フラグ汗の軍隊をむかえうち、日本武士団は北九州にクビライ汗の軍隊をやぶる。西における東ヨーロッパの境界線は、東における朝鮮海峡であった。その外側は、両方とも、ついにモンゴル軍の暴虐きわまりないじゅうりんをまぬかれた。のちに、西ヨーロッパに対するトルコ帝国の挑戦も、ウィーン攻防戦によって撃退される。

つまり、第一地域というところは、まんまと第二地域からの攻撃と破壊をまぬかれた温室みたいなところだ。その社会は、そのなかの箱いりだ。条件のよいところで、ぬくぬくとそだって、何回かの脱皮をして、今日にいたった、というのがわたしのかんがえである。

サクセッションの理論をあてはめるならば、第一地域というのは、ちゃんとサクセッションが順序よく進行した地域である。そういうところでは、歴史は、主として、共同体の内部からの力による展開として理解することができる。いわゆるオートジェニック（自成的）なサクセッションである。それに対して、第二地域では、歴史はむしろ共同体の外部からの力によってうごかされることがおおい。サクセッションといえば、それはアロジェニック（他成的）なサクセッションである。

「よりよいくらし」

歴史をさかのぼったり、くだったりしたが、最後に、もう一ど現代の文明の問題にかえろう。そして、第一地域・第二地域の、それぞれの直面している現代的課題というようなことをかんがえてみよう。

そのまえに、ちょっとつぎのふたつのことをのべておく。第一は、現代のすべての人間の共通ののぞみはなにかということ。もし、そういうものがあるとしたら、それは、「よりよいくらし」ということにちがいない。これをもちだすならば、だいたい、どんな人間をも説得し、行動にかりたてることができるのではないだろうか。ある国ぐにでは、宗教はまだまだつよい力をもっている。それでも、全体としてみれば、もはや「心の平安」へのねがいは、「よりよいくらし」へのねがいの、競争相手ではなくなっているのではないか。生活水準の上昇ということは、現に相対的にたかい水準にある第一地域の人間も、相対的にひくい第二地域の人間も、ともにふくめて、みんなの悲願である。

第二は、文明の要素は、移植が可能だということ。それはすでにはじめに、日本の近代文明のはじまりかたを検討したときに、のべたことだ。この性質があるために、第二地域の人たちは、すべてあすの「よりよいくらし」への希望をもつことができるのだ。

その由来がどこのものであれ、かまうことはない。必要な要素は導入して、自分流にくみたてればよい。ちょうど日本がまえにやったように。必要なのは技術である。精神ではない。

しかし、すでにあきらかなように、日本近代化の歴史は、いまの、目ざめたる第二地域の社会にとっても、あまりよいお手本にならないとおもう。事情がちがうのだから。主として西ヨーロッパから、文明の諸要素を大量に日本にもちこんだとき、すでに日本には、その運転手がいた。封建時代を通じて育成され、革命をへて解放された、エネルギーにみちたブルジョワがいた。西ヨーロッパの技術だけをもちこんでも、それをささえてきた近代市民の精神は、日本は日本なりに、にたようなものを、つくりあげてきていた。だから、西ヨーロッパの人たちで、近代文明を日本に手わたした場合、どんなひどいことがおこるかと心配したひともあったかもしれないが、あんまりかわったことはおこらなかった。まさに、西ヨーロッパでおこるようなことが、日本でもおこっただけである。

第二地域の社会主義

こんどはちがう。第二地域の社会は、封建制を経験しなかった。そこには、強力なブルジョワたちがいない。しかも、今日の「よりよいくらし」をねがう膨大な大衆がある。そこで、革命を強力に遂行し、生活水準の上昇をもっとも効果的におこなうために、ここでは、強力な指導者をいただく政府が、ブルジョワの役を肩がわりする。現に、第二地域において進行しつつある共産主義、ないしは社会主義型の建設は、まさにこれであるとおもう。いささか逆説めくが、第二地域における共産主義・社会主義は、第一地域において高度資本主義のはたした役わりを、つとめようとしているのではないか。

第二地域における人びとの生活水準は、目にみえてあがるにちがいない。しかし、こんどは、文明は、第一地域とおなじように運転されるかどうか、それはわからない。なにか、ひじょうにかわったこと、第一地域ではおもいもよらないことがおこるような気がする。たとえば、いわゆる人海戦術などが、その例になるだろうか。

封建制をとおってきた社会の人間と、封建制をとおらないできた社会の人間とでは、行動の仕かた、かんがえかたに、なにかちがいがあるだろうか。よくわからないが、どうもあるような気がする。封建制をへてきた社会のほうが、一般的にいって、個人の自覚がすすんでいる、それにくらべて、封建制をとおらなかった社会では、個のありかたがいっそう集団主義的である、というようなちがいがありはしないだろうか。パースナリティ調査などの材料もないので、よくわからないが、文化人類学あるいは社会人類学における、今後の大問題のひとつだとおもう。

四帝国の亡霊

第二地域の現状と将来を、もうすこしかんがえよう。さきにいったとおり、現代は、ひとくちにいえば、第二地域の勃興期だ。おそらくまだ革命の波はつづくだろう。そして、つぎつぎ、強力に近代化、文明化の方向にすすんでゆくだろう。人民のくらしは楽になり、第一地域の人たちの生活に接近するだろう。そこでどうなるか。

生活水準はあがっても、国はなくならない。それぞれの共同体は、共同体として発展してゆくのであって、共同体を解消するわけではない。第二地域は、もともと、巨大な帝国とその衛星国という構成をもった地域である。帝国はつぶれたけれど、その帝国をささえていた共同体は、全部健在である。内部が充実してきた場合、それらの共同体がそれぞれ自己拡張運動をおこさないとは、だれがいえるだろうか。現に、われわれは、第二地域の各地において、その徴候らしきものを観察することができるようにおもう。

第二地域は、将来四つの巨大なブロックの併立状態にはいる可能性がかなりおおいとおもう。中国ブロック、ソ連ブロック、インド・ブロック、イスラーム・ブロックである。それぞれは、たしかに帝国ではない。しかし——こういうところでトインビー氏の用語を採用するのは、いささかわたしの自尊心にそむくのだが——それらはかつて、かれらが属し、革命によって破壊したところの、むかしの帝国の「亡霊」でありえないだろうか。それぞれ、清帝国、ロシア帝国、ムガル帝国、およびスルタンのトルコ帝国の亡霊たち。もし、そういうふうになってきたとき、そのほかの第二地域に属するたくさんのちいさな国ぐに、および、巨大なる亡霊のふところにのみこまれた多数の異民族、こういう人たちがどんなふうにとりあつかわれてゆくだろうか。それは、われわれ第一地域に属して、単一の民族で共同体を形成しているものには全然ない問題だ。それは、かれら、第二地域の人たちの課題である。

商売

第一地域の課題は何か。植民地はなくなった。イギリスやフランスは、まだ植民地にしがみついているけれど、あれは、みぐるしい。いずれはきれいに手ばなさなければならないときがくるにきまっている。それでは、たかい水準の生活を維持し、さらに、あすの「よりよいくらし」を獲得するには、どうしたらよいか。それには、いまのところみとめられたルールでゆけば、商売しかないだろう。この点では、日本とドイツは、イギリスやフランスに対して、おおきい顔ができる。まったくフェアな方法で、どうにかかたちまわっているのは、この両国だからである。

商売のこととなると、たちまちまた、第一地域と第二地域との相互関係の話になり、第一地域内の各国——商売がたきだ——との関係ということにもなる。日本の国連加入については、いわゆるアジア・アフリカ＝ブロックとの関係、また自由主義諸国との関係が問題になってくる。重大だけれど、これはべつの機会にしよう。ここでは、ただ理論のアウトラインをしるすにとどめる。ほかにまだ、第一地域内の社会主義問題、おなじく第一地域内の官僚制とその克服の問題、共同体構造における集中と分散など、論じのこした問題がたくさんある。とくに、第一地域の現代的課題については、ほとんどしるさなかった。日本の課題ということにもなり、すこしなまなましくなってくるので、いっさいべつの機会にゆずる。

最後に、すこし裏話を。昨年（一九五五—五六年）わたしは京大の探検隊員として、ヒンズークシ地方へいった。そのかえりに、アフガニスタンからパキスタン、インドをとおってかえった。ここにしるしたかんがえは、そのときに、現地でしだいに形成されはじめたものである。西ヨーロッパうまれのアメリカ人の歴史家、ハーヴァードのヘルベルト・F・シュルマン博士と、ずっといっしょに討論しながら旅行したことは、たいへんよかった。おおくの有益なヒントをえた。かえってから、京大の人文科学研究所の、フランス革命研究班の人たちに、アウトラインをきいてもらって、批判をうけた。支持をうけたというわけではない。哲学者上山春平氏と、人文地理学者川喜田二郎氏からは、とくにおおくの批判と教示をうけた。これらの人たちに謝意を表したい。わたしが、西ヨーロッパおよび東ヨーロッパを実地にみていないことが、いまのおおきな弱点だ。できるだけはやい機会に、いってみたいとねがっている。

（一九五七年二月）

新文明世界地図——比較文明論へのさぐり

解説

「新文明世界地図」は、まえの「文明の生態史観」と、ほとんどおなじ時期、すなわち一九五六年の末にかいたものである。「地図」のほうが「史観」よりもすこしあとであるが、正月号のつもりでかいた「史観」の原稿がおくれて二月号まわしになったために、「地図」のほうが一部さきに印刷されることになった。前半すなわち「貴族と庶民の分布」までが、『日本読書新聞』の一九五七年一月一日号にでた（註1）。後半すなわち「家族と超家族の分布」からあとは、同年二月四日号にでた（註2）。

「史観」と「地図」とは、内容的に、あいおぎなう関係にある。「史観」で理論の骨ぐみを用意しておいて、「地図」ではそれをやや具体的な形に展開してみようとしたのである。「地図」のほうには、「比較文明論へのさぐり」という副題をつけてあるが、わたしの野望は、体系的な比較文明学を樹立しようというところにあったので、じつは、「文明の生態史観」も、そのための基礎工事のひとつにすぎなかった、といえないこともない。

この野望は、現在においてももちつづけているのであって、本書の最後におさめた「比較宗教論への方法論的おぼえがき」という論文は、まさにその延長線上にあるものである。構想ばかりで、いっこうに具体的なものがでないのは、はずかしいが、構想としては、比較宗教論のほかに、比較教育論、比較商業論、比較農業論、比較革命論、比較家庭論というようなものまで、つぎつぎとかんがえてゆこうという計画が、すでにこの「地図」をかいたときに頭のなかに存在したのである。「地図」は、まさにそのような広大な未開地の、最初のかんたんな見とり図であったのである。

（註1）　梅棹忠夫（著）「新文明世界地図」『日本読書新聞』第八八一号　一九五七年一月一日

（註2）　梅棹忠夫（著）「新文明世界地図（続）」『日本読書新聞』第八八五号　一九五七年二月四日

生活のくみあがりかたの類型数種

人間のいとなみを研究する学問には、いろいろあるが、文明学というのはない。どういうわけだろうか。

現代文明の動向をとらえ、そのなかにおける人間のありかたを考察し、よりよき生活の指針にしよう、という仕事である。材料がないわけではない。わたしたちの日々の経験が、そのまま材料だ。むしろおおすぎる。そのために、かえってみとおしがわるくなっているかもしれない。ふつうの科学の分析的な方法がつかえず、もっぱら、総合と洞察とを武器としなければならない。いまのところ、文明の研究は、文明論あるいは文明批評であって、「学」にはならないのかもしれない。

アンドレ・シーグフリードというひとは、現代文明批評家として、もっともすぐれたひとのひとりだろう。その著『現代』は、二〇世紀文明の方向を的確につかんだものとして、たいへんおもしろいものであった（註1）。

シーグフリードの手法が、やはり日常体験の総合と洞察である。現代文明のまっただなかにある人間のひとりとして、その最近のうごきのなかから、一種の危機を感じとったものである。

しかし、これをもって人類文明の現代的様相とかんがえられては、すこしこまる。たとえば、現代は「家事合理化の時代」であるという。それはいっぽうの事実だけれど、いっぽうでは、現代は家事合理化をしたくてもできないことに、おおきななやみを感じている、巨大な民衆が存在する時代でもある。つまり、現代文明といっても、地球上の各地で、まったく事情がちがうので、一概にはいえない。

シーグフリードのとりあげたのは、アメリカ、西ヨーロッパおよび日本あたりならなんとか適用できるところの、一種のローカル現象であって、現代世界の一般的文明論というわけにはゆかない。じっさい、他の地域におけるシーグフリードの文明批評の例として、その『インド紀行』をみると、問題もあつかいかたもまったくちがっている（註2）。一貫した方法による地域的な比較がぬけているという点は、かれの文明論の致命的欠陥であるように、わたしにはおもえるのである。

文明論の材料が、いくらでもそのへんにころがっているようにみえたのは、問題をローカルなところでとらえようとしていたからだった。ひとたび世界の比較文明論的展望をこころみようなどとおもうと、たちまち材料不足をおもいしる。世界じゅうをあるいたわけではなし、少々本をよんで、ミクロの知識をあつめても、あまり役にたたぬ。文明というのは、その土地の住民の、生活いっさいのくみあがりかたの、デザインに関することなのだから。

ここでは、そういう観点から、わたしの手にあまるむつかしい問題ではあるけれど、とにかく、現代世界の問題点とおぼしきものをいくつかひろいあげて、比較文明論へのさぐりをいれてみよう。

まず、現代文明は、世界それぞれの地域において、どのようにしてその地位を確立してゆきつつあるか、かんたんなタイプの要約ができないものだろうか。近代における各国の世相史というようなものがでそろわぬために、まだ精密にはゆきかねようが、作業仮説的には、歴史と現代文明のつながりという点から、いちおうつぎのような類型をたててみることはできぬかとかんがえた。

(註1) A・シーグフリード(著) 杉捷夫(訳)『現代——二十世紀文明の方向』一九五六年六月 紀伊國屋書店

(註2) A・シーグフリード(著) 本田良介(訳)『インド紀行』(岩波新書青版一九八) 一九五五年三月 岩波書店

伝統と革命の分布

現代文明が、いきている共同体のあたらしい生活態度ないしは生活様式として、そもそもの問題になりはじめるのは、いうまでもなく、産業革命以来のことである。それは、どの共同体においても、多少とも、ふるい伝統と矛盾し、対決しなければならなかった。その仕かたをめぐって、あきらかなふたつの型があらわれたと、わたしはかんがえる。いずれの場合も、革命とよばれるはげしい社会秩序の変革をともなったけれど、その変革の前後のつながりぐあいには、なにかかなりの差があるようだ。第一の型は、イギリス、フランス、ドイツなどの西ヨーロッパ諸国と、日本をふくむ。第二の型にはロシア、中国、インド、トルコの四大帝国と、その周辺にある多数の小国が属する。

第一の型では、革命による社会の変革の度は、よりちいさい。それは、むしろひとつの有機体の成長にともなう脱皮のようなものとかんがえられる。具体的には、封建制度のもとに育成されたブルジョワが、支配権をにぎることによって、資本主義体制による文明の建設をはかる型である。そこでは、革命を通じて巨大な変革がおこなわれたようにみえながら、すべて、意外に過去の伝統の温存がある。たとえば、表面的現象をとっても、右にあげた四国は、革命後も全部そろって帝国体制を温存する。フランスは、革命末期には、とうとう王様をころしてしまうところまでいったが、すぐナポレオン皇帝があらわれた。そこには、依然として爵位があり、家族主義があり、古典的教養の継承があった。したがってそこには、伝統主義者の存在しうる余地がある。

第二の型では、事情はかなりことなる。その変革は、おくれておこったが、よりドラスティックである。皇帝あるいは帝国主義的支配者はすべておはらい箱になり、あたらしい型の、強力な、愛国的独裁者が共同体を指導する。ここでは、革命は、しばしば陰惨な内戦あるいは分裂をともない、場合によると、一どではすまない。何回もの激震をくりかえしながら、過去を清算し、未来をきりひらいていく。それは、内部からの成長にともなう脱皮というより、そとの世界から急速にせまってくる近代文明の圧力に対する、有機体の必死の適応であり、新生である。近代化はしばしば、猛烈なスピードで強行される。先進資本主義諸国も、ある分野においては、おいこされるというようなこともでてくるであろう。

開拓者と原始林の分布

近代文明は、伝統との対決という点では、もうひとつ、まったく事情のことなる場所において展開した。新世界である。

新世界には、伝統がなかった。かれらがであった唯一の伝統の抵抗は、出身地たる本国の伝統であり、かれら自身のなかにある旧世界の教養であった。移住者たちの共同体が、文明生活にはいるためには、ただ、それから離脱すればよかったのだ。もちろん離脱にはかなりの摩擦はともなったけれど、とにかく、あい前後して、二十数ヵ国にのぼるあたらしい共同体が発生する。いずれも、旧世界が脱皮のくるしみをうけていた前後であることは興味ぶかい。新世界の住民たちの、文明に対する態度の特徴は、あたらしい生活様式の可能性に対して無限の希望と信頼をいだきながら、しかも、旧世界の伝統に対してある種のコンプレックスをもっている、ということではないだろうか。そこは、伝統に対して無知であるとともに、意外に伝統保存的な地域でもある。

現状はどうか。北アメリカでは、開拓者たちは、なにもないところに、はじめから文明を建設していった。かれらの対決する相手は、伝統ではなくて自然だった。しかも、この自然は、手ごわく抵抗するあらあらしい自然ではなくて、むしろかれらを成功にみちびくめぐみの自然だったようだ。アメリカは、とほうもない文明国になってしまった。

中南米は、事情がちがうようだ。開拓者の性質がちがうのか、環境の性質がちがうのか、おそらく両方だろう。そこではいまも、文明が原始林にとなりあって存在する。世界じゅうで、ほんとうの原始的自然が大規模にのこっているのは、中南米だけだ。それにくらべると、アジアやアフリカは、近代文明以前に、人間の歴史によってふみならされた自然である。中南米は、世界における文明の処女地である。

工業と技師の分布

現代文明とは、産業革命以来しだいに発達してきた大規模な生活様式を中心にして、設計しなおされた、あたらしい人間の生活様式である。その実現に成功した地域は、地球上に三つあった。もちろん西ヨーロッパと、日本と、アメリカである。そこは世界の工場地帯であり、工業地帯である。工業を中心にかんがえなければ、現代文明のメカニズムはわからない。現代文明の構造それ自体が、多分に工場に似ている。日本は、アジアの工場とよばれる。

工場には技師が必要だ。それ自身巨大な工場たる近代文明国を運転する技師は、工場長以下、いうまでもなく革命以来支配者となったブルジョワジーである。そして、その運転技術のシステムは、いわゆる高度資本主義であり、それにつねに栄養を補給したのは、植民地であった。

旧世界における巨大な、老衰した諸帝国と、その衛星諸国はどうなったか。かれらのやったドラスティックな革命は、もともと、先進資本主義国の圧力をはねかえして、自分自身も工場地帯になろうということだったはずだ。必死の努力は、現代かなりの程度に成功しつつあるようにみえる。このうごきは、まだ当分つづくであろう。

そこでは、工場運転の技師になるべきブルジョワが、欠けていた。新生のまえのかれらの前身、巨大なる専制帝国は、封建制をもたず、したがってブルジョワをつくらなかった。新設工場の運転のためには、緊急技師団として、強力なる独裁的指導者たちを必要とした。かれらが、先進資本主義諸国におけるブルジョワの機能を代行した。そして専制帝国支配下の陰惨な農奴と貧民は、そのしたで工場労働者大衆としての立場をえはじめた。資本主義諸国における近代的プロレタリアートに対応する存在となることによって、かれらの近代化は進行しつつある。

貧乏と飢えの分布

資本主義諸国がもうけたといっても、そのなかにも、みじめなしたづみの人たちはすくなくない。しかし、資本主義の進行にともなって、事態はよほど改善されてきた。文明が、全体の水準をひきあげたのである。

わたしたち自身も、いまなおひどく貧乏だ。自分たちの努力と成果に対して、とり分がすくなすぎるとおもっている。しかし、貧乏ということばは、ほんとうはわたしたちのような高度資本主義国の人民のためにあるのではない。老朽せる巨大専制帝国群はおびただしい貧民をのこした。その改善は、革命の最大の目標のひとつであったであろうが、なお、現実の世界では解決されていない部分がおおい。日本でも、よくアジア的低賃金などということがあるが、アジアの実状をしれば、ほんとうは日本ではそんなことばは、かるがるしくつかえないのではないか。

「飢え」は、そのもっとも深刻なものである。わたしたちも、くえないという。しかし、わたしたちのいう「飢え」は、なお象徴的である。世界には、なお、リアルな飢え、あるいは潜在的な飢えにさらされている、数千万、あるいは数億の人たちがいる。慢性的栄養失調、おせばひとたまりもなくたおれてしまうような労働者。そういう巨大なとりのこされた民衆の存在こそは、現代文明の最大の課題のひとつであろう。

鉄道と飛行機の分布

洪水や飢饉の惨害をすくうには、とりあえず物資を輸送できる完全な輸送網が必要である。あるいは、刻々の現地の状況をキャッチできる完全な通信網が必要である。しかし、そういう施設は、現代なおいちじるしく不足している。ソ連も中国もインドも、この近年、いちじるしい進歩をしめしているけれど、たとえば単位人口あるいは面積あたりの鉄道キロ数は、なお問題にはならない。自動車道路の開発は、急場をしのぐ最大の方法である。

文明のあたらしい様相は、航空機の発達によってもたらされた。それは、資本主義諸国におけるように、馬車、汽車、電車、自動車というような進化の系列の最後にあらわれてくるものではない。未開発地域の交通機関の、ほとんど最初の段階に出現するのが飛行機だ。アジアの内奥部、あるいは南米大陸などにおける飛行機の活躍は、目ざましいものがある。

しかし、ここにひとつの問題がうまれている。その飛行機を任意に利用できるのはだれか、という問題である。おなじ問題が、通信をめぐってもあらわれてこよう。無線通信の発達によって、未開発地域の奥ふかくまでが、世界の通信可能な領域にくりこまれた。しかし、その場合、それを利用しうるものはだれであろうか。

貴族と庶民の分布

資本主義諸国においても、すべての人間が飛行機や電信を自由に利用しうるわけではない。たとえば、わたしは日本国内の飛行機にはのったことがない。たかいからだ。そこでは、そういう施設を自由につかえるひとは、お金のあるひとにかぎられている。おなじように、あるいはちがうふうにかもしれないが、新興諸国においても、すべての民衆がそういう便利な文明の利器を利用できるようにはなっていない。やはり、資本主義諸国の工場運転者、すなわちブルジョワに対応するあたらしい指導者層、あるいはかれらの判断によって承認された層に、すくなくとも当分はかぎられるのではないか。

資本主義諸国も、後進諸国も、その前身からのふるい制度としての貴族制は、たいていはいまではやめてしまった。日本も戦後やめた。しかし、どちらもまた、それぞれの体制そのものに由来するあたらしい貴族制を発生させているのである。

庶民はどこへゆくのであろうか。これは、すべての地域を通じての、現代文明の最大問題である。その点、わたしは、日本の文明の傾向は、世界の前途に対して、ひとつのあかるい見本を提供できるのではないかとかんがえている。もともと、どちらかといえば、高度資本主義は、膨大な中産階級を育成し、それを中心に社会生活を設計するという方向において、いくらかすすんではいるが、日本の場合は、とくにいちじるしいのではないか。たとえば、世界に例のない庶民的な大百貨店の発達とか、チップの習慣を発達させなかったこととか。ここではとにかく、一見してわかる服装上、あるいは行動上の階層的区別がほとんどない。

家族と超家族の分布

文明の進歩とは、物質的な生活水準の上昇だけを意味するものではない。ひとりひとりの人間をしばりつけている、いろいろな社会制度のくさりから、ひとつずつ解放されてゆく過程をも意味するはずである。わたしたち現代人類は、ふるい社会制度の重荷から、どのように解放されつつあるか。

第二次世界大戦は、日本の社会制度のうえに、根本的な大変革をおよぼしたようにみえる。そのひとつは、いわゆる「家」の制度の破壊である。改正された民法は、家督相続を廃止する。財産相続は、長子の単独相続を否定し、すべての子どもたちに請求権を確保する。先祖代々の「家」は、きえた。そして、夫婦とその子どもたちの共同生活を基本とする近代家族が発生した。

理論的にはそうだけれど、じっさいには日本にはまだ「家」は残存する。それは、単なる家庭ないしは家族ではない。先祖代々、子々孫々をふくむタテのつらなりである。家名があり、家紋があり、家門の名誉がある。そしてその重圧がある。

西ヨーロッパもまた、比較的最近まで、長子相続制と「家」とをのこしていた地域である。イギリスが法的に「家」を廃止したのはつい二、三〇年前のことである。もちろん、これは過去における封建制の発達と関係がある。日本と西ヨーロッパが、封建制をくぐってきたという特殊事情によるものである。

第二の地域ではどうか。そこには、封建制の遺物たる「家」の重圧はない。相続はもともと、たとえば中国やイスラーム諸国のように、はじめから分割相続あるいは均分相続である。それは、封建制をくぐりぬけてきた諸地域が、最近ようやくたどりついたところの、近代的状態に、はじめからあったわけである。

そのかわり、この場合には、問題は家族をこえたところにあるようだ。封建家族は、「家」の重圧をながく保持したかわり、それ以外の血縁集団をほとんど解消してしまっているが、第二の地域では、なおしばしば、第一地域の社会にはみられぬ、超家族的集団がみいだされる。日本から一歩海峡をわたると、そこはすでに族外婚的姓氏制がいきて機能する社会である。また、ある土地では、根づよいカースト制、ある土地では部族制が、それぞれ人間にわくをはめている。それは、一片の法律で解消するには、あまりにもおおきな慣習である。

近年、この地域であいついでおこりつつあるドラスティックな改革は、徐々に、これらの超家族的制約をとりのぞいてゆくだろうが、その道は、ながく、かつけわしいものがあるようだ。

はたらく女性の分布

今世紀において、人類社会生活のなかでおこりつつある大変化のひとつは、婦人の地位のめざましい向上ということである。人類の総人口の、ほぼ半数は女である。その巨大な人口が地球上のどの地方においても、ほとんど例外なしに、他の半数の人口の男よりもひくい地位におかれていた。それがいまや徐々に、法律的にも、経済的にも、社会的にも、男とおなじ地位をえはじめている。近代国家たらんとするすべての国は、いまでは、そのあたらしい制度表のなかに、かならず女性に改善された地位を約束するだろう。

しかし、この場合もまた、現実にはそのあゆみは、着実ではあろうが、なおながい道のりを要するものとおもわれる。

世界には結婚と離婚の自由をもたぬ女性が、なお莫大に存在する。寡婦は再婚できぬという国がなおいくつもある。一夫多妻制が法律的にも公認されている地域を地図上で色わけしてみれば、そのあまりにひろいのに、だれでもおどろくにちがいない。しかし、変化の方向だけは、ほぼさだまったようだ。現在の文明国においてふつうみられるところの一夫一妻制が、人類の結婚制度として最善のものであるかどうかは、疑問があるかもしれないが、すくなくとも現代では、世界のすべての地域は、一夫一妻制を、ゆるされた唯一の文明的制度とみなしはじめているようにみえる。

日本の女性は、戦前のながい暗黒の状態から、戦後一時に解放されたようにみえる。しかし、一時の解放という点からいえば、ロシアや中国における女性解放のほうが、はるかに爆発的であり急進的である。日本や西ヨーロッパのような資本主義諸国においては、封建時代からの、ながい、徐々なる変革を通じて、女性の権利が拡張されてきたのである。日本も例外ではない。

女性の解放という近代的観念そのものが、この地域の産物である。封建制は、家族内における女性の地位に、特殊な、つよい制約をくわえたが、同時に、その封建制度下に形成された庶民のなかに、あたらしい近代市民的な家族関係をつくりつつあった。かくて、ペリー来航のとき、かれは、日本の妻たちの地位が、東洋諸国に類例がないほどたかいことをしったのである。

資本主義は、初期の段階において、女性の労働力にたよるところがたいへんおおきかった。繊維工業の女工たちである。そして、日本でも、西ヨーロッパでも、アメリカでも、くらい「女工哀史」がかきつづけられる。そして、それに応ずるかのように、はげしい女権拡張運動が、それらの各国において平行的にすすめられる。しかし、その政治的達成として参政権をえた年代をみると、各国の事情により、かなりのひらきがある。日本やドイツは、アメリカより約二〇年おくれた。

これらの国でも、なお女性の社会的地位に関しておおくの問題がある。女性たちは、労働条件のわるさにかかわらず、資本主義機構のまっただなかでみずからはたらくことによって、しだいにその社会的地位をたかめてきた。日本・西ヨーロッパの、工業における女性従業者の数は、ひじょうにおおい。公務員および自由業に対する女性の進出もめざましいものがある。はたらく女性は、なおもふえるだろう。そして、女性の社会的地位は、なおも上昇するだろう。

ロシア、中国など、共産主義革命に成功した国でも、女性労働者はいちじるしく増加し、その地位の向上にも目ざましいものがある。しかし、いずれの場合も、まだはたらく女性における家庭と職場との調和という問題は、完全には解決されていないようである。

学校と新聞の分布

日本や西ヨーロッパ諸国の社会のいちじるしい特徴のひとつは、教育の普及である。そこでは、よみかきのできないひとはほとんどいない。

義務教育制のみごとな成功は、まさに人類の歴史にあたらしいページをひらくものであった。それは、巨大な大衆の、欲望と能力を開発した。教育の普及は、資本主義の発展の結果であるとともに、そのひとつの条件でもあった。

教育の普及は、共同体にあたらしい高度の統一をもたらした。いわゆるマス・コミが威力を発揮できるのは、もちろんこの教育の普及という条件がみたされているからである。日本、西ヨーロッパ、アメリカなどにおけるジャーナリズムの発展は、おどろくべきものがある。そこでは、公衆の世論というものが力をもちはじめる。新聞は、その形成と伝達のための、おおきいなかだちとなる。

ロシア、中国、インド、イスラーム諸国などでは、問題がまったく別である。そこでは、ジャーナリズムはきわめて未発達である。マス・コミ手段の第一はラジオだ。ラジオは、上意下達と対外宣伝の道具として、すべての国に有効に利用されている。しかし、それらの国では、指導者たちは、声なき民の声に耳をすまさなければならぬ。そこでは、公衆の世論は存在しないか、あるいはきわめてよわいからである。こういう地域では、民主主義がそだちえないというのではない。しかしそれは、教育が高度に普及した国におけるものとは、おのずから、やりかたも結果もひどくちがったものになるだろう。たとえば選挙における投票の仕かたも、意味も。

ともあれ、そこで必要なのは、おおいそぎで非識字者を一掃することだ。膨大な人口に、せめてよみかきだけでもおしえること。それは偉大な仕事だけれど、なおひじょうな努力と時間を必要とするだろう。そして、それらの人たちのあいだに、じっさいに教育が普及した場合に、世界にはどういう変化がおこるだろうか。

個性的個人と残虐行為の分布

日本や西ヨーロッパは、近代的な教育が普及するまえから、個性的な人間を産出する頻度のたかい国ではなかっただろうか。あるいは、庶民のはしばしにいたるまで、個性的な個人であらしめるような力がつねにはたらいている国ではなかったか。日本人は個人の自覚がとぼしい民族であるというが、世界的にみてどうか。むしろ反対に、かなり個人主義的傾向のつよい民族ではないか。封建制度というものは、もともと、個人の自覚的活動のうえに建設された制度であり、また、ある程度個人の自由な活躍をゆるした制度でもあるのだから。

古代的専制のおもかげをのこす諸帝国群の地域では、個人はいっそう没個性的である。そこでは、個のありかたは、いっそう集団主義的である。あるいは、そこでは個の価値がひくい。インカ帝国におけるように、人びとはまことにかんたんに、ある目的のために犠牲にささげられる。人びとの労力は、古代エジプトをおもわすような仕かたで、巨大な建設にかりたてられる。大規模の血の粛清、人海戦術、長期にわたる捕虜の抑留など、日本や西ヨーロッパではまったく理解できぬ現象が、そこにあいついでおこる。

残虐行為は、しかしそれらの地域の専売ではない。残虐行為といえば、日本にも、西ヨーロッパにも、おおくのいまわしい事件がくりかえしておこった。しかし、そのほとんどが、異民族との関係においておこっていることは注意しなければならない。封建制の発展形態としての民族国家においては、個人の価値という点で、異民族をひどく差別してみる傾向がありはしないだろうか。

残虐行為の研究は重要である。そのいたましさを描写し、のろうだけでは不十分である。どういう条件のもとに、どういう人間のあいだに、どういう行為がおこなわれたか、その、客観的な分析から、法則を帰納することが必要であろう。

嫉妬ぶかい神がみの分布

神さまというものは、人間とおなじように、いちおう世界じゅうに分布しているものとかんがえてよい。しかし、その神さまたちの気質は、その土地土地によって、かなりいちじるしいちがいがあるようだ。

もともとは、神さまというものは、唯一神であれ、多数神であれ、いずれにせよその土地において、とじた体系をつくるものだ。自己完結的なものだ。だから、体系外の神がみがそばにいることをゆるさないのが、本来の性質である。しかし、世界じゅうをみわたしてみると、すくなくとも現在では、各地の神さまが、他の神さまに対してしめす寛容さの程度には、かなりのちがいがあるようにみえる。世界の宗教の比較といえば、仏教、キリスト教、イスラーム教というふうに、宗派別にかんがえられている場合がおおいが、文明論としては、いちおうそういう系統分類からはなれて、むしろ、現代の各地における神がみの機能の分析をこころみることが必要だろうとおもう。

じっさい、おなじ仏教にしても、ビルマ、タイの社会における仏教の支配力と、日本におけるそれとは、比較にならない。それは単に小乗すなわち南方上座部仏教と大乗仏教という差ではない。モンゴルの仏教も大乗仏教だけれども、はるかに排他的である。キリスト教のなかにも、そういうちがいがあるのではないか。イギリス、ドイツ、フランス、アメリカあたりの神さまは、ポーランドやハンガリーの神さまより、はるかに嫉妬心をうしなっていはしまいか。神さまの嫉妬が現実にどういう事態をまきおこすか、そのいたましい実例を、わたしたちはインドとパキスタンの分裂（パーティション）の際、イスラーム教徒とヒンドゥー教徒のあいだにおこった、はげしい「ころしあい」においてみることができる。

なぜ神さまの気質にこんなにちがいができたか。よくわからないけれど、つぎのようなことが関係あるとおもう。さきにあげた地域区分の第一地域、すなわち、日本や西ヨーロッパでは、聖と俗の権力の分離がはやくおこった。第二の地域では、たとえばロシア帝国のツァーはロシア正教の首長であり、トルコ帝国のスルタンはイスラームの教主であったように、精神界の支配者と俗界の支配者とが、ずっと後世までくっついている。

諸帝国が没落したのちまでも、それぞれの土地神のこういう気質のちがいは、やはり維持されているという見かたはできまいか。第二地域におけるあたらしい精神世界の原理、たとえばコミュニズムなどによる共同体統一のはやさとつよさ。そして世俗の世界とともに精神世界をも一手に統べようとするつよい傾向をもつあたらしき司祭者の登場。

官僚と官僚主義の分布

現代は、全世界的に官僚の時代である。その点では、日本・西ヨーロッパのような国も、アメリカも、ソ連も、中国も、新興アジア諸国も、みんなえらぶところがない。あるものは、すでに完成した強力な官僚組織をもち、あるものはいま、おおいそぎで建設中である。

官僚そのものの起源はふるい。どの地域においても、それは最近にはじまったものではない。日本や西ヨーロッパにおいても、すでに革命以前にあった。前期封建制がおわり、王権の拡張がはじまるとともに、官僚制は近世的な発達をはじめる。そしてフランスのブルボン王朝や日本の徳川政権のような、絶対主義政府の官僚群ができあがる。しかし、その場合はなお、地方は各領主の支配下にある。革命による国家統一は、中央政府官僚群による全国直接支配の態勢をつくることであった。国民国家として、列強のせりあいのなかに地位を確保するためには、これは絶対必要な態勢だった。そしてそれはまた、資本の独占的集中と相表裏した現象であった。

官僚制にはしばしば官僚主義がつきまとう。それは、権力の過度の集中にともなう悪徳である。そこでは公式主義だけがはびこり、個人の創造的能力は、機構のなかにくみこまれる瞬間に、圧殺されてしまう。

日本や西ヨーロッパは、すでに権力も富も集中がすすみすぎた。いまはあたらしき分散による能率化をはかるべき時期である。

ロシア、中国、インド、イスラーム、その他の諸国では、事情がことなる。そこではもともと、古代的専制帝国の官僚群、たとえば中国のマンダリンがあった。しかし、帝国末期の腐敗と崩壊は権力の分散をまねいた。あたらしい建設は、あたらしい集中が成功するか否かにかかっている。そこは現に強烈な官僚化が進行しつつある地域である。勃興するナショナリズムも、必然的に官僚化をともなう。

しかし、この場合も、いずれの地域においても、官僚制は、官僚主義化からまぬがれる確実な方策をまだひとつも発見していないようにみえる。人類は、有能なる個人をつくる方法はしっているけれど、その個人の有能さを有効にいかす方法については、まだあまりにもしらなさすぎるのではないだろうか。

ひずみなき世界の姿を

世界は多様だとおもう。しかし、無秩序ではないだろう。日々のできごとは、しばしば意外であり、混乱であるようにみえるが、よくみると、人類の文明は、いくつかの法則的な変化を、現にあらわしつつあるのではないかとおもわれる。

世界の統一へのうごきはあるけれど、世界はまだ現実には統一されていない。われわれ自身、その分割された一片の土地に所属している。わたしたちはその土地からのがれることはできないけれど、その土地をのりこえて、全地球的な課題についてかんがえることはできるはずだ。われわれ自身の問題も、そのような全地球的な歴史のながれのなかにおいてながめてみて、はじめてそのひずみのない姿をみることができるだろう。

比較文明論のこころみとしては、なお、資源と人口の分布、人種と民族の分布、それから退廃と健康の分布というようなものにいたるまで、重要な問題を論じのこしたようにおもうが、みんなまたべつの機会にゆずることにして、今回はこれで筆をおきたいとおもう。

（一九五七年二月）

生態史観からみた日本

解説

思想の科学研究会の恒例によれば、年一回の総会のときに、テーマをもうけて討論会がおこなわれることになっている。一九五七年の夏の討論会(註)で、わたしは報告者のひとりとして指名され、そこで「生態史観からみた日本」という題で話をした。その内容は、『思想の科学研究会会報』に掲載されることになっていて、まもなくその速記原稿がまわってきた。ところが、わたしはその秋は東南アジア調査の準備に忙殺され、原稿に手をくわえる時間もなく、そのままそれをだいて、タイにいってしまった。こうして、そのときの話は、とうとう印刷されることなく、おわってしまった。

さいわいに、そのときの速記原稿がのこっていたので、思想の科学研究会のゆるしをえて、ここに収録することにした。

(註) 思想の科学研究会総会。一九五七年七月七日、東京神田学士会館。

一

きょうの討論会の全体のテーマは、「現代日本をどうみるか」というのであるとうけたまわっております。そして、とくにわたしにあたえられた題目は、「生態史観からみた日本」というのであります。そこで、この題で、どういうお話をすればよいかと、いろいろかんがえてみたのでありますが、どうしたことか、いっこうにかんがえがまとまってまいりません。というよりは、むしろ気もちのうえで、どうもおちつかないものを感じているのであります。京都でも、なんにんかの友人たちに相談にのってもらい、東京へくる汽車のなかでも、ずっとそのことについてはなしあってきたのでありますが、どうしても気もちがおちつかず、とうとうこの会場まできてしまいました。いまだに心が動揺をつづけております。

なぜ、こんなにかんがえがまとまりにくいのか、それを反省してみますと、やはりいくらか理由があったようであります。問題は、この題目なのであります。この、「生態史観からみた日本」というのは、いかにももっともなテーマで、わたしもそれで、ついうからかとその題でおはなしすることをおひきうけしてしまったのでありますが、よくかんがえてみると、わたし自身の発想法は、こういう題にはたいへんなじみにくい性質のものなので、どうも違和感がつきまとうてはなれないのです。それで、心がおちつかないのであろうとおもうのであります。

そこできょうは、このあたえられた題目そのものからは、すこしはずれることになるかとはおもいますが、この題目がわたしにあたえた違和感のほうを問題にして、その内容をすこし分析してみようかと存じております。したがって、いまおはなしすることは、「生態史観」についての正面きっての議論というのとはちょっとちがうかもしれませんが、それを発表してからあとの、わたしのひとつの感想ということで、おききいただければ、ありがたいとおもいます。

ここで「生態史観」とよんでおりますのは、直接には、わたしが半年ほどまえに『中央公論』にかきました「文明の生態史観序説」という論文のことであります。それはいわば、このかんがえかたの理論の面をのべたものでありますが、さらにそれを具体的に展開するつもりで、『日本読書新聞』に、「新文明世界地図」というのを、二回連載でかいたのであります。よんでいただいたかたもたくさんいらっしゃるかとおもいますので、ここでは、内容についてくわしく説明することはいたしませんが、かんたんに要約しますと、こういうことになります。

旧世界――つまり、アジア、ヨーロッパおよびアフリカ北半をふくむ世界を、現在の状態と、そこにいたるまでの歴史のなりゆきとにもとづいて分類すると、おのずからはっきりしたふたつの型にわけることができるようにおもうのであります。ひとつを第一地域と名づけ、もうひとつを第二地域と名づけます。

第一地域というのは、日本と西ヨーロッパ諸国がこれに属します。第一地域におけるこのふたつの部分は、たがいにとおくはなれていますが、現在の文明のありかたと、歴史を支配してきたダイナミックスという点ではにたところがたくさんあり、おなじカテゴリーに属するものとかんがえられるのであります。

第二地域というのは、旧世界の中から第一地域をのぞいたあとの地域全部がこれに属します。このなかには、四つのおおきなブロックが存在します。すなわち、中国世界、インド世界、イスラーム世界およびロシア世界がそれであります。この四つの世界は、それぞれにまた、おおくの共通点をもっているとかんがえられます。

そこで、この第一地域と第二地域の相互交渉という形で、旧世界の世界史に筋道をつけてみたのであります。また、なぜこのような第一地域・第二地域の区別が発生したかという点についても、生態学的な見地から、若干の説明をつけてみたのであります。くわしいことはそれぞれの論文を参照していただくとして、概略そういうことをかいたということをもうしあげて、つぎにすすみたいとおもいます。

二

わたしは、このようなかんがえを発表するにあたっては、もちろん若干の反響を予想しておりました。こういうかんがえかたは、いままであまりなかったようにおもいますし、あたらしいかんがえに対しては、いろいろな批判がでてくるのは当然であります。はたして、そうとうの反響がございました。あちこちの新聞や雑誌で、あたらしいかんがえかたとして紹介していただきましたし、いろいろな批判もいただきました。それに、わたし自身も、しばしば座談会や講演会にまねかれて、話題としてとりあげてもらったのであります。きょう、この会で、こういう題目で報告をしなければならないというのも、そのような一連の連鎖反応のひとつであろうかとおもうのであります。

とにかく、いろいろな反響があったのでありますが、その反響の内容というものをしらべてみますと、じつは、わたしがはじめに予期しておりましたものとは、だいぶんちがうのであります。わたしがはじめに予期しておりました反響ないし批判は、つぎのふたつの種類のものでありました。ひとつは、理論に関するものであります。すなわち、世界の地理と歴史を理解するうえに、わたしの提出した理論は、はたして適当なものであるかどうか、という点であります。いわば、わたしの学説のたてかた、理論のくみあげかたについての批判であります。もうひとつは、具体的・事実的なものであります。つまり、世界の各地の実状、たとえばインドとかイスラーム地域とかの社会は、ほんとうにわたしがのべているようなものであるかどうか、という点であります。いわば、事実認識のあやまり、ないしはかたよりについて、批判がでることをひそかに期待していたのであります。そして、これらの点についてはは、でそうな批判の種類を想定して、それに対する答も、ある程度は用意していたのであります。

ところが、ふたをあけてみますと、じっさいにでてきた反響というのは、だいぶん性質がちがっていたのであります。もちろん、いろいろなものがあり、なかには、いまのふたつの点にふれている批判もなかったわけではありませんが、大部分のものは、まことに予想外のものであったのであります。

それは、どういう種類のものかともうしますと、ひじょうにおおくのかたが、生態史観というものを、一種の日本論としてうけとって、そのつもりで反応しておられる、ということであります。たとえば、そういうかたは、世界における日本の地位というようなことを、おおきな問題としてかんがえておられるので、生態史観もまた、その問題に対する解答のひとつであるとおかんがえになる。端的にいえば、世界全体のなかで、日本という国は、兵隊の位でいえばどのあたりにくるか、という問題意識がつねにあって、そこで、生態史観でゆくとその位がずーっとうえのほうにくることになるので、おもしろい、あるいはおもしろくない、というような反応がひじょうにおおかったのであります。そこで、日本ははたして後進国であろうか、先進国であろうか、というようなところへ、議論がはしってゆくのであります。

ところが、わたしは「日本論」を展開した、というつもりはすこしもなかったのでありますす。もちろん、生態史観というかんがえをのべるにあたっては、わたしは日本のことをかなり重視しています。それはしかし、かんがえをくみたてるうえでの、身ぢかな素材というにすぎないのであって、わたしの理論は、どこまでも世界の理論、すくなくとも旧世界全体をおおう理論というつもりであります。ですから、もし生態史観が一種の日本論であるとすれば、それは同時に、一種のインド論でもあり、イスラーム世界論でもあり、西ヨーロッパ論でもありうるはずである。けっして日本だけのことを論じているのではない。

そういうつもりでありましたから、反響がもっぱら日本のことに集中したのをみて、わたしは、はっきりいって、がっかりしたのであります。世界の構造を論じたつもりなのに、そのごく一部分のところに反響が集中して、かんじんの——あるいはわたしが得意になっているところの――全体の構造論については、あまりふかい批判もでなかったというのでは、いささか落胆するのも当然ではありますまいか。

わたしはこれまで、日本の知識人たちとはあまりつきあいもなく、その典型的な思考方式に習熟しているとはいえませんので、これはやはりひとつのおどろきであったのであります。いうならば、日本の知識人諸氏の、日本に対する関心のふかさ、情のあつさに、おどろいたのであります。これほどまでに、日本のことをおもっておられるのであるか。あるいはまた、もうすこしあからさまにいえば、日本の知識人諸氏の、日本以外の世界に対する関心のなさに、おどろいたのであります。ほかの国のことが話題になっていても、それ自身としてはあまり興味をおぼえない。自分との比較、あるいは自分自身が直接の話題になったときだけ、心がうごく。あるいはまた、なにごとをいうにも自分を話題の中心にすえないではいられない、ということでしょうか。なんというナルシシズムかと、おどろくのであります。

じつはこのことと、はじめにおことわりしたような、きょうの話の腰のすわらなさとは、ふかく関係しているのであります。あたえられた演題は「生態史観からみた日本」でありますし。わたしはもともと、日本だけをそれほど焦点にすえてかんがえてきたわけではない。しかし、知識人諸氏の要求にこたえて、きょうもまた、わたしは「日本」を問題にしなければならないのか、というゆううつが、わたしの心を動揺させているのであります。

三

もとよりわたしは、日本についての関心を拒否するものではありません。それどころか、わたし自身も日本についてはふかい関心をもっています。ただ、その関心のあり場所が日本だけにかぎられていないというだけのことであります。

「生態史観」を発表して以来、「君は、どういうわけで、このようなかんがえをもつようになったのか」という質問を、しばしばうけるのであります。もちろん、わたしの専門がもともと生態学であったという事情や、わたしが研究者としての経歴を乾燥地帯での仕事からはじめているというような事情——生態史観では、乾燥地帯が理論的にひじょうに重要な役わりをはたしています——などもありますけれど、いちばんおおきい条件をかんがえてみますと、やはり、わたしが日本人であったということではないかとおもうのであります。

じっさい、ヨーロッパやアメリカの人たちは、日本のことについてはおどろくばかり無知で、その結果、ヨーロッパ文明こそは人類の唯一最高の文明であるという神話を信じています。それで、ヨーロッパを頂点にする文明の直接的な発展段階をかんがえ、世界の国ぐにを、その線上にならべる、というかんがえかたをするものであります。じつは、アジアやアフリカの学者だって、ヨーロッパによるアジアやアフリカの支配の正当性についてはは否定するひとが大部分でしょうが、心のなかでヨーロッパ文明の優越性という神話を信じているという点では、ヨーロッパの人たちとあまり差がないもので、もちろん日本ないし日本文明については、なにほどのこともしっていないのがふつうであります。そういうところでは、やはり生態史観のようなかんがえかたはでてこないでしょう。このような、文明の平行進化説がうまれるためには、やはり、この日本というたいへん特殊な性質をもった国について、じゅうぶんの知識と認識が必要であったのだろうとおもうのであります。

では、日本人ならだれでも生態史観ふうにかんがえるかといえば、そうではない。現に、生態史観に対して懐疑的ないしは批判的な知識人はいっぱいおられる。日本の場合も、明治・大正のころなら、ヨーロッパやアメリカとの差はなにごとにつけてもあきらかで、平行進化どころか、実感としては、やはり先進・後進という、直接進化の図式をのむよりほかはなかったかとおもうのであります。ここには、世代論としてもかんがえねばならない問題があるようですが、生態史観のような平行進化説は、日本人のなかでも、ヨーロッパに対する後進意識をほとんどもたない、戦中派世代のかんがえかたであると、いえないこともないかもしれません。

それよりも、明治・大正期以来の日本知識人の伝統的な発想法とかなりちがうようにおもうのは、その理論のカバーする地域のことであります。伝統的には、日本の知識人は、日本とヨーロッパとを比較しながらかんがえを展開してきたのであって、その視野のなかには、広大なアジアの諸地域がほとんどはいっていなかったのであります。その点、生態史観は、すでに発表したものをよんでいただければわかるように、むしろアジア諸国の観察と考察とから出発している。それは、わたしが、戦前からしばしばアジア諸国をじっさいにおとずれる機会をあたえられたということによるのでありますが、同時にそのことは、戦争中から戦後にかけて、日本とアジアとのかかわりあいが急速にふかまったということのひとつのあらわれにほかならないとおもうのであります。

生態史観においては、日本はもちろんおおきくあつかわれていますけれど、それはむしろ、アジアをかんがえるための、よくわかっている比較資料——科学実験における「コントロール」——としてつかわれているにすぎないともいえるのであります。生態史観では、日本をどうみるかよりも、日本以外のアジア諸地域をどうみるかが、はじめからの問題であったのであります。べつないいかたをすれば、生態史観は、わたしの意識が日本からはなれることによって、あるいは日本ナルシシズムからぬけだすことによって、うまれてきたものだ、ということもできるようであります。そして、そのような離脱を可能にした条件は、やはり、戦後一〇年にして、自分で外国を直接に観察できるようになったという、時代のうごきが、おおきく作用しているようにおもうのであります。

四

きのう、東海道線の車中で、友人たちとはなしながらきたのに、いまだに気もちがかたまらないというのには、じつは、ひっかかる点がもうひとつあったのであります。わたしのしたしい友だちのみなさんは、きょう、ここで、実践的な問題提起をせよ、ということをいわれる。生態史観は、たしかに、世界はどういう構造になっているか、そしてそれは、どういう過程でそうなったのであるか、をのべている。しかし、そこには、日本の現在の状況のもとで、われわれはなにをなすべきか、どうすべきか、それについてなにもかいてない。きょうは、それをかたるべきだ、といわれるのであります。

しかし、よんでくだされればわかるように、「生態史観」は「べき」の議論ではございません。それは、世界の構造とその形成過程の認識の議論であって、現状の価値評価ないしは現状変革の指針ではございません。それは、ザインの話であって、ゾレンの話ではないのであります。そこからは、どんなにきばってみても、「べき」の話はでてこないのであります。

わたしはむしろ、そのような「べき」の立場にたたなかったからこそ、生態史観のようなものがでてきたのであると、かんがえているのです。わたしにも、一般的な実践について、あるいは「べき」について、関心や意見がまったくないわけではありません。しかし、この問題に関しては、わたしはやはり、区別をはっきりしておいたほうがいいとおもうのです。それで、友人たちのすすめにもかかわらず、きょうはやはり、「べき」については、かたるべき内容をなにももっていないのであります。

ところが、「生態史観」を発表して以来、よせられた反響のひじょうにたくさんの部分が、この「べき」を問題にしているのであります。生態史観を一種のゾレンの話としてうけとり、あるいはまた、ゾレンの話であるべしと要求される。生態史観に対して、「それでは、われわれはどうすべきだというのであるか」とおといになる。あるいはかってに解釈して、「生態史観によれば、こうすべきだという結論になるから、これはいい」あるいは「よくない」という批判をされる。しかし、生態史観それ自体は、「べき」についてはなにもいっていないのです。

このことは、よせられた反響のなかで、たいへん意外におもったことの第二の点であります。わたしは、日本の知識人の「べき」ごのみに、たじたじとなったのであります。それほどまでに、実践的姿勢がつよいとは、じつはあまりおもってもいなかったのであります。わたしはもともと、理論というものは、そのような実践的立場からいちおう自己をときはなつことによって、はじめて成立しうるものであると信じてきたのでありますが、じつは、よく気をつけてみていますと、日本のいわゆる論壇における議論というものは、ほとんどが、実践的立場の表明であり、当為の主張であるということを発見したのでありま す。一般には、わたしが信じてきたのと反対に、「論」あるいは「理論」というのは、じつは「べき」の指針をあたえることであったのかと、あらためて感心したのであります。

生態史観というようなものは、わたしは、なによりも単なる知的好奇心の産物であるとかんがえています。どのような意味であれ、実践の指針となることなど予想もしていなかったのに、それがいったん発表されると、たちまちにして実践「論」の波にまきこまれてしまう。これは、生態史観に対する反響としては、まことに意外なものであったのであります。

五

わたしはむしろ、日本の知識人たちが、理論的関心よりも、実践的関心のほうを、よりつよくもっているという現象そのものに興味をそそられるのであります。どういうわけで、こういうことになっているのか、きょうはひとつ、そのこと自体を考察の対象にとりあげてみようかとおもうのであります。

ここで知識人というのは、いわゆる文化人的インテリなどとよばれる人たちで、――たとえば、日本の総合雑誌の愛読者は、おおむねこういう層からなりたっているのでありますが――そういう人たちのあいだには、政府に対してひじょうにつよい関心がある。それも、世界政治、国際政治のほうはそれほどでもなく、日本一国の政治に特別の関心がある。そのようにおもうのであります。ここで、さきに、生態史観に対する反響のおおくが、日本に、日本のみに、特別につよい執心ぶりをしめしたということを、もう一どおもいおこす必要があります。その、日本に対する特別の執心ぶりは、じつは、日本の政治に対する特別の執心ぶりであったといえるようにおもうのであります。日本に話の焦点をあわせていても、その議論は、日本が現にどうあるかということよりも、日本の政治は、どうあるべきかというところに、あからさまに、あるいは裏で、つながっているのであります。あたかも、自分自身が日本一国の政治の責任をおうているようなかまえになっていることがおおいのであります。

わたしは、日本における知識人というものは、じっさいに、政治家とひじょうにちかい地点にたっている階層だとおもうのです。もうすこしいえば、政治家と知識人とは、もともとおなじグループに属する存在かもしれない。すくなくとも、人生あるいは社会をはかる尺度が、ほぼおなじになっている。かんたんにいえば、政治をおこなうことが、人生においてもっとも価値あることであり、民衆を統治することが、社会におけるもっとも重要な課題である、というかんがえかたになっている。すべてのことがらを、なにかの意味で、政治的実践の立場から判断をくださないではおさまらないようになっているのであります。

もうすこしこの見かたをおしすすめると、わたしは、日本の知識人の主流は、やはりできることなら政治家になるはずの人たちであったのではないか、とかんがえています。はじめから、つよい政治的志向性をもって人間形成をおこなったのであるが、たまたま条件がゆるさなかったので、じっさいの政治家にはならなかった。いわば、なれなかった政治家なんです。あるいは、挫折した政治家なんです。

だから、状況さえゆるせば、いつでも政治家に横すべりできるような人間、あるいは横すべりしたいとのぞんでいる人間が、官僚群のなかだけではなく、言論界にも、教育界においてさえ、たくさん存在するのであります。そして、じっさいに、そのような横すべりに成功した例は、最近にもいくつかあることは、ご承知のとおりであります。いわば、政権担当の用意のある人物が、どこにもここにも、たくさん存在する。日本は、潜在的大臣のやたらにおおい国である、ということになります。ほんとうに、心から政権を担当したいとおもうかどうかは別として、すくなくとも、発言の論理的構造からいうと、そういうようになっていることがおおいものです。

しかしながら、じっさいには、大多数の知識人には、政治家への横すべりの条件はととのわないし、政権担当の機会はおとずれてこないものです。かれらは、しょせん政治家にはなれない人たちなのです。しかし、それにもかかわらず、その意識は一種の為政者意識というべきものになっている。いまは、民衆統治の仕事に直接たずさわってはいないが、いつも、かんがえは、統治者の側に身をおいてかんがえるようになっている。ところが、いつまでたっても政権はまわってこないのですから、かれらはそこでフラストレーションをおこす。じつは、現代インテリの政治談義というものは、——こういう表現はいささか暴論めいて恐縮でありますが——一種の欲求不満の表明であるといえないこともない、とおもうのであります。知識人のおこなう政治談義というものは、ある見かたからすれば、すもうの世界で、横綱を目ざしながら、なにかの事情で横綱になれなかったひとが、土俵をおりて「すもう評論家」になる、あるいは大成しなかったプロ野球選手が、野球評論をやる、ちょっとそういう事情に似ているところがないでもない、とおもうのであります。

六

系譜的にみますと、このような日本知識人の傾向は、おそらくは、近代以前からのもののひきつぎであろうかとおもいます。こういう存在の原型をつくったのは、やはり江戸時代における武士であったかとおもうのであります。

武士というものは、すくなくとも近世においては、常備軍における職業軍人であるとともに、官僚群でもある。そして、その意識をささえていたものは、つねに為政者としての自覚であったかとおもいます。いつの状況においても、うえにたつものとして、ちいさいながらも政局を担当すべき立場にたたされていた。それで、身のかまえかたは、いつでもたいへん実践的になっていたとおもうのです。しかもかれらは、あきらかに、教養ある知識人であり、インテリであります。知識人としての立場と、政治的実践人としての立場が、武士階級においては統一的に両立していたのであります。

その場合は、知識人としての立場をささえる教養の内容も、もちろん、ひじょうに実践的なものになっています。すべてが、治国平天下という政治理想につながるものとして理解される。政治と商売とをからみあわせてやってゆく商人を「政商」といいますが、江戸時代の学者は、政治と学問とをいつもからみあわせてかんがえてきているという点で、「政学」であったともいえるともおもいます。現代日本の知識人もまた、おおむね、そのような、政治とふかくからみあわされた種類の学問を、自分の教養としてもっているとおもうのであります。実践からきりはなされた種類の学問に対しては、関心がうすく、理解もすくないのであります。

武士において統一的に実現していたいくつかの立場は、しかし、近代において分解してしまったのであります。職業軍人としての立場がまず分離し、ついで、為政者としての立場と教養人としての立場も、両立することがむつかしくなったのであります。そして、教養人としての立場だけがひとりとりのこされて、現代の知識人にひきつがれたのであると、みることはできないでしょうか。その場合に、知識人たちは、現実には、武士のもっていた軍事的実力も政治的実力もうしなってしまっているのに、意識だけは、前時代のままの為政者意識をひきついでいる。そこに、永遠のフラストレーションという現代知識人の悲劇があるのではないでしょうか。

七

ところで、知識人のありかたがこういうふうになっているのは、日本だけのことでしょうか。わたしは、そうはおもわないのであります。わたしは、外国のことをよくしりませんけれど、かかれたものからの断片的知識をまとめてみますと、どうも、フランスなんかはたいへん日本に似ているのではないかとおもうのであります。やはり、文化人的インテリともいうべき高級知識人がたくさんいて、その意識は高度に実践的であり、政治的である。たとえば、サルトルなどというひとは、そういう傾向の代表的な例とみることができるでしょう。かれらは、政治的実践の立場で、政治は、社会は、どうあるべきかをつねにかんがえる。かれらは、為政者が問題にするようなことを、まさに自分の問題としてかんがえる。しかし、かれらのところに政権のお鉢がまわってくることは、まずない。そこで、かれらのおもな仕事は、もっぱら政治論議をたたかわすことになる。このような点で、日本の知識人とフランスの知識人とのあいだには、かなりの共通な性格があり、共感しうるところもおおいのではないかとおもうのであります。おそらくは、ドイツなども、そのなかまにいれてよいのではないでしょうか。

それに対して、中国とか、インドとか、ソ連とか、アラブ諸国とか、東南アジア諸国とか、そういう国ぐにでは、事情がかなりちがうのではないかと、わたしは推定しております。そういう国ぐにでも、もちろん知識人はおりますけれど、その人たちは、たいていは為政者そのものであります。政治的権力機構に直接に参与しない知識人というものは、ほとんど存在しないのではないかとおもうのです。かれらにおいては、政治的実践人の立場と、教養人の立場が、統一的に実現している。教養人であるがゆえに、政治人である、という形になっている。したがって、政治権力からはなれてフラストレーションをおこした為政者意識が、独立してさまようというようなことにはならないのであります。こういう国ぐにでは、自由な政治論議はおこなわれていないのがふつうでありますが、それは、これらの国ぐにの政府が強力な言論統制をしている場合がおおいということのほかに、それぞれの国の知識人のしめている立場、はたしている役わりにも、ひとつの原因があるように、わたしはかんがえます。

どうもわたしは、こういうちがいは、やはり、「生態史観」における第一地域と第二地域のちがいに対応するのではないかとかんがえているのです。日本と西ヨーロッパ諸国の属する第一地域では、知識人において、政治的意識と政治的実践とのあいだに分裂がおこっている。つまり、政治的実践にたずさわらないで、政治的意識だけが発達した知識人が、多数存在する。それに対して、第二地域の国ぐににおいては、知識人における政治的意識と政治的実践とは、統一的に両立している。つまり、為政者意識をもった知識人は、そのまま、じっさいに為政者としてはたらいている。ざっともうしますと、こういうことではないかとおもうのであります。

八

それでは、なぜ、第一地域と第二地域とのあいだで、知識人のありかたにこういうちがいがあるかともうしますと、やはり、現状においては、こうなっているというだけであって、はじめからこういうふうにちがっていたともおもえないのであります。日本においても、明治のはじめころは、まだ、知識人と為政者との分離は決定的になっていなかったとおもうのです。したがって、知識人はフラストレーションをおこしていない。いわば、第二地域内の新興諸国の現状にもにた様相を呈していたかとおもいます。

その後、どういう変化がおこって、かくも多数の政治意識にもえた、しかも政治的実践から疎外された知識人をうみだしたかというと、かんがえられる原因のひとつは、明治以降の日本の文明の大特徴をなすところの、教育の高度の普及ということでしょう。江戸時代における政学一致についてはさきにいったとおりですが、そのときには、人口的にもほぼ固定された為政者階級に、高等教育をほどこしているのですから、その場合は分裂がおこりようがない。ところが、明治以後は階級のわくをはずして教育が進行しはじめるから、必要な為政者の人口わくを超過して、知識人が量産されてくる。必然的に、じっさいの為政者と、意識だけの為政者とに分離してくる。後者が、フラストレーテッド知識人として、もっぱら政治論議を展開する役をする、というわけです。

もうひとつの原因は、日本の産業化の進行にともない、治国平天下的な学問ではとうてい政治が運営できなくなってきます。そこで、伝統的な政と学とのからみあいよりも、むしろ、産業あるいは実業と政治とのからみあいのほうが、はるかに重要になってくる。さらにのちには、技術と政治とのからみあいも、ひじょうに重要となってくる。実業あるいは技術は、伝統的な型の知識人の、いわば盲点になっている。そこで、文化的インテリにかわって、実業インテリ、技術インテリともいうべきグループが頭をもたげてきて、それが政治とむすびついて、現代の社会を運転しはじめる。そうなると、文化人的インテリはますます疎外されて、ますますフラストレーションの度をくわえてくる、ということになります。

このようにみてきますと、この種の知識人、すなわち、為政者の意識をもちながら、しかも為政者から分離し、ある場合には為政者に対立的でさえある知識人の層というものは、やはり、高度産業社会の展開にともなって展開してきたもので、その点では、日本やフランス、ドイツなどの、わたしのいう第一地域の特徴をなすものであるとみることはできないでしょうか。ただ、イギリスの場合は、すこし事情がちがうかもしれません。おそらくは広大な植民地統治要員の必要ということも作用してか、非為政者的知識階級の分離ということがあまり進行してないようにみえますが、この点については、またべつの考察を必要とするかとおもいます。

そこで、現代における知識人の文明史的地位を要約するならば、それは、現代の高度産業社会の展開によってもたらされた一種の不適応グループであり、現代社会における一種の後進地帯を形成するものという見かたもできないわけではありません。その言論は、しばしば、いわゆる進歩的ないしは急進的な形をとりますが、そのはたす機能は、じつは、文明の進歩に対しては、しばしばブレーキとして作用することがおおい。意外に、保守的あるいは場合によれば反動的役わりをはたすグループであろうかとおもいます。

ただし、これはかならずしも否定的な機能とばかりはいえません。暴走の可能性をつねにはらむ現代文明社会に対して、適度にはたらく制動機の役をはたしているわけでありま す。ブレーキのない車は、まさに危険そのものでありますが、その点、第一地域に属する国ぐにには、すでに効果的なブレーキとしての知識人層が育成され、確立しているので、安心だというようにいえば、すこし楽観的にすぎるでしょうか。いずれにせよ、第二地域の諸国家においても、将来は、高等教育の普及と産業化の進行にともない、おなじような知識人の層がそだってくることは、じゅうぶんに予想していいことであろうとおもうのであります。

以上おはなししましたように、生態史観に対する反応の仕かたということから、日本の知識人の特徴についてかんがえ、その文明史的意味を論じたわけでありますが、いまもしこういう考察をいっそう延長拡大してゆけば、あるいは生態史観の応用的展開の一部としての比較知識人論、ないしは比較教育論へのいとぐちにすることができるかもしれないと、こうおもうのであります。しかし、それはまたべつの機会にゆずりたいとおもいます。「生態史観からみた日本」という、あたえられたテーマに対しては、はなはだそぐわない内容になってしまいましたが、これで、きょうのせめをはたしたことに、させていただきたいとおもいます。

（一九五七年七月）

東南アジアの旅から——文明の生態史観・つづき

解説

一九五七年一一月から、翌年の四月まで、わたしは、東南アジアを旅行した。わたしのつとめていた大阪市立大学が、東南アジアに学術調査隊を派遣したのである。わたしは、その隊長として、ほかの五人の隊員とともに、タイにわたった。日本から、ジープ三台をもっていったが、それで、東南アジアの大陸部をかなりひろくみてまわることができた。国でいうと、タイ、カンボジア、ベトナム、ラオスと、マラヤの一部である。このときの旅行については、ベトナムとラオスの紀行を、中央公論社版「世界の旅」第八巻にのせた（註1）。のちに、旅行全体のことをしるして、『東南アジア紀行』として発表した（註2）。それからまた、岩波写真文庫から『タイ』（註3）および『インドシナの旅』（註4）という、二冊の写真集をだしている。

調査隊の仕事は、主として生物学および人類学に関するものであった。その方面での仕事の成果として、英文の学術報告書がすでに三冊出版されている（註5）。

わたし自身は、そういう仕事のほかに、この地域の比較文明論的考察というようなことを心がけながらあるいた。まえの一九五五年の旅行でえた、いちおうの体系のなかで、東南アジアは、どのような位置におけばおさまりがつくのか、という問題である。

そういう問題意識をもってあるいて、かえってからかいたのが、この「東南アジアの旅から」である（註6）。『中央公論』の一九五八年八月号にでた。この題は、もとのままであるが、内容の点からみて、こんどこの本に収録するにあたって、「文明の生態史観・つづき」という副題をつけた。ここで、東南アジアの旅での経験にもとづいて、まえの、「文明の生態史観」における世界の構図を、いくらか修正することになったからである。

（註1）　梅棹忠夫（著）「ベトナム・ラオス縦断旅行」『中国・東南アジア』「世界の旅」第八巻　三八五—四二〇ページ　一九六二年七月　中央公論社

（註2）　梅棹忠夫（著）『東南アジア紀行』　一九六四年五月　中央公論社
梅棹忠夫（著）『東南アジア紀行』（上・下）（中公文庫）　一九七九年六月　中央公論社
（『著作集』第六巻『アジアをみる目』所収）

（註3）　梅棹忠夫（監修）『タイ——学術調査の旅』（岩波写真文庫二七五）　一九五八年九月　岩波書店

（註4）　梅棹忠夫（監修）『インドシナの旅——カンボジア・ベトナム・ラオス』（岩波写真文庫二七六）　一九五八年九月　岩波書店

（註5）　KIRA T. & T. UMESAO(eds.), *Nature and Life in Southeast Asia.* vol I. 1961, vol II. 1962, vol III. 1964, Fauna and Flora Research Society, Kyoto.

（註6）　梅棹忠夫（著）「東南アジアの旅から」『中央公論』八月号　第七三巻第八号　第八四二号　三三—四八ページ　一九五八年八月　中央公論社

東南アジアについてなにをしっているか

この数年間、日本の新聞や雑誌に東南アジアということばがあらわれる回数は、ひじょうにおおくなってきている。なんとはなしに、東南アジアはわれわれにとって重要な意味をもつ地域である、という認識がうまれているようだ。しかし、どういう意味でそれは重要なのか。あるいは、そもそも東南アジアとはいったいどういう地域であるのか。とくに、われわれにとってそれはどういう地域であるのか。われわれは、東南アジアをどうみるか。

正直にいって、どうみるもなにもあったものではない。わたしたちは、東南アジアについていったいなにをしっているというのだ。ほとんどなにもしらないではないか。はずかしいことながら、わたしもいってみるまでは、じつに貧弱な知識しかなかったのである。わたしにかぎらない。とにかく、おどろくべき程度の知識であるといわなければなるまい。そうとうのインテリから、「タイというのはシャムのことですか」という質問を、わたしはなんどもうけた。べつに、「話の泉」式の知識がたいせつだとはおもわないが、アジアの国の名まえくらい、しっていてもよさそうなものではないか。

東南アジアの国の名をあげよ、という問題に正確にこたえられるひとは、けっしておおくはないだろう。各国の首都をいえ、となると、もうだいぶんいけない。国旗は——最近しばしば問題をおこす国旗は——となると、もう完全に落第だ。ざんねんなことには、アジア競技大会にだって、タイやカンボジアの国旗がかかげられることはほとんどなかったし、ラオスなどは、選手団の参加さえもなかったのである。日本人で、ラオスの国旗をしっているひとがなんにんあるだろうか。

それでいて、意見だけはあるのである。議論だけはおこなわれているのである。自分でかんがえたものか、ひとにならったものかはべつとして。もちろん、だれにきいても、だいたい話はきまっている。友好親善論である。けんかをしようというひとはあるまい。東南アジア諸国と仲よくやってゆきましょう、ということなのである。しかし、それでは、どういう国とどういう方法で仲よくやってゆくか、という点になると、たいへんはっきりしない。もともとが知識にもとづかない議論なのだから、だいたいは、カンでいっているだけのことだ。論理的・分析的な根拠をもった親善論ではない。

東南アジアといえば戦争中、おびただしい日本人、何十万人という日本人が現地を経験しているわけだ。本当をいえばしらない土地ではないはずだ。それでいてこういう現状だから、やりきれない。兵隊というものは、知識をあつめるという点ではさっぱりだめなものだということを、あらためて痛感する。

情報源の不足

ここしばらくのあいだに、東南アジアでは、いくつかの重要な事件があった。たとえば、タイにおけるクーデターとか、インドネシアの内戦とか、ベトナムの賠償交渉とか。しかし、こういう事件も、初歩的な解説や単なる報道としてあつかわれただけで、日本のインテリの具体的な議論の対象には、あまりならなかったようだ。またそれだけのなまなましい関心も、よびおこさなかったようだ。それよりも、とおいハンガリーやアルジェリアでの問題のほうが、日本でははるかに精彩をおびてとりあつかわれている。これはいったいどういうことか。

いろいろ理由はあるだろう。しかし、ハンガリー問題やアルジェリア問題は、世界の歴史のながれの中心問題であるに対して、タイやインドネシアの問題は、世界におけるローカル現象だ、という感じかたがあるとすれば、わたしは、それはおかしいとおもう。ハンガリーやアルジェリアのことは、世界的な問題であるとともに、ヨーロッパの立場において、とくに重要なのである。おなじように、タイやインドネシアの事件というものは、アジアの立場において、とくに重要な世界的事件ではないだろうか。わたしは、われわれ日本人が、世界のうごきをみるときに、とくにヨーロッパ的立場からの見かたにひきずられている、ということがありはしないかと、おそれるのである。

なんといっても、われわれはアジアに関する知識が不足しているのであるから、親善論もなにも、みんな宙をとんでいるだけのことである。個々の地域についての正確な知識がないものだから、抽象的・一般的な議論しかできようがないのだ。おそるべきことといわねばならぬ。

東南アジアについての、わたしたちの知識の不足については、ひとつには、情報源の不足によるものである。たとえば、現在の東南アジアにおいて、もっとも重要な都会といえば、バンコクをおいてほかにないだろうが、そのバンコクに、常駐の特派員をおいている新聞社はひとつもないのである。わたしは、これはいったいどういうことなのか、どうしても了解できない。東南アジアは重要だとみんないっているけれど、本気なのか。

いわゆる文化人がひじょうにたくさん外国へゆくけれども、大部分は、アメリカやヨーロッパへいってしまう。東南アジアについては、ただバンコクの飛行場はべらぼうにあついところだ、くらいの知識しかえられない。東南アジアがほんとに日本にとって重要なら、なぜもっとそこへゆかないのか。あるいは、そこへゆくようにしむけないのか。

外務省では、こんど文化外交官をおくことになったという。けっこうなことだ。そして第一候補地としては、東南アジアがあげられていたようだ。これはいい、とおもったら、けっきょくだめで、またヨーロッパだ。パリにきまったという。東南アジアは、かけ声だけか。

つね日ごろから、その土地からのおおよそをしっていなければ、とつぜんにニュースの提供をうけても、なんのことかわからない。そういう点では、われわれはヨーロッパや中近東あたりからのほうが、ずっとたくさんの情報提供をうけているのではないかという気がする。

本にしたって、わたしはこんど経験したのだが、しらべようとおもっても本がないのだ。外国書はいくらもある。日本の書物としては、東南アジアについては、経済的な観点からのものはあるけれど、一般的なものは、ほとんどない。けっきょく、戦争中にでたものを古本屋でさがすほかはない。そして、これがおどろくべきことなのだが、中近東や東ヨーロッパの本なら、何冊もあるのである。西ヨーロッパ、アメリカはいうにおよばない。しかも、くりかえしいうが、日本の知識層でアジア問題をとうとうと論ずるひとはたくさんいる。いったいこれはどういうことなのだ。

ともあれ、われわれは東南アジアについては、おそろしく無知である。わたしもまた、そういう無知のまま、日本をたって、東南アジア諸国の旅にのぼったのであった。

東南アジアの旅

昨年の秋一一月から、ことしの四月まで、五ヵ月あまりのあいだ東南アジアの旅をした。もっとも、東南アジアといっても、じつにたくさんの国があるのだ。西からかぞえて、ビルマ、タイ、マラヤ、インドネシア、ラオス、カンボジア、ベトナム、フィリピンと、独立国だけでこれだけある。ほかにシンガポール、サラワク、北ボルネオなどという属領がいくつかある。

こんなにたくさんの国を、いっぺんにまわるわけにはゆかない。とくに、だいたいが飛行機を利用せずに、陸上のジープの旅だったから、けっきょく地面の上をまわったのは、タイ、カンボジア、ベトナム、ラオスの四カ国である。かえりに船で、シンガポールとペナンをみた。

これだけの経験から、なにかをいうのはたいへん大胆なことだけれど、これだけでもずいぶんたくさんの新知識をえたし、また、いろいろかんがえさせられた。旅行中にえた知識については、おもしろいことはたくさんあるけれど、ながくなるし、べつの機会にかくことにする。ここでは、かんがえたことをかく。とくに、アジアにおける、あるいは旧大陸における、東南アジアの文明史的位置というようなことをかんがえながらあるいた。そこは、日本とどうちがうのか。そこは、日本とどういう関係にあるのか。そこは、アジアのなかでもどういう特殊な立場をしめているのか。

アジアという観念

話を一ど、アジア全体のことにもどす。ヨーロッパ人というものは、アジアに関しては、しばしばびっくりするほど、ものをしらない。日本のものを朝鮮や中国のものとごっちゃにするくらいは、まだましなほうだ。「東洋」ということばは、トルコもインドもモンゴルも日本も、みなつっこみにあつかったりする。ヨーロッパからみれば、みんなウェストに対するイーストなんだろうが、それはただ、「西洋ではない」という消極的な意味しかもちえない概念だ。

オリエントということばも、東洋と訳されるけれど、これまた、たいへん誤解をうみやすい。もともと、オリエントといえば、地中海の東、トルコ、シリア、メソポタミアあたりをいうことばだったはずだ。日本などからみれば、東どころか、はるかな西の世界である。日本がレバノンとおなじオリエントに属するというのは、わたしにはなんのことかわからない。その点、三笠宮などのやっておられるオリエント学会というのは、そのことばを、ただしい意味でつかっている。オリエントを、東洋あるいは東方一般とせずに、ごく限定された一地方の固有名詞としてあつかっているのだ。

あんまりヨーロッパ人の悪口はいえない。われわれ日本人だって、けっこう「東洋」という観念を頭のなかにもっていて、それをむやみに、無限定につかう。これもまた、無知からくるあやまりであろう。もともとは、われわれには、イスラーム圏から日本までをひとつの同質的なものとみる見かたはなかったはずだ。外国は、「から」であり、「てんじく」であった。それが、いつのまにか東洋とか東洋的とかいう観念をもつようになったのだ。わたしには考証はできないけれど、こういう意味での東洋という観念は、やはりヨーロッパ製のを輸入したのだろうとおもう。そうだとすれば、東洋という観念はたいへんヨーロッパ的なものであり、われわれは、東洋を論ずるときは、ヨーロッパ人の頭をかりてかんがえているのだという、皮肉なことになるのである。

東洋をアジアといいかえても、にたようなことだ。だいたい、アジア州などという観念はだれがきめたのだ。地理的な名まえとしても、ユーラシア大陸からヨーロッパをのぞいたものを、アジアとよんでいるにすぎないのである。それを平気で踏襲して、文化的にも歴史的にも、本気で「アジアは一なり」などとかんがえることは、アジアに関するおどろくべき無関心と思考の粗雑さをしめすものといわなければならない。

第一地域と第二地域

そこでわたしは、アジアというものを、分析的にかんがえなおしてみたいとおもう。アジアは単一ではない。均質的な空間ではない。アジアは、なにとなにとをふくむか。じつは、このといに対する概略の答は、すでにまえに発表した「文明の生態史観序説」という論文のなかに用意されている。そこで提示した基本的な見かたというのは、つぎのようなものであった。

まず、東洋とか西洋とかいうわけかたは、ナンセンスである。文化伝播の起源によってわける系譜論の立場をさって、共同体の生活様式のデザインを問題にする機能論の立場をとる。すると、アジア、ヨーロッパ、北アフリカをふくむ全旧世界は、ふたつのカテゴリーにわけることができる。ひとつは、西ヨーロッパおよび日本をふくむところの、第一地域である。もうひとつは、そのあいだにはさまれた全大陸である。第一地域は、歴史の型からいえば、塞外野蛮の民としてスタートし、第二地域からの文明を導入し、のちに、封建制、絶対主義、ブルジョア革命をへて、現代は資本主義による高度の近代文明をもつ地域である。第二地域は、もともと古代文明はすべてこの地域に発生しながら、封建制を発展させることなく、その後巨大な専制帝国をつくり、その矛盾になやみ、おおくは第一地

A図

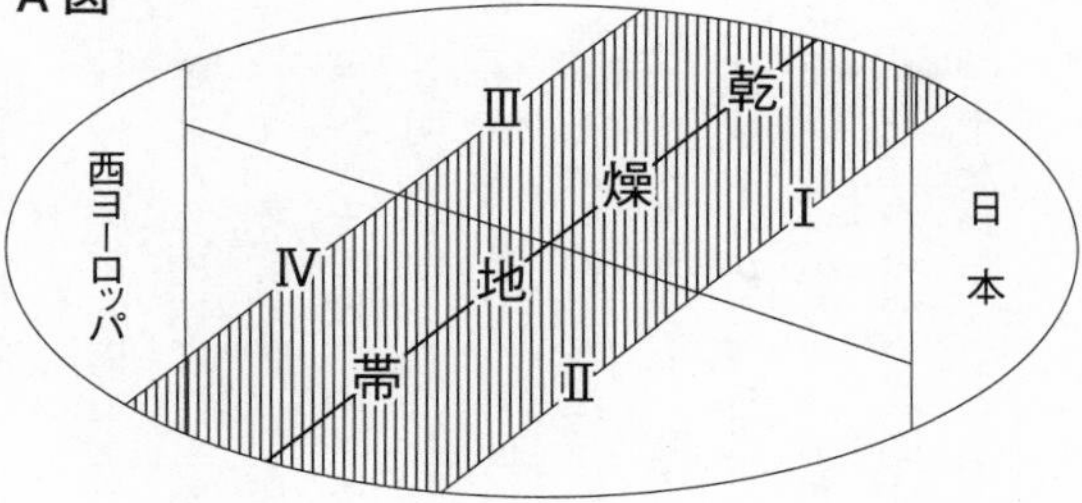

域諸国の植民地ないしは半植民地となり、最近にいたってようやく、数段階の革命をへながら、あたらしい近代化の道をたどろうとしている地域である。

このまえの論文ではとくに図をださなかったが、その趣旨を要約して、模式図にすると、A図のようにかくことができる。全旧世界を、横長の長円であらわし、左右の端にちかいところで垂直線をひくと、その外側が第一地域で、その内側が第二地域である。

第一地域の日本と西ヨーロッパは、はるか東西にはなれているにもかかわらず、その両者のたどった歴史の型は、ひじょうによくにている。両者の歴史のなかには、たくさんの平行現象をみとめることができる。それはなぜか。それをとくためには、むしろ第二地域に目をうつさなければならぬ。

旧世界の構造

旧世界の生態学的構造をみると、たいへんいちじるしいことは、大陸をななめによこぎって、東北から西南にはしる大乾燥地帯の存在である。これが重大な役わりをはたす。乾燥地帯は悪魔の巣である。暴力と破壊の源泉である。歴史にとって、これが重大な役わりをはたす。ここから、古来くりかえし遊牧民そのほかのメチャクチャな暴力があらわれて、その周辺の文明の世界を破壊した。文明社会は、しばしば回復できないほどの打撃をうける。これが第二地域である。

第一地域は、暴力の源泉からとおく、破壊からまもられて、中緯度温帯の好条件のなかに、温室そだちのように、ぬくぬくと成長する。自分の内部からの成長によって、なんどかの脱皮をくりかえし、現在にいたる。西ヨーロッパも日本も、おなじ条件にあった。

第一地域のなかに、日本と西ヨーロッパという平行現象があったように、第二地域のなかにも、いくつかの部分があって、それぞれが平行現象をしめすことを指摘した。第二地域のなかは、四つの大共同体——あるいは世界、あるいは文明圏といってもよい——にわかれる。すなわち、(I) 中国世界、(II) インド世界、(III) ロシア世界、(IV) 地中海・イスラーム世界である。いずれも、巨大帝国とその周辺をとりまく衛星国という構造をもっている。現在では、帝国はいずれもつぶれたけれど、共同体としての一体性はきえさったわけではない。現在なお、この四大ブロック併立状態再現の可能性はひじょうにつよい。

以上が、生態史観という名まえのもとに提出した、わたしの見かたのアウトラインであるが、これにしたがうと、いわゆるアジアというような地域は、まとまりをもたなくなる。まったくアジアをふくまないのは、西の第一地域だけであって、あとはすべて、アジアか、あるいは一部にアジアをふくむ。アジアかどうかということは、たいした問題ではない。文化の系譜からいえば、ロシア世界のように、よりヨーロッパ的な第二地域もあり、日本のように、アジア起源の要素をおおくもつ第一地域もある。

あゆんできた歴史の道すじの型という点では、第一地域と第二地域とのちがいは重要である。それは、社会制度、宗教、文化の広はんな範囲にわたるちがいをまきおこす。とくに日本に注目していえば、第一地域に属する日本は、第二地域に属する中国世界、インド世界などの国ぐにくらべて、地理的におなじアジアに属しながら、内容的にはいちじるしいちがいをもっているのである。アジアにおける日本の特殊性というものは、だから、第一地域としての特殊性である。日本はむしろ、西ヨーロッパとおなじカテゴリーにはいる地域である。

東南アジアはどうか

これだけの予備理論をもって、こんどは東南アジアにいったわけである。これで、東南アジアがきれるかどうか。

まず、東南アジアは、第一地域か第二地域か。その答はかんたんだ。東南アジアのなかには、いろいろなバラエティがふくまれているけれど、要するに全部第二地域に属する。これが、第一地域であるという徴候はひとつもない。

まず、歴史の型からいえば、この地域は、古来いくたの王朝の興亡はあったけれど、日本や西ヨーロッパにみられるような封建制を発達させた国は、もちろんひとつもない。そして、近代においては、おおむね第一地域諸国の植民地だった。タイはずっと独立をたもったが、列強にはさまれて、ながいあいだ半植民地状態であえいだ。

現状においてみても、高度資本主義体制にはいっている国はひとつもない。いわゆる高度の近代文明国といえるものはひとつもない。ただ、しばしば誤解があるからいっておいたほうがよいとおもうのは、東南アジア諸国はけっして未開国ではない、ということである。戦前、日本人はこの地域を、南洋、あるいは外南洋とよびならわしていた。そして、南洋の土人、あるいは原住民ということばから、ひどく未開野蛮の国を想像するひとがすくなくなかった。しかし、東南アジアはそういう地域ではない。ずいぶんふるくから、りっぱな文化があり、現代でも、制度文物ちゃんとそなわった、りっぱな国ぐにである。

もちろん、東南アジア諸国のなかにも、いろいろ発展段階のちがいがあるから、一がいにはいえないし、また、山奥には、たしかに未開の少数民族もいないわけではないけれど、全体としては、ちゃんとした国である。たとえば、タイやベトナムなどをみても、交通、通信網もある程度あるし、タイなんかはテレビ放送までやっている。教育もかなり普及しているし、行政力もおよんでいる。

ただ、日本などとくらべると、それはちがう。交通、通信にしても、密度がまるでちがう。決定的なちがいは、工業力だ。東南アジア諸国では、工場の煙突をみかけることはほとんどない。大都会の外面をみていると、日本の都市とたいしてちがわぬような印象をうける場合もないではないが、その内部の生理は、まったくちがうのである。

東南アジアの特殊性

そこで、東南アジアもまた第二地域の一部であるとして、もしA図上でその位置をもとめるとしたら、どこになるだろうか。じっさいにしめている空間的な位置からいえば、図の右下のほうにくるはずだ。インド・ブロックの右下のはしにあるものとかんがえてよいであろうか。

これはあきらかに事実にあわない。歴史的には、たしかに、ひじょうにふかくインドの影響をこうむっているけれど、かならずしもインド世界の一部ということはできない。過去も、現状も、インド世界からは、だいぶんずれがある。

そもそも、これだけおおきい地域を、第二地域の四大ブロックのどこかにおしこめてしまうのは、すこしむりがあるのかもしれない。東南アジアのことをかんがえると、第二地域を四つにわけること自体が、ぐあいがわるいので、べつに、特別の地域をもうけるべきであるのかもしれない。日本の文明史的位置は、A図であらわすことができたが、東南アジアのためには、なにか修正が必要なようだとおもった。

まず、東南アジアの文明史的な特殊性を検討してみよう。

東南アジアへいってみて、あらためておどろくことのひとつは、それがじつにさまざまな地域のよりあつまりだ、ということである。だいいち、国がじつにたくさんある。それぞれが国境をかまえ、税関があり、出入にビザを要し、通貨がことなるのである。これらの国ぐにには、たがいにべつの政府をもっているだけでなく、また、その内容がひどくちがう。

まず、民族である。ここでは、ほとんど国ごとに、民族がちがう。民族の種類がたくさんあるということをいっているのではない。国内に少数民族をたくさんかかえているという点では、インドや中国はおどろくべきものだ。しかし、そういう地域では、大地域にわたって人口的にも文化的にも圧倒的に優勢な民族というものがかならず存在する。東南アジアはそうはなっていない。そこには、圧倒的に優勢な代表的民族というものは存在しない。系統のちがう種々さまざまな民族が、たがいに併立しているのである。ほとんどひとつひとつの国が、ことなった民族の国である。言語も、風俗習慣も、宗教も、ひどくちがっている。

日本では、しばしば東南アジアというなかに、インドまでいれていることがあるが、経済的な観点ではいざしらず、文化的には、これはさけたほうがよい。インドは大国である。インドはそれ自身がひとつの文明世界である。けっして東南アジアの一部ではない。東南アジアは、さまざまな小国の集合であることが特徴である。

ついでにいえば、東南アジアということばは乱用されるきらいがある。東南アジア映画祭に、日本がはいったりする。これはさすがに、アジア映画祭とあらためられたようだ。

モザイク的構成

東南アジア各国のもつ文化的特徴を、いくつか検討してみよう。

まず言語の点をかんがえてみよう。どの国も、もちろん言語のことなる少数民族をたくさんかかえているが、それにふれないで、中心的な言語だけをかんがえてみても、たいへんちがう。西のはしのビルマは、チベット・ビルマ語族に属するビルマ語の地域である。タイは、タイ語である。タイ語は、シナ・タイ語族に属する。ラオスはラオ語である。これはやはりシナ・タイ語族の一派である。カンボジアはクメール語であるが、これはモン・クメール語族で、まるで系統がちがう。ベトナムはベトナム語だが、これの所属は諸説あってさだまらない。マラヤ連邦とインドネシアとは、ほぼちかい言語であるが、ほかの諸国語とはまるで関係がない。フィリピンはまたちがう。

文字にしてもいろいろある。ビルマはビルマ文字、タイはタイ文字、ラオスはラオ文字、カンボジアはクメール文字。これだけは、ふるいインド文字の系統をひくものだが、いまではたがいにすっかりべつのものになってしまっている。おたがいによめるのは、タイ文字とラオ文字くらいのものだ。ほかに、ベトナムはローマ字と漢字。マラヤとインドネシアはローマ字とアラビア文字。フィリピンはローマ字。

宗教がまた、はなはだやっかいだ。ビルマ、タイ、ラオス、カンボジアでは、圧倒的に小乗仏教である。ベトナムでは、大乗仏教と儒教、道教がある。マラヤ、インドネシアはイスラーム教だ。フィリピンはカトリックである。そのほか、きているもの、身につけているもの、建物、たべもの、いちいちちがう。ひとつの国にながくいて、その生活様式を身につけても、となりの国では、あんまり通用しない。東南アジア的生活様式、あるいは、東南アジア的文化というようなものは、存在しないのだ。

歴史をみても、かんたんな概括はできない。西ヨーロッパ諸国の植民地になった地域がおおかったけれど、タイはむかしからの独立国で、いっぺんも属領になっていない。植民地になった国も、いちいち歴史がちがう。ビルマはイギリス領、ラオス、カンボジア、ベトナムはフランス領、マラヤはイギリス領、インドネシアはオランダ領、フィリピンはスペイン領からアメリカ領。共通点といえば、全部が日本に占領された経験をもつ、ということぐらいである。

民族移動

これは、今日の世界においても、ひとつの異常なる地域といわねばならないとおもう。たくさんのちいさい国が、ある地域に、ゴチャゴチャとあつまっているという点では、西ヨーロッパもたしかにおなじである。しかし、西ヨーロッパの国ぐには、東南アジアほど異質的な国ぐにのあつまりではない。民族的にいっても、せいぜいラテンかゲルマンかである。宗教はキリスト教、カトリックか新教かのちがいだけだ。全体として、あきらかにひとつのまとまった文明圏である。東南アジアは、ひとつのまとまった文明圏とは、ちょっといいにくい。

東南アジアは、どうしてこんなことになったのか。いくらか歴史をしらべてみよう。

東南アジア各国の歴史を概観してみて、日本なんかの歴史とたいへんちがうとおもう点は、はげしい民族移動と、それにともなう住民の交代である。

だいたい、古代のビルマ、タイ、カンボジアあたりに国をたてていたモン族とかクメール族とかは、インドのほうから移動してきたものといわれている。西からアーリア族がインドにはいってきたので、それにおわれて東にうつったという説がある。とにかく、いまから一〇〇〇年もまえは、まるで民族の分布がちがうのである。

まず、ビルマのイラワジ平原およびタイのメナム平原には、モン族の国があった。東北タイからカンボジア、ラオス、コーチシナにかけては、クメール族のおおきな国があった。その首都の遺跡が、有名なアンコール・ワットである。また南ベトナムには、チャム族の国があった。このほか、マラヤ、ジャワ方面にもべつの国があったが、いずれもみな、文化的には姉妹国である。どれもインド系統の文化で、おなじような宗教（バラモン教あるいは大乗仏教、のちに小乗仏教）をもち、おなじような建築、彫刻をもっていた。

民族の配置がいまのようになるのは、ずっとのちのことである。ビルマ族もタイ族も、もとは西南中国にいた。徐々に民族移動をおこして、ビルマ族はビルマにはいり、タイ族は、ラオス、タイ、ビルマのシャン地方などにはいった。七世紀には、雲南にタイ族のりっぱな国ができたが、のちに一三世紀に元のクビライ汗の侵入をうけて、崩壊し、現在のタイの地へ、タイ族の大量移住をみる。タイの建国はこのころのことである。クビライの軍隊はビルマにも侵入する。

ベトナム（越南）族は、もともと越の国にいた。民族移動をおこして、紀元前にすでにトンキン・デルタにはいっている。それからしだいに海岸ぞいに南下して、チャム族の国と衝突する。ながいあいだかかって、一七世紀にやっとチャムをほろぼし、コーチシナまで進出する。アンナン帝国である。強大であったクメール帝国は、タイ族とベトナム族の両方に圧迫されて、いまのカンボジアの地にちいさくちぢんだ。

あとは、西ヨーロッパ人や日本人による侵略の歴史である。

湿潤地帯線

以上の歴史を要約すると、こういうことがいえる。まず、自然条件はよくない。森林におおわれた部分がおおく、大文明は発生しない。古代においては、日本とおなじように、未開野蛮の地である。その後、となりの地域から大文明が輸入されて、イミテーション帝

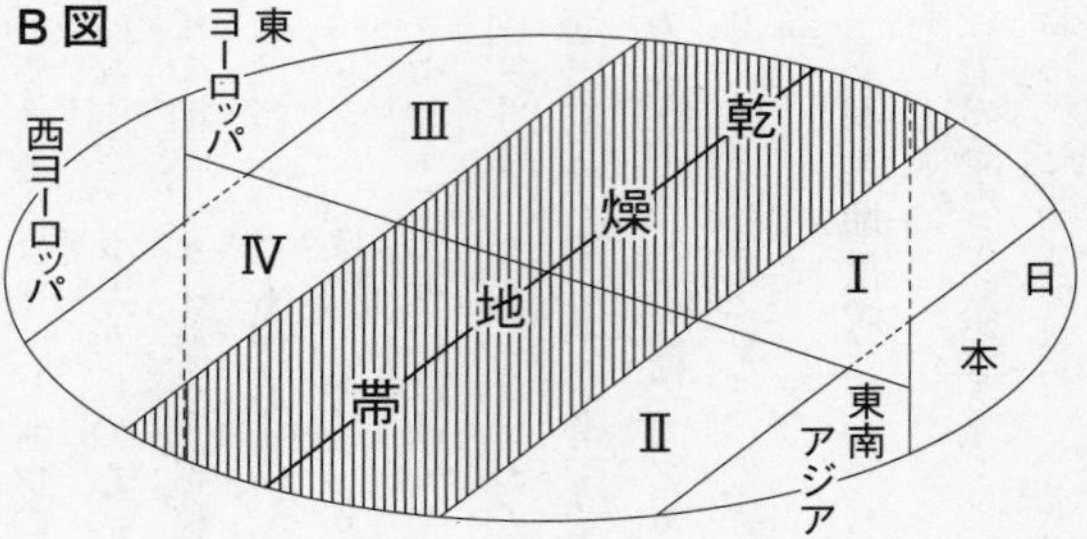

国ができる。これも日本とおなじである。そのあとがちがう。べつな文明からの侵入、あるいはその連鎖反応の影響をうけ、破壊と興亡がくりかえされる。全体としては、新旧いろいろな要素がモザイク状にのこる。この場合、開拓の可能性および生産力の問題については、若干のめんどうな生態学的論議が必要で、かつおもしろい事実があるのだが、いまは割愛して、先をいそぐ。

これだけの歴史的状況をかんがえにいれたうえで、A図の修正法をかんがえてみる。

まずこの図がなにをあらわしているかといえば、旧世界各地の歴史の進行の型を決定するのに重要な、環境的要因の分布をしめしているのである。とくに、東北から西南にはしる大乾燥地帯の存在が重要であった。ところで、このまえも指摘したように、人間の歴史のなかで、まずひらけはじめたのは、この乾燥地帯か、あるいはその縁辺部の準乾燥地帯である。とくに、歴史的にみて、準乾燥地帯の存在は重要である。

きわめて模式的にかんがえて、まんなかに、砂漠・ステップをふくむ乾燥地帯があるものとすれば、その外側には、サバンナふうの準乾燥地帯があらわれ、さらにその外側には、森林におおわれた湿潤地帯があらわれるはずである。じっさい、世界の生態学的構造は、ほぼそういう配置になっている。そこで、この準乾燥地帯と湿潤地帯との境界線を、図上にかきくわえるとしたら、それはやはり、ななめにはしる乾燥地帯に平行してひかなければならないだろう。この修正をほどこしたものがB図である。

この線をいれることによって、東南アジアの位置は、ひじょうにはっきりしめされてくる。それは、旧世界東部の湿潤地帯にある。そして、インド世界と中国世界と日本世界の三つに、境を接する。中国世界から東南に突出する三角形の地域は、いわゆる嶺南の地をあらわすものとかんがえてよい。

修正

さて、この修正によって、東南アジア問題のほかに、いろいろなことがあきらかになる。A図とB図とをくらべてみると、後者のほうが、ずっとたくさんの事実をあらわしていることがわかる。

まず第一地域の形は、修正をうける。まえには、左右相称の位置に、半円形にちかいかっこうであらわされていたが、こんどは扇形にちかいかっこうになる。そして、東西の第一地域は、相称形でなくなってくる。じっさい、西ヨーロッパと日本とは、気候型など、きわめてよくにているのだが、若干の点でちがいがある。西ヨーロッパの方が、一般に気温がすこしひくいのである。B図によれば、その関係がよくわかる。西ヨーロッパは、西北に正面をひらき、日本は、東南に正面をひらく。前者のほうが、高緯度の部分をたくさんふくむ。

第二地域の形もかわった。A図では、第二地域における四つの文明圏は、ほぼ三角形であらわされて、その頂点を共有していた。B図では、それぞれがほぼ四角い形になり、いずれも東北から西南への傾斜をもっている。そして、いずれもそのブロック内部に、乾燥地帯と準乾燥地帯という、対立するふたつのゾーンをもつ。

古代日本に対する文明のモデルの提供地は、漢以来の中華帝国である。西ヨーロッパ諸蛮族に対する文明のモデルの提供地は、地中海におけるローマ帝国であった。いま、日本の北に突出する第二地域の東北端を中国北部、西ヨーロッパの南に突出する第二地域の西南端を南ヨーロッパをあらわすものとすれば、両者はみごとな対応をなす。

こういうかんたんな図式で、人間の文明の歴史がどこまでも説明できるとは、わたしももちろんおもっていない。こまかい点をみてゆけば、いくらでもボロがでる。しかし、ごくおおまかなところは、ほぼ、こういう図式で了解がつく。

歴史の幾何学

人間の歴史というような、複雑きわまるものが、こんな単純な幾何学的モデルであらわされてたまるか、というかんがえもあるかもしれない。それは当然の話であって、複雑なものをそのままで単純な形にあらわすことはできない。複雑なものを単純な形であらわすためには、なんらかの理想化が必要である。それが理論というものだ。そして、現象の理想化によってでてきた理論は、てきとうなモデルであらわすことができるはずだ。科学的な理論というものは、みんなそういう構造をもっている。

いまの場合もそうである。旧世界を横長の長円形であらわすというのは、ひとつのモデルである。じっさいには、半島があったり内海があったり、ずいぶんデコボコだ。そういうものをいっさい捨象して、ひとつの理想的な世界をかんがえているのである。

歴史を説明するのに、こういう幾何学的な図形をもちいることは、かならずしもばかげたことではないとおもう。それにはある種の根拠があるとおもうのだ。

歴史というものは、生態学的な見かたをすれば、人間と土地との相互作用の進行のあとである。べつなことばでいえば、主体環境系の自己運動のあとである。その進行の型を決定する諸要因のうちで、第一に重要なのは自然的要因である。そして、その自然的要因の分布は、でたらめではない。それが幾何学的な分布をしめしているのである。

ここではくわしいことをのべないけれど、たとえば気候型の分布である。じつは、わたしが生態史観というようなものをかんがえるにいたったひとつの根拠は、ケッペン以来の気候型区分の問題と、各気候型における特定の生活様式の分布ということに、ふかくからんでいる。もちろん、気候型といえども、現実の地球上における分布はおそろしく複雑であって、とうてい幾何学的な表現などはできない。しかし、ローカルな影響を消去して、基本的な現象だけをとりだすと、一種の理想化された分布図ができる。それが、いわゆる理想大陸上における気候型の分布図である。

それはもう、きわめて幾何学的なものだ。なぜかといえば、理想大陸上では、ローカルな現象はみんなきえているから、気候型の決定要因は、まず、緯度による温量の分布、地球自転にともなう偏西風の影響、それにともなう雨量分布というような、いわば数理地理学的な要素に還元されてしまうからである。その分布図の作製は、いわば計算と幾何学的作図にすぎない。

ここに提示した旧世界文明のダイアグラムだって、背後にそういう気候型の分布などをかんがえている以上は、ある種の類似をもった幾何学的図型であらわされるのは、べつにふしぎではない。こういう図示法は、単なるたとえやおもいつきというよりは、もうすこし理論的な意味をもっている。それはいわば、理想大陸における文明の分布図なのである。

東南アジアと東ヨーロッパ

この模式図は、対称性と非対称性の奇妙な結合物となっている。それは、長円と、ななめにはしる線のくみあわせからでてくるものである。その結果、どこかひとつの地点をえらべば、その反対側に、むきはちがうが対応する地点がでてくる。それらは、むきのちがいによる性質のちがいをふくみながらも、しかも対応する諸性質をしめすだろう。たとえば、日本と西ヨーロッパのように。

そこで、東南アジアの反対側における対応点をもとめてみる。それは、ロシア世界の西側、西ヨーロッパの東側、地中海・イスラーム世界の北側にある地帯である。現実にどこかといえば、それは東ヨーロッパ諸国をおいて、ほかはない。じっさいに、東南アジアと東ヨーロッパとのあいだに、事情のにた点があるだろうか。

東ヨーロッパという概念も、範囲がたいへんむつかしいが、東南アジアからインドをのぞいたように、東ヨーロッパからロシアを除外する。すると、ポーランド、チェコスロバキア、ハンガリー、ユーゴースラビア、ルーマニア、ブルガリア、アルバニアなどがはいる。ギリシャまでかぞえてもよい。

東南アジアと東ヨーロッパというと、たいへんとっぴょうしもない比較のようにおもえるけれど、かんがえてみると、比較文明論的にみて、いろいろな点で対応があるのではないか。まず、どちらもたくさんの小国の集合である。そして、むかしから三つの世界にとりかこまれた、一種の中間地帯をなす。

東ヨーロッパもまた、東南アジアとおなじように、さまざまな異質的なものの併列する地域である。言語、民族の系統は、スラブあり、ラテンあり、ギリシャあり。アルバニアはまたちがうし、ハンガリーはもともとインド・ヨーロッパ語族にさえ属さない。宗教の点からみても、かんたんな概括はむつかしい。統計をみると、たとえば、ポーランドやハンガリーでは、カトリックがいちばんおおいし、ルーマニア、ブルガリア、ユーゴースラビアでは、ギリシャ正教がおおい。そのほか、ユーゴースラビアでは、一割以上がイスラーム教徒である。ユダヤ教そのほかの少数者が存在することはいうまでもない。

歴史的にも、東南アジアとにかよったところがある。くりかえし、ロシア世界、地中海・イスラーム世界、西ヨーロッパ世界からの侵入をうけた。そして、近世では、たいていは、よその国の属領だった。ハンガリーのように、オーストリー・ハンガリー帝国の一部になっていたのもあるし、ユーゴーのように、その帝国の属領であったところもある。わたしは、東ヨーロッパの事情や歴史をよくしらないから、どこまでも比較をつづけることはできない。これから、機会があったら、ぜひ東ヨーロッパへいってみたいとおもっている。また、その歴史の勉強もしてみたい。いまはただ、そのためのひとつの作業仮説として、このような、東南アジアと東ヨーロッパの対比ということを提出するだけである。

ふたつの大戦

このまえの論文で、第一次世界大戦の成果について言及した。それは、第二地域における残存帝国を一掃する作用をしたというわけだ。ロシア、オーストリー・ハンガリー、トルコの三大帝国が崩壊した。これは、帝国の側からの見かただが、見かたをかえれば、広大な地域が帝国から解放されたということになる。じじつ、ポーランド、チェコスロバキア、ユーゴースラビア、ルーマニア、ブルガリアなど、みんな第一次大戦後にできた国である。第一次大戦は、東ヨーロッパ諸国をつくったのである。

東南アジア諸国はどうか。これは周知のとおり、ほとんどが、あたらしく独立した国である。第二次世界大戦の結果として、植民地の地位から解放された。第二次大戦は、東南アジア諸国をつくったのである。

このふたつの現象は、まるで関係がないようにおもっていたけれど、東南アジアと東ヨーロッパとの文明史的な位置がにているということをかんがえにいれると、やはり一連の現象とみることができる。見かたをかえれば、東ヨーロッパおよび東南アジアという旧世界におけるふたつの中間地域の解放という点で、二どの大戦は、おなじような意義をもっていたともいえる。

東ヨーロッパ諸国は、いまは、たいていが人民共和国というようなことになってしまって、王国のおおい東南アジアとはずいぶんちがうようにみえるが、あれでも、独立当時にはいくつも王国があった。また、東南アジアにおいても、皇帝をやめて共和制にきりかえたところもある。

いまのところ、東ヨーロッパでは、圧倒的に東からの政治的な力がはたらいているようにみえるが、かならずしも全部がソ連の衛星国になったというわけでもないし、また将来どうなるかわかったものではない。過去においては、ナポレオン時代のように、全部西ヨーロッパに制圧されたこともある。東南アジアだってそうで、過去においても、全東南アジアが日本に制圧されたというようなこともあったし、これからも、平和的な形であれ、どこかひとつの文明圏の影響が、ひじょうにつよくはたらくという可能性もないではない。

いずれにせよ、東ヨーロッパおよび東南アジアというところは、どちらも、大文明圏にはさまれた一種の中間地帯であって、ある種の文明史的不安定さをもっているのではないかとおもう。

日本と東南アジア

さて、日本と東南アジア諸国との関係であるが、またB図の図式にのっとりながら、いくらか歴史的にかんがえてみよう。

とにかく、日本という国は、東アジアにおける唯一の第一地域だから、西ヨーロッパではたくさんの国がやった仕事を、なにもかもひとりでやらなければならなかった。

北方大陸方面への日本のうごきは、ここでは必要ない。まず南の海である。スペイン人が船にのって海外をあらしにでたころ、ちょうどそのころ、日本人も船にのって海外をあらしにでた。スペイン人はマリアの像をかかげ、日本人は八幡大菩薩ののぼりをかかげた。いずれも、神の加護のもとに異教徒をきりころし、財宝をうばった。八幡船はすでに、華南から東南アジアの各地をあらしている。これが第一段階である。

第二段階は、特許をもった貿易船の時代である。東南アジアへは、まず西からポルトガル人がやってきた。そして、マラッカを手はじめに、各地に居留地をつくり、貿易をやった。つづいてオランダ人、イギリス人、フランス人がやってきた。ちょうど、ほとんどおなじころ、日本からは御朱印船がでていって、東南アジア諸国とさかんに貿易をやった。一六世紀末から一七世紀はじめにかけてである。当時、東南アジアの各地には、おおきな日本人町がいくつもあった。ベトナムのツーラン、ホイアン（ファイフォ）、タイのアユタヤなどは有名である。ルソンにも、ジャワにも、カンボジアにもあった。

その当時のなごりは、いまでもいくらかのこっている。ホイアンには、当時の日本人の墓もいくつかのこっているし、日本人がつくったとつたえられる建造物もある。みずから日本人の子孫と称するひともすくなくないときいた。

第三段階は、オランダ、イギリス、フランスなどによる植民地の経営である。各地に居留地をつくり、それを拠点に、いろいろないいがかりをもうけて、しだいに領土をひろげていった。この段階では、日本は完全に脱落する。それは日本が鎖国という妙なことをやってしまったからだ。そのために、各地の日本人町は、後援つづかず、みんなきえてしまった。鎖国の前は、日本の国力がひじょうないきおいでのびた時代であるが、これでゆきなやみをきたしてしまった。

鎖国のために、東南アジアに対する日本の侵略と植民地化のうごきは、二〇〇年以上おくれることになってしまった。歴史のできごとで、もし……だったら、などとかんがえることは、意味のないことかもしれないが、あえていうならば、もし鎖国がなかったら、東南アジアのかなりの部分は、はやくから日本の属領になっていたかもしれぬ。そして、領土のとりあいから、イギリスやフランスと、ずっとはやくに一戦をまじえていたかもしれぬ。

鎖国なんかして、おしいことをした、といっているのではない。日本という国は、歴史のすじがきからいうと、東南アジアにとっては、しょせんイギリス、フランス、オランダなどとおなじ役わりをはたすような国なのだ、ということである。それはかならずしも、明治以来の軍国主義のもたらした結果ではない。それは、本来的には、日本と東南アジア諸国との、文明史的なシチュエーションのちがいによるものであり、また、日本と西ヨーロッパ諸国とのシチュエーションの類似にもよることである。

近代化

明治の開国以後はどうであったか。日本は、革命によって深刻な脱皮をやった。そしてまもなく、ひじょうないきおいで日本人は海外にでていった。そのころ、東南アジア諸国はどうであったか。このころには、すでに大部分は西ヨーロッパの植民地になっていた。タイはほとんど唯一の独立国であった。ちょうど明治天皇とおなじ年に、タイの不世出の英主といわれるチュラロンコーン王が即位している。王は、タイの近代化のために、ひじょうな努力をはらった。その点でもしばしば明治天皇と対比されるのである。この点だけからみると、日本とタイはおなじスタート・ラインから出発したようにみえるが、実状はずいぶんちがっていた。タイは独立国というものの、列強からまわりの領土を強奪されるし、不平等条約はおしつけられるし、なにかにつけて外人顧問の意見をきかねばならぬし、という状態だった。そして、日本は、ちゃんとその「列強」のひとつとしてタイにのぞんでいたのである。領土はとらなかったが、治外法権をもち、多数の政府顧問をおくった。日タイ間に完全平等条約がむすばれたのは、じつに一九三七年のことである。

第二次大戦中および戦後の状況は、よくしられているとおりである。日本は、西ヨーロッパ諸国をおっぱらって、各国を植民地から「解放」したけれど、各国民にとっては、実質的には、支配者がおきかわったにすぎなかっただろう。

日本は、植民地をもつことによってふとり、ひじょうないきおいで近代化し、現在みられるような怪物的工業国になってしまったが、東南アジア諸国は反対だった。植民地化することによってほそり、近代化はすすまず、ようやく戦後に、急速な開発と近代化をはかろうとしている。そして、第一地域各国は、いろいろな形で、これを援助している。

異質性と同質性

まだ、かかなければならないことがたくさんある。各国の資源の分布とか、工業化の可能性とか、華僑の問題とか、人口の分布とか、社会構成の特徴とか、少数民族とか、東南アジアの文明論をいう以上は、みんなふれなければならないが、もう紙がない。べつの機会にしよう。わたしがいままでかいたところでは、東南アジアと日本との間の、異質的な面ばかりがつよくですぎているかもしれない。最後にこの、異質性と同質性の点をすこし検討しておこう。

じっさいをいうと、感覚的には、東南アジアというところは、日本にひじょうによくにたところである。都市でもいなかでも、いっこうにエキゾチックではない。顔は、はだかにしたら区別がつかないほどよくにているし、家もおなじような形だ。水田があり、緑の山がある。ことばが通じないことがふしぎにおもわれるほどだ。人びとは、愛想はよいし、親日的である。すくなくとも、わたしの接した範囲では、そうおもわれた。とにかくここは、ひじょうに居心地がよい。わたしは、東南アジアの土地も、人びとも、たいへんすきになった。

こういう感覚的な同質感というものは、わたしのしっている範囲では、アジアのなかでもこの地域がいちばんつよい。朝鮮、華北、モンゴルなどよりつよい。インドになると、この種の同質感ははるかに減少し、アフガニスタンでは、ほとんどゼロになる。

しかし、そのアフガニスタンにおいてさえ、その国のあるインテリのひとから、「おたがいにアジア人ですから」という発言をきいて、内心かなりびっくりしたことがある。これは、感覚的な裏づけをもたない、いわば観念的な同質性であろうとおもう。いったご当人も、にているとおもっていったのではないことはあきらかだ。しかし、たしかに、いわれてみれば、アジアという地理的名称があるかぎり、アジア人にちがいない。

しかしわたしは、「おたがいにアジア人だから」というようなことばが、いったいどれほどの内容をもちうるか、たいへん疑問だとおもう。感覚的、あるいは観念的な意味においてのみ、アジアは同質的なのであって、論理的、あるいは実質的な意味においては、けっして同質的であるとはいえない。日本は、とくにそうである。あゆんできた歴史もちがうし、現在の生理もちがう。それと、おなじものとみなそうとしても、それはできないことだ。いまにわかに、アジア諸国に足なみをそろえよ、といっても、日本の工業を放棄するわけにはゆかないし、東南アジアに急速に工業をおこすこともできない。ちがうものはちがうのである。

あたらしい関係

このことはしかし、国際関係の友好的・敵対的などということとは全然べつのことである。同質性を強調しながら、ひどいことになった例を、わたしたちは、いくつもみた。岡倉天心の「アジアは一なり」以来、くりかえしアジアの同一性を強調する思想があらわれた。中国とのあいだの「同文同種」というのもおなじだ。そんなことをいいながら、どんどんひどい関係が進行してしまったのだ。むしろ「大東亜共栄圏」の思想的根拠のひとつにさえ、させられたのであった。

逆に、異質性をみとめたうえでだって、いくらでもうまくゆく道をみつけることはできるとおもうのだ。おたがいにアジア人だということばは、それは一種の外交的フィクションである。わたしは、この種の外交的フィクションが効をおさめる場面のあることもわかるし、いちがいに無用とはおもわないけれど、フィクションはフィクションである。東南アジア諸国と日本とのあたらしい関係が、現実にどうなってゆくかをかんがえるためには、いちおうフィクションをはなれなければならない。おたがいに異質のものであるということを確認したうえで、その異質なものが、どういうようにうまく結合されるかをかんがえねばならないのだ、とわたしはおもった。

（一九五八年八月）

アラブ民族の命運

解説

一九五八年は、中東方面が大あれにあれた年であった。エジプトとシリアが合邦して、アラブ連合共和国をつくった。つづいてヨルダンとイラクが、アラブ連邦を結成した。レバノンで暴動がおこり、イラクで革命がおこった。そしてとうとう、イギリスとアメリカが中東に出兵するという、危機的状態にまできた。

『週刊朝日』では、その直後に、「中東の危機」と題する緊急増刊号を発行した。そのとき、この動乱の文明史的背景について解説をもとめられてかいたのが、この「アラブ民族の命運」である（註）。

わたしは、アラブ諸国へいったことがないので、おもわぬあやまりをおかすかもしれないとはおもったが、「文明の生態史観」の応用問題のひとつとかんがえて、筆をとったのである。

（註）梅棹忠夫（著）「アラブ民族の命運」『週刊朝日』「中東の危機」緊急増刊　第六三巻第三五号　二〇―二二ページ　一九五八年八月六日　朝日新聞社

中近東ということば

先日、『毎日新聞』夕刊の「憂楽帳」で、鵜飼信成氏が、「中近東などというイギリス中心の道順的地名は、いまどきおかしいのではないか」という意見を発表された（註）。むしろ西アジアといったらどうか、という提案である。同感である。たとえば京都大学では、この地方の研究をする組織があるが、「西南アジア研究会」と称している。

鵜飼氏のおなじ文章のなかで、「もっとも梅棹さんの生態史観でも、中近東は、やはり中近東らしい」と、ひやかされた（?）ので、念のためしらべてみたのだが、わたしがいままでに発表したアジアの文明論的区分のなかには、中近東という地区はでてこない。日本では、中近東を問題にしたニュースや本がたくさんある、という話をしただけである。中近東という語、ないしは観念は、国際的なジャーナリズムの用語としては便利だろうが、文明論的にはあまり意味をなさないとおもう。

（註）鵜飼信成（著）「中近東」「憂楽帳」『毎日新聞』一九五八年七月二四日

アラブは東洋人か

この地方で、あいついでおこるさまざまの事件を、アジア一般の問題としてうけとめよう、というかんがえかたがある。わたしはそれには賛成しない。だいたい、アジアはひとつだという思想は、まちがいだとおもう。アジアはいくつかの異質の部分からなりたっている。アジア・アラブなどということばで、日本からモロッコまでをつらねてみたところで、実質的な内容はなにもない。われわれがアラブ諸国の反植民地闘争に声援をおくるとしても、それは親類だからというわけではない。それは、まったくべつの理由にもとづくものでなければならない。

そもそもアラブを、わたしたちとおなじアジア人あるいは東洋人とよぶことに、いったいどれだけの意味があるか。最近コラーンの口語訳を完成した井筒俊彦教授は、それを「言葉の魔術」にすぎない、といった。たとえば、コラーンは、われわれとはあまりにもかけはなれた異質な精神の所産である、という。氏によれば、現代エジプトの最大の知識人ターハー・フセインは、「われわれエジプト人は東洋人ではない。われわれはギリシャ文化の伝統をうけたヨーロッパ人だ」と断言しているというのである。

もっとも、これもまた誤解をうむいいかただ。そもそも、アジアとかヨーロッパとかいう概念が粗雑にすぎるのであって、歴史はかならずしも、アジアとヨーロッパのふたつにわかれて進行したのではなかった。その文明史的位置をかんがえるためには、アジア、ヨーロッパ、北アフリカをふくむ旧世界全体について、その歴史的、地理的構造をかんがえてみなければならない。

地中海・イスラーム世界

中近東では、最近めざましい事件があいついでおこる。そして、人びとはそれをすぐに米ソ対立とむすびつけてかんがえやすい。もちろん、そういう要因もはたらいているけれど、根本的には、この地域固有の歴史的な課題がいま進行しているのだ、とみたほうがよい。どういう課題かといえば、それは地中海・イスラーム世界の再建ということであると、わたしはかんがえる。

文明史的にみた場合、いわゆる中近東地区を、地中海からきりはなして理解することはできない。古来いくつもの大帝国が、地中海沿岸地方とはるか東方イラン方面とをむすんで発生した。たとえばアレクサンドロスの帝国である。そして、サラセン帝国はまさにそのあとつぎであった。ちかいところでは、オスマン・トルコによるイスラーム帝国は、それの再生品であった。

中国が、歴代王朝の交代にもかかわらず、ひとつの中国世界を形づくってきたように、地中海・イスラーム世界もまた、古代から帝国の交代と分裂のくりかえしはあっても、やはりひとつのまとまった「世界」であった。わたしは、旧世界にはこのような自己完結的な単位が、日本と西ヨーロッパをのぞいて、ほかに四つあったとかんがえている。すなわち、中国世界、インド世界、ロシア世界、そしてもうひとつがこの地中海・イスラーム世界である。

各世界は、歴史上なんども分裂と崩壊をくりかえしながらも、原則としてひとつのまとまりをもちつづけてきている。そこでは、巨大帝国と、それをとりまく衛星国というのが、安定した構造である。近世においては、四つの世界において、いずれもその構造が完成した。清帝国、ムガル帝国、ロシア帝国、トルコ帝国がそれである。

「帝国」の再建

いまおこりつつあるさまざまな事件は、たしかに帝国主義・植民地主義とアラブ民族主義とのあらそいにはちがいないけれど、同時にそれはけっきょく、地中海・イスラーム世界をおおう、あたらしい巨大「帝国」の再建へつながってゆくだろう。その場合、「帝国」の中核となりうる民族は、もはやトルコ民族ではありえない。それは、人口において圧倒的なアラブをおいてほかにはない。

だから、ふつうは民族主義運動は、帝国からの離脱を意味し、分離的方向をとるが、この場合は、同時にそれ自身の中に「帝国」再建へのつよい欲求をひめ、接合的方向をとる。いくつかの国がくっついて、ひとつの国をつくるということは、ゆゆしきことだが、ここではなお、ひきつづいてそういう現象がおこるだろう。

アラブ連合共和国、アラブ連邦、あるいは北アフリカ諸国をつらねるマグレブ連邦というようなアイディアは、くりかえしあらわれるだろう。けっきょくは、まず大アラブ国家が成立して、さらにそれを中核として地中海・イスラーム世界の再建へむかうであろう。石油だの、ユダヤ国家だのは、その接合反応における触媒のはたらきをするであろう。

更生の方向

もともと、いままでのこまかな国境わりは、植民地主義者のつごうからつくられたようなもので、たいして根拠のあるものではない。中国の軍閥やインドの土侯国が、それぞれに一国をかまえたみたいなものである。民族主義といっても、東南アジアなどの場合とは事情がちがうのである。

近世における四つの巨大帝国は、ひどい腐敗と矛盾になやんで、いずれも植民地あるいは半植民地の状況におちいっていた。一九世紀後半において、たとえば中国は、「ねむれる獅子」から「死せる老豚」に下落し、トルコ帝国は、「ヨーロッパの病人」とよばれる存在であった。けっきょくは、どれもみんな崩壊してしまった。

しかし帝国はつぶれたけれど、それぞれの地域の一体性がなくなったわけではない。その後の各「世界」におけるはげしい変革の努力は、あたらしい体制におけるおのおのの「世界」の再建作業であるとみることができる。

ロシア・ブロックがまず、革命による更生策に成功する。中国、インドも着々と効果をおさめつつある。四つのうち、いちばん事態がおくれているのが、地中海・イスラーム世界である。そして、いま進行中の現象は、まさにそういう系列に属することなのだとおもう。

どういう方策によって更生がおこなわれるかは、もちろん予断はできないけれど、ソ連、中国の例にならって、将来この地域が共産主義による近代化をはかるということも、じゅうぶんありうることである。イスラーム教（回教）は、共産主義に対する防波堤になりえまい。それ自身があたらしい状況に適応して変貌するだけのことである。

地中海・イスラーム世界の再建ができたとしても、問題はあたらしくでてくるであろう。アラブと、トルコ、イランのような非アラブ的イスラームとの関係がどうなるか。また、隣接するロシア世界、インド世界との関係がどう調節されるか。四大ブロックは、今後共通してこの種の問題に直面することになるだろう、というのが、わたしがいま、頭のなかにもっている仮説である。

（一九五八年八月）

東南アジアのインド

解説

一九五八年の春、東南アジアからかえってから、しばらくのあいだ、わたしは、東南アジアについての記事を、あちこちからもとめられた。当時はまだ、東南アジアへの関心は、かけ声ばかりで、いくらか時間をかけてみてこようというようなひとはほとんどなかったので、めずらしがられたのであろう。ここに収録したのは、そのような文章のひとつである。関西日印文化協会の機関誌『日印文化』の一九五八年第二号に掲載された(註)。もともと気らくなよみもののつもりでかいたものだが、本書の他の論文とも関係のある話題をあつかっているので、ここに収録した。

東南アジアとインドとは、しばしばひとまとめにあつかわれ、ときにはインドを東南アジアの一国にかぞえたりする。しかし、文明史的にも地理的にも、東南アジアとインドとは、まったく性格のことなる地域であって、いっしょにしてはいけない。ただし、東南アジア諸国は、むかしは文化的に、かなりの程度にインド文化の影響をうけた。現在もいろいろとその痕跡を発見することができる。そのような、現在の東南アジアにおいて発見されるインド的なるものを、ひろいあつめた。題名の、「東南アジアのインド」とは、そういう意味である。

（註）梅棹忠夫（著）「東南アジアのインド」『日印文化』一九五八年第二号　一―二ページ　一九五八年九月　関西日印文化協会

インドシナ

東南アジアを旅行して、気のついたことを、いくつかおはなししよう。東南アジア諸国のうち、わたしがおとずれたのは、タイ、カンボジア、ベトナム、ラオスの四カ国で、ほかに、シンガポールとペナンにたちよった。地理学的にいえば、いずれもインドシナ半島の国である。

インドシナということばは、せまい意味では、旧フランス領の、いわゆるインドシナ三国のことをさすが、ひろい意味では、タイもマラヤもふくめて、アジア大陸が東南におおきくつきだした半島全体のこともいうようだ。どういういきさつから、この地方をインドシナとよぶようになったのか、くわしいことはしらないけれど、現地にいってみて、なるほどうまいことばを発明したものだ、とおもった。ほんとに、インドとシナをちゃんぽんにしたようなところだ、というのが、それらの国ぐにをみてのいつわらぬ実感である。

顔

顔からいえば、これはまるでシナである。人種的には、タイ人も、ラオス人も、ベトナム人も、みんな中国から移動してきた人たちで、あきらかに中国人にちかい。東南アジアには、おびただしい数の華僑がいるけれど、顔だけでは、もともとの現地のひととほとんど区別がつかない。それほどよくにているのである。タイなどでは、そのうえに混血がすすんでいて、さっぱりわからない。われわれに区別がつかないだけでなく、タイ人にもわからないそうだ。もっとも、ものをいえば、いっぺんにわかるという。一世は、どんなにタイ語がじょうずでも、やはりどこか発音がちがうらしい。

にているといえば、タイ人とシナ人とだけの話ではない。日本人だって、じつによくにている。ただ、色がしろいだけだ。日やけしたら区別のつかないのがたくさんいるだろう。要するに、みんな東アジアのモンゴロイドなのだ。その点は、おなじアジア人でも、コーカソイド人種に属するインド人とは、決定的にちがう。

文字

タイについたとたんに、源氏香の符号みたいなタイ文字の行列が目にとびこんでくる。

顔をみていると、まるで日本人とおなじだが、この奇怪な文字をみると、やはりこの人たちは外国人なのだな、と得心がいく。タイは華僑がおおいから、町には漢字の看板もあるが、やはりタイ文字のほうがおおい。タイ文字の使用は、法律で強制されているようだ。カンボジアにはいると、いっそう目をみはる。カンボジアの文字は、タイ文字どころではない。なんとも形容のしようのない、むつかしい文字だ。わたしは、タイ文字もカンボジア文字もすこしならってみたが、短期間ではどうにもならぬ。やめた。

タイ文字は、カンボジア文字からかわってできた。そして、カンボジア文字は、あきらかにインド系の文字である。ただし、いまのデーヴァナーガリー文字ではない。六世紀から八世紀にかけて、南インドでつかわれていた文字からきている、ということである。

建築

東南アジアの人たちは、すくなくとも現在では、造形美術に関しては、あまりよい作品をうみだしていないようだ。ただ、タイにおける近代建築は、ちょっとしたものだと、わたしはおもう。

もちろん鉄筋コンクリートだけれど、おおきく複雑な屋根のかさなりと、屋根の縁にたてたかざり板に、ふるいタイ建築の様式をのこしている。和洋折衷ということばがあるが、これはいわばタイ洋折衷様式である。バンコクあたりに続々とたちつつある官庁や、エカッフェなどの国際機関の建物も、みんなこれだ。東洋ふうで、堂々として、なかなかうつくしい。

何重にもかさなった複雑な屋根の構成が、タイ建築の特徴である。これは、どういう起源のものであろうか。よくはわからぬが、インドからきたものではないだろう。タイにも、インド様式の建築はいくつものこっているが、まるでちがう。ル＝メイの文化史では、雲南に原型があるというのだが（註）、建築史の専門家の意見をききたいものだ。

（註）　Le MAY, R., *The Culture of South-East Asia*, 1954, George Allen & Unwin Ltd.

ナーガ

バンコクのチュラーロンコーン大学は、うつくしい大学である。やはり近代タイ様式の建築だが、みどりとだいだいの屋根の色どりがうつくしい。これが大学とは、とても信じられぬような建物である。

バンコクについてまもなく、この大学で、わたしははじめてナーガというものをみた。つまり、多頭のコブラである。階段の両側の手すりがヘビの胴体で、いちばんしたのところで、ぐっとカマ首をもちあげて、まえをにらむ。八またのオロチのようだが、ちがうのは七またか九またか、とにかく奇数になっている点である。背中におおきなスプーンをせおったようなかっこうだ。

ナーガの象徴するものはなにであるか、わたしはしらないけれど、これがインド渡来のものであることは、まちがいなかろう。ふるいタイの仏像をみると、後光のかわりにナーガをせおっている。また、タイじゅういたるところに、とくにお寺には、ナーガがつきものだ。

タイばかりではない。古代にインド文化の影響をうけたカンボジアや、ラオスでも、いたるところでナーガにお目にかかる。

ガルーダ

もうひとつ、ふしぎなシンボルがある。ガルーダである。ガルーダというのは、ニワトリのばけものだ。からだと顔は人間のようだが、翼がある。

タイでは、ガルーダは王室の紋章である。日本でいえば、菊の御紋章である。大日本帝国海軍が軍艦のへさきに菊の紋をかかげたように、タイ王国政府諸機関は玄関にガルーダをかかげる。バンコクについてまもなく、わたしたちは王さまのご招待によるガーデン・

パーティに出席した。招待状は、タイ語で印刷してあったが、うえに、おおきなガルーダのエンボスがあった。

ガルーダは、もちろんインドのものだ。インドの叙事詩ラーマーヤナ（ラーマ王子物語）にでてくる。日本にかえってから、京都大学の居庸関の調査報告の図版をみたら、みごとなガルーダがあったのでおどろいた（註）。おまけに、ガルーダの両側にならぶ像には、うしろにナーガがついていた。インドから、いっぽうは東南アジアにはいり、いっぽうは中央アジアの砂漠をとおって長城にまで達したのである。

（註）村田治郎、藤枝晃（編）『居庸関』第二巻　一九五五年三月　京都大学工学部

ラーマキアン

バンコクで古典劇をみた。肩のピンとそりかえった、キラキラひかる衣裳で、きわめて様式化された演技である。ラーマキアンという。

ラーマキアンというのは、あきらかにインドの古典的説話ラーマーヤナのやきなおしである。わたしは、どちらもテキストはよめないし、異同の考証はできないが、専門家の話によると、かなりのちがいはあるようだ。それでも、話全体の構成や、おもな登場人物は

おなじである。ラーマ王子の遍歴、かれんなるシーター姫、それからラーマ王子をたすけて大活躍するサルのハヌマーンなど。

北ラオスのルアン・プラバンの町で、小学校の男の子たちが、校庭で奇妙なダンスをならっているのをみた。あんまりしぐさがおかしいので、いったいなんのおどりだろうとおもってみていたら、それが、ハヌマーンのおどりだった。

わたしが感心したのは、このインド系の説話の、東南アジア民衆に対する浸透ぶりである。ほんとにだれでもしっている。どうしてこれほど浸透したのだろうか。

現代インド

カンボジア文字も、ナーガも、ガルーダも、ラーマキアンも、みんな古代インドの伝来物である。むかしは、インド文明のきらびやかさが、この地域をおおった。それにくらべると、東南アジアにおける現代インドの、なんとみすぼらしいことだろうか。

シンガポールまでゆくと、インド人の姿がふえてくる。そこでは、店の看板にも、タミール文字がみられる。しかし、バンコクや、それから東の町では、インド人といえば、門番か、わずかの呉服商人くらいしかみかけなくなる。

カンボジアの首府プノムペンで、めずらしくインド料理店をみつけたので、はいってたべた。インド・カレーをなつかしんで、はいったのだが、そのまずさかげんは、すくいがたいものだった。わたしがインドを旅行していたときには、けっこう毎日これですごしたのに、東南アジアでうまいシナ料理をたべたあとでは、どうしようもなかった。

すくなくとも、現代の東南アジアにおいては、インド人はとうてい華僑の敵ではない。

（一九五八年九月）

「中洋」の国ぐに

解説

一九六一年、それまで制限のきびしかった海外旅行も、ようやく自由化のきざしがみえはじめ、海外への関心は急速にたかまりつつあった。中央公論社版『世界の旅』全一〇巻は、そのころまでに世界の各地をあるいた人たちの紀行文をあつめたものであるが、地域別の各巻ごとに、その地域についての解説をつけることになっていた。わたしは、第二巻の「インドから熱砂の国へ」という巻をうけもち、その解説としてかいたのが、これである(註)。

そういうしだいで、まさに地域の「解説」として、やさしくかいたものだが、内容的には、いくつか重要な文明史的問題にふれているので、ここに収録した。「イン僑」と華僑との関係などは、将来やってみたいとおもっている比較商業論への、ひとつのおぼえがきでもある。「中洋」という観念については、すでにこの本の最初のエッセイ、「東と西のあいだ」に紹介したとおりである。

(註) 梅棹忠夫(著)「『中洋』の国々」『インドから熱砂の国へ』「世界の旅」第二巻 三九四―四一一ページ 一九六二年一月 中央公論社

中洋

日本ではよく、関東と関西との比較が話題になる。歴史的にみても、たしかに関東の文化と関西の文化は、かなり異質なものをふくみつつ、日本文化の二大潮流を代表しているようにみえる。だから、その比較論は、おおくの場合意味のないことではない。

しかし、やや具体的にかんがえてみると、関東、関西の大ナタでは、わりきれぬことも、もちろんたくさんある。九州や北海道のことはいわぬとしても、関東と関西との境だって、じつは、いっこうにはっきりしない。東京のひとは、伊豆、熱海あたりまでは、かなりよくしっていて、そのへんまでは自分らの領域だとおもっている。しかし、箱根の山をこえると、もう関東ではない。べつの地方になる。おなじように、大阪、京都のひとも、琵琶湖あたりまではよくしっている。しかし、関ヶ原をこえると、もう関西とはおもわない。これはべつの地方だ。すると、関東、関西というけれど、じつは、そのふたつが境を接しているのではなく、そのあいだには、どっちでもない広大な中間地帯がよこたわっているのである。

おなじようなことが、世界的規模においても存在する。われわれはしばしば、東洋と西洋との比較論を口にする。この比較論も、おおくの場合たしかに意味のないことではないが、この場合も、どこまでが東洋で、どこまでが西洋かを、具体的にきめてかかろうとすると、なかなかむつかしい。

実感からいうと、日本から西にむかってすすんだ場合、シンガポールからラングーンあたりまでは、なんとなくなじみがあって、東洋という感じがつよい。それが、ベンガルから西になると、ずいぶん異質なものが目だってきて、もうとても東洋とはおもえない。これはべつのものだ、という印象がふかい。いっぽう、ヨーロッパの人たちが東にむかってやってくる場合、ギリシャあたりまでは西洋だとおもっている。それが、トルコやエジプトまでくると、よほど異質感がまして、もうこれは西洋をはずれた、とおもうらしい。するると、東洋とか西洋とかいうけれど、じっさいは、その両方のあいだにはさまれて、東洋でもなく西洋でもない、どっちつかずの中間地域が、広大な面積をしめているのである。東洋でもなく西洋でもないとすると、これはいったいなにか、ということになるが、わたしはやはり、東洋と西洋との中間ということをいかして、「中洋」とでもよぶことにするほかないだろうとおもう。

じつは、この巻(「世界の旅」第二巻『インドから熱砂の国へ』)にふくまれた国ぐに、すなわちインドおよびいわゆる中近東諸国を一括すると、ちょうどそれがここにいうところの「中洋」にほぼ一致するのである。「世界の旅」において、この巻はちょうど「中洋の旅」をあつかった巻ということになる。

通過される地域

じつはこの中洋に関しては、とくにわれわれ日本人は知識が不足している。旅行記だってわずかしかない。こういうふうな全集をあむ場合にも、ヨーロッパやアメリカの場合は紀行がたくさんありすぎて、選択にこまるだろうが、ここではそうはゆかない。まともな旅行をしたひとが意外にすくないのである。

もっとも、ただ通過するだけなら、おびただしい数の人間が、この地域をとおっている。航空路の発達によって、ヨーロッパへの往来がたいへん便利になり、その結果、ずいぶんたくさんのひとが、毎日これらの国の上空を、西に、あるいは東にむけて、どんどんはこばれているのである。しかしその人たちは、カルカッタ、カラチ、ベイルートなどという地名をおぼえる以上には、ほとんどなんの知識をえることもなく、この地域をとおりすぎてしまうのだ。

この点でも、日本の国内事情にちょっとにている。東海道線を特急が何本もはしるようになって、東京と大阪との間の往来が、たいへんらくになった。しかし、だからといって、東京と大阪のビジネスマンたちのあいだに、東海道沿線の各地についての認識がとくにすすんだということはない。途中はたいてい、ねむっているか、雑誌をよんでいるかである。途中の沿線各地は、いわば無視されるために存在するようなものである。せいぜい、おもな停車駅の名をおぼえるくらいのものだ。

「ヨーロッパ特急」のお客たちにとっては、その途中にながながとよこたわる中洋諸国なんぞはいわばその東海地方の農村みたいなものであって、ただ退屈な「距離」として存在するだけである。やはり、ねむったり雑誌をよんだりしているうちに、さっさととおりすぎてしまえばよいのである。できることなら、存在しないにこしたことはない。だから北極まわりのヨーロッパ直通航路が開発されると、そっちが大繁昌する、ということになる。

旅行記や案内書なんかも、関西や東京、あるいは九州、北海道なら、たくさんある。ところが、しじゅうとおる東海道沿線の、三河や駿河あたりの紀行となると、意外にすくないのではないだろうか。しかし、この場合も、汽車をおりてゆっくり旅行すれば、けっこうおもしろい旅ができる。まして、インドやイスラーム諸国は、みるものがあんまりたくさんあって、ほんとうは退屈どころの話ではないのである。ただし、そのためには下車しなければならない。飛行機からおりて、地上の旅をしなければならない。その覚悟をきめたひとにだけ、この広大な地域は、単なる「距離」ではなくて、充実した「実質」であることをしめしてくれる。

旅行のむつかしさ

覚悟といったけれど、正直のところ、中洋諸国の旅行には、いまのところはまだ、少々覚悟が必要なようである。けっして旅行しやすい地方ではない。旅行したひとが比較的すくないのは、そのせいもある。かならずしも、西洋一辺倒で中洋は無視していた、というだけのことではないようだ。中洋諸国のなかでは、インドやパキスタンは、もっともひらけた国に属する。それでも、わたしがインド旅行からかえってきたとき、「とてもたのしかった」といったら、インドにながくいたことのあるひとがこういった。

「インドを旅行してたのしかったとは、君はどんな旅行の仕かたをしたんだ？」

わたしは、とくにじょうずな旅行をしたともおもわないが、このひとのいうことはわかる。ふつうにあるけば、たしかに、そうとうにつらいことがおおいだろうとおもう。

そもそも、これらの中洋諸国は、外国からの旅行者のうけいれにあまり熱心ではない。飛行場の待合室などでは、観光宣伝ポスターのようなものもみかけるが、じっさいは、どこまで本気でお客をよびたがっているのかわからないような点もある。ビザをなかなかくれなかったり、くれても国内の自由な旅行をゆるさなかったり、いろいろめんどうがおおい。ヨーロッパでは、日本人はビザが不要という国がおおいが、中洋ではパキスタンだけである。

それに、旅行者用の宿泊施設や交通機関なども、おおむね発達がわるい。飛行機で、大都会の一流ホテルをとび石づたいにとびあるくなら、べつにどうということもないが、地上をゆくとなると、かなりかんがえねばならない。インドでも、ふとんをクルクルとまるめたような寝具をかついで、旅行しているひとをよくみるが、地方の旅行は、じっさい寝具持参のほうが便利だろう。

のりものは、すくなくともインド、パキスタンは鉄道網が発達しているし、汽車の三等旅行だってできないことはなく、バスも、いちおう全中洋にゆきわたっているようだが、どっちにしてもあんまりらくじゃない。いまのところ、ジープかなにか、じぶんの車をもっているのがいちばんいいだろうが、それでも、道がひどくわるかったり、アフガニスタンのようにガソリンの入手が困難だったり、いろいろなことがおこる。

日本人の旅行者にとって、もうひとつつらいことは、おそらくはたべものの問題だろう。インド、パキスタンではもっぱらカレー料理だ。なにを注文してもカレーをもってくる。コースでとると、でる皿でる皿みんなカレーだ。もっとも、すこしずつ味がちがう。肉は、全中洋を通じて、たいていはヒツジである。あのにおいがきらいなひとには、たえられないかもしれない。わたしの友人のひとりは、パキスタン、アフガニスタンの旅行中、それがきらいで、キリギリスみたいにキュウリばっかりたべていた。おかげでずいぶんやせてしまった。

イン僑の存在

食事の問題は、わらいごとではない。じつはこの点は、中洋地域の文明史的特徴とかなりふかくむすびついているのである。

さきほど、「中洋」はベンガルからはじまるとかいたが、じっさい、ビルマまでがいわゆる東南アジア諸国に属し、東パキスタンから西が中洋とかんがえてよいだろう。「ヨーロッパ特急」のお客には、東南アジアと中洋との区別も不必要かもしれないが、じっさいはこのふたつの地域は、かなり性質がちがうのである。たとえば、いまの食事の問題についていうと、日本人が絶望するのはやはり中洋諸国においてであって、東南アジア諸国ではそういうことはない。東南アジアでは、ずいぶんいなかを旅行しても、食事にこまることはすくない。その理由のおおきなもののひとつは、東南アジアでは、どこにでも中国人の飯屋がある、ということなのである。中国人は、日本人とおなじくらい、あるいはそれ以上に食事を享楽することをしっている。中国料理だって、すごくまずいのもたくさんあるが、概して日本人の口にはあう。すくなくともカレーぜめよりはましだ。だから、いわゆる華僑の分布する地域なら、われわれ日本人は、食生活をある程度保証されているようなものだ。

われわれ日本人が、中洋諸国で食事にこまるのは、華僑がいないからなのだ。じっさい、シンガポールやペナンは、実質的には華僑の町みたいなものである。ところがカルカッタとなると、がらりとかわる。もちろん華僑もいるし、中国料理もあるが、その比重は、問題にならぬくらい、ちいさい。そこから西へゆくと、もう、華僑をみかけることは、ごくまれになる。

東南アジアにおいては、料理屋ばかりでなく、経済界全体を、華僑がにぎっているようなものである。東洋においてはそれほど勢力をもっていた華僑が中洋にはなぜいないのだろうか。それにはいろいろの理由があるだろうが、ひとつには、さすがの華僑もインド人には歯がたたぬ、ということがあるのではないだろうか。じつは、華僑が勢力をしめている地域の住民たちは、タイにしてもマラヤにしても、もともとあまり商売にたけていたとは信じられぬ人たちである。そういうところでは、華僑の経済活動はみごとに成功した。というより、競争相手がないのだから、独走したのである。ところが、インドではちがった。インドでは、インド人自身が、古代以来の天成の商業民族である。なま半可なことでは競争にもならぬ。地の利をしめているだけ、インド商人のほうに歩がある。じっさい、インド商人の海外進出もまた目ざましいものがある。シンガポールあたりにもずいぶんできているが、それよりも西のほうがすごい。ちょうど東南アジアにおける華僑のように、東アフリカ一帯は、イン僑でおさえているのである。

現在、中国とインドとの関係は、国境問題をめぐって、そうとうに緊張している。このふたつの国は、アジアにおけるかくれもない大国である。国家のレベルにおいても、ライバル関係になりやすいのである。それが、民衆レベルにおいても、すでに華僑とイン僑というライバル関係が、むかしからなりたっていたのである。

人類学的分布

インドおよび西南アジア諸国が、西洋ではないということは、容易になっとくされようが、東洋ではないといういいかたには、やや抵抗があるかもしれない。しかし、じっさいには、いまあげた華僑の問題のほかに、東南アジアとインド以西とのあいだには、かなりいろいろなちがいがみられるのである。

これは、いってみたらすぐわかることだが、まず顔がちがう。ビルマまでは、まったく東洋人の顔をしている。ビルマのひとなんか、日本人とまちがうのがたくさんいる。戦争中に、東南アジアの各地で、日本兵は、現地のひとと顔がおなじだといって、ふしぎがられもし、よろこびもしたものだが、あたりまえだ。要するに人類学的にいえばモンゴロイドの分布範囲で戦争していたからである。

それが、ベンガルから西になると、がらりとかわる。ほりのふかい、鼻のたかい、われわれからみるとむしろ西洋人的な顔が圧倒的になる。ただし、色はくろい。いろいろ混血はあるけれど、やはり血はあらそえないもので、はっきりとコーカソイドの特徴をそなえている。そしてその特徴は、そのままイランあたりをとおって、アラブの世界にまでつづくのである。

モンゴロイドの系統が西までのびているのは、むしろアジアの北半分である。チベット人なんかも、日本人と区別がつかぬことがおおい。そのモンゴロイドの系統が、しばしばヒマラヤ、ヒンズークシをこえて、インド・西南アジア世界の一角に顔をだしている。アッサム、ブータン、シッキム、ネパールなどは、そういう地方である。また、アフガニスタンのハザーラ族、モゴール族などは、その例である。

モンゴロイド、コーカソイドという人種的な区別のほかに、言語による民族学的な区別をたててみても、やっぱり東南アジアと中洋とは、きれている。東南アジアは言語的に複雑なところだが、主力は、シナ・タイ語族、チベット・ビルマ語族などであって、まぎれもなく東洋的世界の言語である。ところが、やっぱりベンガルから西はちがうのだ。インド国内でおこなわれている言語はいろいろあるけれど、その主力はもちろんインド・アーリア語族に属する。つまり、ドイツ語、英語、ロシア語、フランス語、ギリシャ語なんかと親類なのだ。ベンガーリー語も、ヒンディー語も、パンジャービー語も、ウルドゥー語も、セイロンのシンハラ語も、アフガニスタンのパシトゥーン語も、イランのペルシャ語も、みんな親類すじなのだ。中洋諸国の有力言語で、インド・アーリア語族でないのは、かえってずっと西のはしにあらわれてくる、アラビア語とトルコ語である。これは系統がちがう。アラビア語は、セム語族で、トルコ語はアルタイ語族である。

理解しにくい地域

そのほか、身ぶりや動作、身のこなしかた、物のかんがえかたにいたるまで、東南アジアと中洋とでは、ちがいがあるかもしれない。こういうことは人類学的に立証せよといわれても、なかなかむつかしいのだが、とにかくわれわれ日本人にとっては、どういうものか、東南アジアのひととならなんとか気心が通じるが、インド以西のひととはたいへん気もちの通じない点があるようだ。インドに留学した日本人学生に、インド人をきらいになってかえってくるひとがおおいのは、ちょっとおもしろい現象である。国民どうしのあいだにも、相性があるとすれば、日本人とインド人は、おそらくはあまり相性がよくない。まえに、堀田善衞さんは、こういうことをかいていた。

「謙譲の美徳が精神生活の基調を支配するところはビルマまででおわり、インドから西は、自己主張の美徳が支配するのだ」（註）と。たしかに、そういうことがあるかもしれない。そうおもうほど、インドから西の世界は、ちょっと調子がちがうのである。

それだけに、日本と中洋諸国とのあいだには、相互理解のひじょうにむつかしい点があるだろう。日本と中国、東南アジアは、文化的にかなり共通したものをもっている。また、日本とヨーロッパ諸国とは、ほぼおなじ文明段階にあるから、社会事象にもにたことがおおく、ほぼ見当がつく。ところが、中洋諸国ときたら、文化の系譜についても、日本とまるでちがうし、もちろん日本のような高度に産業化された国はひとつもない。おたがいに、かかえている問題がひどくちがうために、相互理解がゆきとどきかねるのである。あるいは、日本人にとって、世界じゅうでもっとも理解しにくい地域であるかもしれない。


（註）堀田善衞（著）『インドで考えたこと』（岩波新書）一九五七年一二月　岩波書店

地つづきの国ぐに

ここでいう「中洋」のなかにも、じつは、いろいろの国があって、なかなかいちがいにいうわけにはゆかない。それに、だいたいアジアの国ぐにというものは、ずいぶんバラバラな存在であって、なかなか「アジアは一なり」などということにはなっていないのが現状である。

しかし、バラバラの度あいや内容のちがいについてはあとでかたるとして、さきに、この中洋地域の一体性と共通性について、すこしのべておこう。

まず、土地のつながりということは、ひじょうにおおきい。「中洋」にふくめてよい国で、はなれているのはセイロンだけで、あとはみな地つづきだ。

地つづきという点では、東南アジアのカンボジア、タイ、ビルマだって地つづきじゃないか、といわれるかもしれないが、それは意味がちがう。地形学的には地つづきかもしれないが、旅行者にとってはみんなバラバラである。カンボジアとタイの国境はいま閉鎖されているし、タイからビルマ、ビルマからインドあるいは東パキスタンへも、陸からゆける道はない。大陸横断道路建設の雄大な計画はあるようだが、いまのところは陸路はズタズタである。こんどの東京オリンピックの聖火リレーのコースをしらべにいった朝日新聞の調査隊も、このあたりは、とおれなかったのである。

東南アジアのこういう実状からくらべると、わが中洋地域は、はるかによくつながっている。とにかく、陸路でゆけるのだ。東パキスタンからトルコまで、ずっと自動車ではしろうとおもえばはしれるのだ。

このことは、やはりそうとう重要なことといわなければならない。じっさい、大むかしから、西のほうでおこった民族が、ずるずるとインドにまで進入してくるという例がおおいのである。ペルシャのダリウス、ギリシャのアレクサンドロス以来、たくさんの征服者が西からやってきた。インドの歴代の諸王朝の出身は、アフガニスタンあたりであることがひじょうにおおい。チムールも、ムガル王朝のバーブルも、モンゴル人と称してやってきたが、じっさいはやはり中洋世界の西部の出身である。

インド世界

しかし、だからといってわたしは、「中洋は一なり」などと岡倉天心まがいに主張するつもりはまったくない。中洋地域も、ある程度のつながりと共通性をもちながら、やっぱり異質な部分からなりたっているのである。文明史的構造からいえば、わたしはやはり、おおきくふたつの部分にわけてかんがえるのがよいのではないかとおもう。ひとつは、インド世界であり、もうひとつは、地中海・イスラーム世界である。まず、インド世界からながめてみよう。

インドを、単なるふつうの国とかんがえては、しばしばまちがいがおこる。インドは、とほうもなくおおきい国である。国のなかにも、さまざまな異民族、異種文化をふくむとともに、隣接する国ぐににも、さまざまな文化的影響をあたえているのである。それは全体として、ひとつの「世界」である。インディアン・サブコンチネント（インド亜大陸）ということばがあるが、それはまったく全体としてひとつの大陸に匹敵するようなものだ。

現代におけるインド亜大陸、あるいはインド世界の構造を概観すると、つぎのようになるだろうか。まず、中心にどっかとすわっているのは、もちろんインド共和国である。その国内にすでに、アッサムやシッキムなどの、異質な地域をふくむ。中国についで、世界第二の人口をもつ巨大国家である。そのインドを東西からはさんで、パキスタンがある。宗教がちがうとはいえ、インドとはもともとひとつの母胎からでた双生児である。これまた、人口は日本についで世界第六位の大国である。それから、北方ヒマラヤの南斜面に、ネパールおよびブータンがある。それから、南方インド洋上に、セイロンがある。これだけが、「インド世界」を構成するものとかんがえておこう。

インド世界は、多様性にとんだ複雑な世界である。とうていひとつやふたつの概念ではおおいつくせるものではない。自然についていっても、いろいろな部分をふくんでいる。気温は、概してあついことは事実だが、北と南とではずいぶん差がある。ヒマラヤかカラコラムでは、あついなどとはとんでもない。氷と雪の世界である。気温のちがいにもまして、雨のふりかたのちがいは、もっとおおきい。インド世界の東の部分は、ベンガル湾のモンスーン地帯だ。そこでは、季節風とともに雨季がやってくる。そのかわり、冬の乾季には雨はほとんどふらない。森林は、雨季にだけ緑になる雨緑林である。南部海岸地方は、年じゅう雨がふる。そこは、熱帯降雨林の地域である。中部の高原および西部は、ひじょうに乾燥している。インダス下流は、ほとんど砂漠にちかくなる。そして、そのまま「熱砂の国」すなわち中洋世界の西の部分の大乾燥地帯につながってゆくのである。

こういう環境的なちがいは、そこにすむ人間の生活にも影響をおよぼさずにはおかない。かんたんな例をあげても、ガンジス下流あたりの水田地帯と、より乾燥した地方のコムギ地帯とでは、様相がすっかりことなる。インドは、あついところで、コメをつくっている、という程度の認識ではとてもいけない。コメつくりは、どちらかといえば東南アジア的な生活様式である。

人文的にも、インド世界は一すじなわではゆかない。言語・民族のことはともかくとして、宗教についても、かんたんにはいえない。われわれ日本人が、なんとなく共感の成立を期待するのは、仏教を通じてであるが、これも、うっかりすると、あてがはずれる。インド世界で、仏教の勢力がつよいのは、ブータン、シッキム、ネパール、セイロンなどの、周辺部だけである。中核部は、インドでもパキスタンでも、仏教は問題にならぬほどのかすかな存在である。もちろん、インドはヒンドゥー教、パキスタンはイスラーム教が主力である。このふたつの国を分離するにいたった第一原理が、この宗教の問題であったことは、よくしられているとおりである。

この巻におさめた紀行文は、この多様なインド世界を、ある程度カバーすることに成功したようである。セイロンと東パキスタンが収録できなかったが、インド、パキスタンのほかに、アッサム、ブータンなどの周辺部の紀行もはいっている。

イスラーム世界

「中洋」を構成する東の部分が、インド世界であるとすれば、その西の大部分は、地中海・イスラーム世界といってよいだろう。この全集では、北アフリカのことはアフリカ編であつかわれることになっているので、この巻におさめられているのは、エジプトから東の部分についてだけである。しかし、文明のつらなりをたどってゆけば、リビア、チュニジア、アルジェリア、モロッコをへて、確実にスペインにまで達するのである。

この広大な地域の自然的な特徴といえば、もちろん「乾燥」ということである。全地域を通じて、雨はきわめてすくない。極端な地方では、数年に一ど、バラバラとふるだけだという。したがって、面積はひろいけれど、土地のそうとうの部分が砂漠、ないしは、半砂漠である。しかも、かならずしも低緯度とはいえないのに、気温はしばしばひじょうにたかい。まさに「熱砂の国ぐに」である。

人間がすみうるのは、水のある部分だけだ。水さえあれば、もともと温度はたかいのだから、生産力はおおきい。水のある部分は、いわゆるオアシスである。オアシスにのみ、人間がすみ、文明がさかえる。この地域の文明は、したがって、本質的にオアシス文明である。さいわいにして、ナイル、チグリス、ユーフラテスなどの巨大な河がこの地方を貫流していた。そして、人類史における文明の発祥地の大部分は、この地域に集中しているのである。

この地域は、現在の政治的区分からいえば、たくさんの国にわかれている。しかし、文化的には、ほぼ三つの地域にまとめてかんがえることができるだろう。第一は、イラン、アフガニスタンである。ここにすむ人たちは、ふるいアーリア族の一派である。そして、ペルシャ語がその共通語となっている。第二は、トルコである。この地域の住民は、ずっと東方、中国領およびソ連領中央アジアのトルキスタン地方の住民とおなじ系統のトルコ族である。かれらは、北部アフガニスタンにもすんでいる。ことばは、もちろんトルコ語である。第三は、アラブ諸国である。サウディ・アラビアをはじめとして、イラク、ヨルダン、シリア、レバノン、エジプト、それからさきほどあげた北アフリカ諸国につらなる。その住民は、人種的、歴史的にはかならずしも一様ではないが、いまではおなじくアラビア語をはなし、アラブ民族としての共通性を自覚している。

この三つの部分をつらねて、この地域に統一をあたえている原理は、いうまでもなくイスラーム教である。日本では、イスラーム教はもっともなじみのうすい宗教で、世界の大宗教をあげよというときに、仏教、キリスト教はあげても、イスラーム教はわすれているひとがあるくらいだ。しかし、アジア・アフリカの広大な地域にわたって、この強烈な一神教の信仰が、数億の人間の心を支配しているのである。そして、その中核部が、この中洋の西半分であるとかんがえてよい。

イスラームは、単なる個人の内面的信仰というにとどまらない。それは、その宗教を信ずるものの、生活のいっさいを支配するおきてである。法律も、風俗、習慣も、食事の種類からマナーにいたるまで、この宗教が決定する。だから、それはむしろ宗教というよりは、ひとつの文明である。それゆえに、この地域をひとつの文明圏とみなすことができるのである。

もちろん、中洋西部以外にもイスラームは分布する。西およびパキスタン、インドネシア、中央アジアなどであるが、それらの地域は、基層にある文化の性質がことなるため、やや特殊である。

強烈で、一様なイスラーム文明にかこまれて、ひとつだけ、まったく異質の国が存在する。イスラエルである。それは、いうまでもなくユダヤ教の国である。世界のユダヤ人たちの悲願によって、あたらしく建設された国であるが、よくしられているとおり、その建国はアラブ世界におおきな波乱をまきおこし、いまなおアラブ諸国との間にきびしい対立がつづいている。なお、宗教の点では、レバノンはキリスト教徒がおおい。

「中洋」の苦悩

「ヨーロッパ特急」のお客たちにとっては、中洋諸国なんて、眼中にないといったが、じつは、第二次世界大戦後は、いやでも眼中にいれなくてはならぬ事態が、続々と発生してきた。それまでは、この地域の大部分は、ヨーロッパの、主としてイギリスの支配下にあった。それが、あいついで独立したのである。いまでは、ごく一部の地域が、植民地あるいは保護領としてのこっているにすぎない。インドにおけるポルトガル領（ゴア）、イギリスの保護下にあるアデンなどがそのわずかな例である。

政治的に独立するとともに、インド、エジプトのように、国際政治においてひじょうに重要な役わりをはたす国も出現してきた。しかしなお、ほとんどがまずしく、開発のおくれた国ぐにである。あたらしい未来にむかっての、けんめいの努力とあせりも、いたるところにみられるのだ。はじめに、あんまり旅行しやすい土地ではないといったが、そのことをあまり非難してはいけないだろう。あすの建設のためには、きょうはいささか人づきあいのわるいところがあっても、それはやむをえないだろう。かれらはみんな、まずしいということ、きたないということを、ひどくはじているようにみえる。とくにイスラーム諸国を旅行すれば、はずかしいところの写真をとらせまいとする、けんめいの愛国者たちに、いたるところでであうだろう。国全体が、あたらしい国際社会の一員としてりっぱにたとうと、いわば「せいのび」をしているのだ、というふうにかんがえられはしないだろうか。

インド世界も、イスラーム世界も、じっさいに現地にゆけば、おどろくべき習慣、戸まどいする奇妙な風習が、いっぱいでてくる。そのおおくは、宗教的なものである。ヒンドゥー教もイスラーム教も、まったくいわゆる「因習」のつよさにおいては、甲乙つけがたい。われわれからみれば、まったく不合理だとおもわれ、またそれが国全体の近代化をさまたげているようにみえるのだが、それについて、われわれがあまり批判しても仕かたがないかもしれない。それは、かれら自身が身にしみてしっていることなのだ。それはみんな、ながい歴史の産物である。それは、過去においては栄光ある文明であった。しかし、現在においては、あるいは未来に対しては、むしろ重荷となっている。しかし、それはわかっていても、ながい歴史のあるものを、一朝一夕に「合理的に」あらためることなどは、できはしないのである。

きょうの世界をながめると、くろいアフリカもまた、あすの建設をめざして、いまや苦悩のまっただなかにいるようにみえる。しかし、その苦悩はいわば、歴史の欠如による苦悩である。それに対して、この中洋諸国の苦悩は、むしろ歴史の過剰による苦悩ということができるだろうか。それはしかし、中洋諸国の住民たちだけの問題ではない。われわれ自身、人類の一員という立場にたってかんがえれば、この苦悩からぬけだすことはまさに、現代の人類全体の課題なのである。

（一九六二年一月）

タイからネパールまで——学問・芸術・宗教

解説

一九五七—五八年の東南アジア調査旅行からかえってから、わたしは、数年間を無為にすごした。

その年の旅行は、一九六一年のすえになって、ようやくまた旅行にでられることになった。大阪市立大学の第二次調査隊がタイで仕事をしていたので、はじめはバンコクおよびチェンマイへいった。そのときのことは、まえにしるした『東南アジア紀行』のなかにくわしくかいてある（註1）。

そののち、わたしはひとりで、ビルマへいった。それから、東パキスタンのチッタゴン、ダッカをへて、インドにはいり、カルカッタからニューデリーまでいった。かえりに、ネパールと、もう一どビルマにたちよった。どちらも、一週間ほどの滞在であったが、いろいろと見聞するところがおおかった。かえってから、「アジアの旅から」という題で、『朝日ジャーナル』に五回にわたって紀行的エッセイを連載した（註2）。それは、本書の主題とはすこしずれがあるので、ここには収録しなかった。ここにのせたのは、おなじ旅行の印象を、べつの角度からしるしたもので、『朝日新聞』に三回にわけて連載されたものである（註3）。こちらのほうは、まだいくらか本書の主題に関連するところもあるので、ここにのせた。「学問・芸術・宗教」というサブ・タイトルは、こんどつけたものである。

(註1)　梅棹忠夫（著）『東南アジア紀行』一九六四年五月　中央公論社
梅棹忠夫（著）『東南アジア紀行』（上・下）（中公文庫）　一九七九年六月　中央公論社
（『著作集』第六巻『アジアをみる目』所収）
(註2)　梅棹忠夫（著）「アジアの旅から・一　近代化への軌跡　タイ」『朝日ジャーナル』三月四日号　第四巻第九号　通巻第一五六号　一八―二二ページ　一九六二年三月　朝日新聞社
梅棹忠夫（著）「アジアの旅から・二　ナショナリズムの行過ぎ　ビルマ」『朝日ジャーナル』三月一八日号　第四巻第一一号　通巻第一五八号　二〇―二三ページ　一九六二年三月　朝日新聞社
梅棹忠夫（著）「アジアの旅から・三　分割の悲劇　パキスタン」『朝日ジャーナル』三月二五日号　第四巻第一二号　通巻第一五九号　九六―九九ページ　一九六二年三月　朝日新聞社
梅棹忠夫（著）「アジアの旅から・四　谷間の中立　ネパール」『朝日ジャーナル』四月一日号　第四巻第一三号　通巻第一六〇号　八四―八七ページ　一九六二年四月　朝日新聞社
梅棹忠夫（著）「アジアの旅から・五　分割するアジア」『朝日ジャーナル』四月八日号　第四巻第一四号　通巻第一六一号　八四―八七ページ　一九六二年四月　朝日新聞社
以上五篇はいずれも「著作集」第六巻『アジアをみる目』に収録した。
(註3)　梅棹忠夫（著）「タイからネパールまで」（上）『朝日新聞』一九六二年二月二二

日

梅棹忠夫（著）「タイからネパールまで」（中）『朝日新聞』一九六二年二月二三日

梅棹忠夫（著）「タイからネパールまで」（下）『朝日新聞』一九六二年二月二四日

アジアの各国をおとずれて、おどろくことのひとつは、大学のりっぱなことである。タイの、チュラーロンコーン大学やタマサート大学の、屋根の色どりの鮮麗さは、たずねるものの心に、ふかくうったえるものをもっている。ラングーン大学の、広大な構内と教授のりっぱな官舎は、せせこましい日本の大学をみなれたものには、うらやましいかぎりである。内容的にはまだまだ程度がひくいと批評するひともあるけれど、教授のなかには、学問的にも人間的にもひじょうにりっぱなひとがいるし、研究も教育活動もなかなか活発である。

ただ、わたしたちからみて、やや意外でもあり、ものたりなくもおもうことは、これらの国ぐににおける、自国研究の根のあささということである。たとえば、国土の自然科学的研究というようなことも、ほとんど進行していない。タイは、さすがに林産国だけあって、森林研究はかなりすすんでいるが、一般に動物相・植物相の研究は、まだ夜あけの段階だ。それでいて、遺伝学・生化学などの近代生物学のトップ・レベルの学説は、油断なく輸入されている。

人文科学的研究においても、おなじ傾向があるようだ。たとえば、国史の研究は、一国の国民文化の根底をささえるものとわれわれはおもうのだが、国史学者がすくないのには、少々がっかりする。たとえば、ビルマの大学でビルマ史の教科書として、イギリス人のかいたものが採用されているようだ。わたしは、初期ビルマ史の権威として有名な、ルース博士というひとにあったが、このひともイギリス人だった。もっとも、おなじラングーン大学の、チョウ・テーツ博士は、最近にビルマ人によるビルマ通史の原稿を完成したということであった。

民俗学こそは、その国の学者がおおいに活躍しなければならぬ領域なのだが、その点でも、これらの国ぐにはやはりよわい。タイでは、アヌマン・ラーチャトン博士の業績がひかっているが、日本における柳田民俗学のような巨大な潮流にはなっていないようである。タイでも、ビルマでも、この方面に開拓のクワをうちこんでいるのは、やはり外人学者がおおい。

わたしは、これらの国ぐににおいて、学術研究がおくれていることをいおうとしているのではない。それどころか、タイでは、原子炉をつくる計画もあるのだから、ある面では完全に先進諸国においついている。ただ、わたしが気になったのは、それぞれの国における「国学」のよわさなのである。その点は、日本の場合とひどく事情がちがうのだ。日本の場合は、明治以前にすでに膨大な日本研究の伝統があった。自然科学の面でも、本草学の発達によって、動物相・植物相の研究の下地はできていたのである。人文科学の面では、もちろん歴史研究や古典文学研究はひじょうにさかんであったし、漢学・洋学にならんで、「国学」というジャンルは、はやくから確立していたのである。漢学にあたるものは、タイ、ビルマにもある。仏教の坊さんたちによるパーリ経典の研究はそれであろう。洋学はもちろんある。しかし、国学がよわいのである。

なぜ、これらの国で国学が発達しなかったのであろうか。植民地だったから、弾圧されたのだろう、という想像はあたっていない。タイは、ずっと独立国であって、どこかの国の植民地になったことはない。また、研究にあたいするほどの文化はないのだろう、などという推量は、もちろんまったくの的はずれである。いずれも、ふるい、充実した文化をもつ国だし、われわれからみれば、まことに価値ある研究対象にみちているのである。

これらの国は、いずれも、日本にくらべると、ヨーロッパとの接触がはやく、その文化的影響も、はるかにすみやかにすすんだということはある。そのために、日本のように、目を内にむけて、じっくりと国学を熟成するだけの時間的ゆとりがなかったのであろうか。

国学不在の原因はともかくとして、これらの国ぐにのナショナリズムは、このことから影響をうけているかもしれない。日本の場合、明治以後、いまにいたるまで、日本ナショナリズムを根底においてささえているものは、国学の伝統をひく、日本文明の特殊性の自覚である。そこでは、ナショナリズムは、内側に根をもっている。しかし、東南アジア諸国のナショナリズムは、はげしいものがあるけれど、それはむしろ外からの圧力に、そのおもなエネルギー源をもっているのかもしれない。妙ないいかただが、これらの国のナショナリズムがなかなか「右翼化」しないのは、国学の未発達のせいではないだろうか。

二

東南アジアからインド亜大陸にかけての、それぞれ国情のことなるさまざまな国ぐにを、ひとまとめにしてかたることを、わたしはこのまない。しかし、これらの国ぐにをとおして旅行してみると、いやでもひとつの共通点が存在することに気がつかざるをえないことを、白状しなければならない。正確にいえば、これらの国ぐにに、共通のものが「ある」のではない。「ない」のである。なにが「ない」かといえば、それは、美術というものがないのである。それも、絶望的な程度に「ない」のである。

美術に類するものがいっさい存在しない、とはいわない。しかし、われわれの国なんかにくらべたら、はなはだしく美術にとぼしいことは、否定すべくもない。役所へいっても、個人の邸宅をおとずれても、日本ならば当然なにかが存在するはずの空間や壁面に、なんにも存在しないのである。たまに、在留日本人やヨーロッパ人の家庭などを訪問すると、やはりちゃんと、あるべきところに絵やなんかがかかっていたりして、なにかひどくなつかしいものにめぐりあったような気になる。

これらの国にも、ふるいものならあるのである。アンコールのながれをくむクメール系の文化をあげるまでもなく、中世において、東南アジアはみごとな造形をうんだ。インド彫刻のすばらしさは、いうまでもない。躍動するヒンドゥーの神がみの群像は、われわれを完全に圧倒しさる。絵画においても、克明なミニチュアの作品群は、わたし自身は美的に評価しかねるけれど、それはそれで、ひとつの芸術的エネルギーの結晶であることはいうまでもない。

しかし、現代においては、それらはみんな、どこかへいってしまったのだ。どこへいってしまったのだろうか。現代の美術家たちは、どこにいるのだろう。そして、現代美術は、どこにあるのだろう。

じつは、そういうものはみんな博物館へいってしまったようだ。わたしは、カルカッタの博物館で、ふるい神像の模写をしている画学生らしい人たちをなんにんもみた。また、ラングーン博物館の二階に、現代ビルマ作家の作品があつめられているのをみた。いいのもあるけれど、おはなしにならぬ作品もいっしょにならんでいる。いずれにせよ、皮肉ないいかただけれど、これらの国ぐにでは、現代美術も、現代美術家も、博物館のなかに存在しているのである。ふるく巨大な美の体系は、歴史としては存在しても、いきた伝統としては存続しえなかったのであろうか。

みんなわかい国だ。国家の成長とともに、芸術家たちの今後の成長を期してまつべきだ、という見かたもあるだろう。しかし、この問題は、そのような単なる先進・後進の関係では、わりきれないかもしれないという気がする。われわれ日本人の価値体系のなかでは、いろいろある価値のうち、美的価値というものがそうとうにたかい地位をしめているのだが、これらのアジアの国ぐにでは、すくなくとも現代では、そういうことになっていないのかもしれないのである。美的価値のかわりに、宗教的価値とか、あるいはもっと現実的な価値が優位をしめるようになっているのではないだろうか。それなら、いくらまっても、われわれに接近してくることはない。

希望を未来につなぐかどうかは別として、現実に美術が貧弱だということは、われわれにとっては、やはり当惑のたねである。文化の、国際的交流ということは、もとよりのぞましい。しかし、たとえば日本と東南アジア諸国との現代美術の交流などということは、あまり期待がもてないような気がする。世界を花の輪につなぐためには、ひもはおおいほうがよい。芸術は、スポーツなどとともに、国境をこえて世界をむすぶための、有力なひものひとつになりうるものなのだが、それがこの場合、あまり有効でない、ということである。アジアにおける国際的な関係が、ともすれば政治的関係一本にかたむきやすいのは、原因のひとつはこういうところにあるのかもしれない。

芸術の、いろいろなジャンルのなかで、まだしも見こみがあるとおもうのは、舞踊である。タイでも、ビルマでも、インドでも、おどりはいきている。そして、それぞれに固有の技法と体系をもっている。これは、交流が可能である。もっとも、日本で上演ということになると、日本の観客はこういうものについてはずいぶんすれっからしだから、日本のステージにのせるには特別のくふうと洗練が必要であろう。

インドネシアのガムラン舞踊団が日本へきて、ひじょうな感銘をあたえられたのは、昨年のことだった。先日、わたしがラングーンにいたとき、中国から大挙してバレー団がやってきて、市民の人気の的になっていた。舞踊は、すでにアジアにおけるひもの役わりを有効にはたしつつあるようである。

三

アジアには、いろいろな宗教がある。タイとビルマは、小乗仏教すなわちテーラワーダ仏教だ。東パキスタンにはいると、すっかりイスラーム教徒である。インドはもちろんヒンドゥー教徒がおおいし、ネパールはヒンドゥー教と大乗仏教(ラマ教)である。

人類史のなかでも、過去一〇〇〇年間ほどは、人類が全体として、宗教というものにひどく熱心だった時代である、ということができるであろう。人類は、そのあいだに、おびただしい数の宗教的施設をつくり、のこした。わたしは、こんどの旅行では、できるだけ歴史的遺跡をたくさんみるようにつとめたが、その大部分は、けっきょく、その間にたてられたいろいろな宗教のお寺であった。なかには、もっとふるい時代にできたものもある。

ネパールのカトマンドゥ盆地には、ヒンドゥーのお寺がたくさんあって、それをずいぶんいくつもみた。そのうちのあるものは、一五世紀のマッラ王朝時代にまでさかのぼれるはずなのだが、ふしぎなことに、みた目にはじつにあたらしいのである。まるで、つい最近にたったばかりのように、あざやかな色でいろどられている。きいてみると、ふるくなって、よごれてしまったから、最近にぬりかえたのだという。そばに、ぬりかえないままの、ふるい塔があった。われわれがみると、その、ぬりかえないままの建物のほうが、はるかに崇高にみえる。しかし、これもまもなくぬりかえる予定だという。せっかく時代色がついているのに、おしいことだとわたしはおもった。

ネパールにかぎらない。宗教はいろいろだけれど、おなじようなことは、よそにもいくつもみられた。ビルマの古都パガンには、一三世紀以前の仏塔が数千ものこっていて、すばらしい一大史跡であるが、そのなかのかなりのものは、完全に修復して、まっしろくぬりたてて、できたばかりのような外観になっている。もちろん、寺はいきていて、たくさんの人びとがおまいりしている。

やはりビルマのことだが、ペグーの近所で一九世紀末に、鉄道工事の際に、ジャングルのなかに妙な形の小山がみつかった。ほってみると、これが、一〇世紀につくられた巨大なおシャカさまの寝姿だということがわかった。これもいまでは完全に修復されて、ツルリとした顔の、とてもきれいなおシャカさまの像が、鉄骨の屋根の下によこたわっている。わたしたちの宗教的感覚からすれば、これはあまりにもなまなましすぎて、ついてゆけない気がする。

日本なら宗教施設は、苔むすほどふるびたほうが、ありがた味をます。アジアの国ぐにでは、苔むしたらおしまいだ。苔をとりさって、うえに絵の具をぬる。上ぬりはてりはえても、底びかりということは、ついにないのである。

これは、どういうことなんだろう。これらの国の人びとの、宗教的情操の低級さをわらってはいけないだろう。われわれにとっては、宗教もまた歴史的存在である。だから、寺も、うつろい、くちて、ほろびるものである。しかし、これらの国の人びとにとっては、宗教は超歴史的存在なのだ。だから、寺は、神は、仏は、つねに不滅である。それはくりかえし再生し、つねにあたらしくなければならないのであろう。

このようにかんがえれば、かれらにおいてこそ、宗教はほんとうにいきているのである。くずれかけたパゴダ(仏塔)に美をみつけてよろこぶようなわれわれこそ、宗教的感動と美的享楽とを混同する低級な人間であろう。

日本の場合についていえば、わたしは、伊勢神宮が二〇年ごとに、あたらしくたてなおされるという慣行は、このことと関係があるのではないかとかんがえている。伊勢の神はいきているのである。いきている神のすまいは、つねにあたらしくなければいけない。それは、苔むしてはいけないのだ。

もう一ど「タイからネパールまで」の話にもどるが、それらの国で、もうひとつ気のつくことは、公共施設や機械類のふるぼけていることである。こういうものは、補修がわるいために、寿命のみじかいことあきれるばかりである。手いれをしないものだから、機械はすぐさびついてうごかなくなり、建物は雨もりがして、ほんとに苔がはえてくる。日本では、宗教施設には苔がはえていても、機械類はいつもピカピカにみがかれている。いきているものの種類は、やはり、国によってことなるのだ、ということをしらなければならないようである。

（一九六二年二月）

比較宗教論への方法論的おぼえがき

解説

「文明の生態史観」や「新文明世界地図」というようなものを発表してしまった以上は、そのかんがえかたにもとづいて、比較宗教論、比較コミュニケーション論、比較商業論などという、個々の比較文明論を具体的に展開することは、わたしの義務であると、自分自身ではかんがえていた。そのつもりで、勉強もし、資料もあつめ、草稿のようなものはいくつもできたが、いろいろなつごうで、ものにならないままですぎてしまった。

そのうちにわたしは、京都大学アフリカ学術調査隊の一員として、アフリカで仕事をすることになり、一九六三年の夏にタンガニイカにわたった。そこで、翌年の春まで、主としてサバンナにすむ牧畜民の研究に従事したのである。わたしはそのとき、比較宗教論に関するメモを、アフリカまでもっていった。そして、調査のひまをみて、原稿をかいた。こうして、アフリカのキャンプでできたのが、この「比較宗教論への方法論的おぼえがき」である。前半は、タンガニイカ湖畔のカボゴ基地の小屋でかき、後半は、エヤシ湖畔のテントのなかでかいた。いずれ、この方法論にしたがって、具体的な比較宗教論を発表したいとかんがえている。

この方法論の部分は、けっきょく、『人文学報』第二一号に掲載された（註）。学術論文として執筆したものであるから、本書の、ほかのエッセイとはすこし調子がちがう点もあるが、「文明の生態史観」以来の、わたしの持続的な関心のありかたをしめすものとして、そのままの形で、ここに収録することにした。

（註）梅棹忠夫（著）「比較宗教論への方法論的覚え書き」『人文学報』第二一号　一一八ページ　一九六五年一二月　京都大学人文科学研究所

I 宗教への生態学的アプローチ

生態史観の延長

人類の文明史をかんがえるにあたって、その起源と発生を論ずるときには、ほとんど例外なく、その発生地の環境条件について、ふかい考慮がはらわれる。すなわち、いわゆる生態学的手法がとられるのがふつうである。ところが、その後の文明の発展については、かならずしもそのような方法がとられていない。それは、なぜだろうか。

科学の立場から人類の歴史を理解しようとするとき、生態学は、ひとつの効果ある方法を提供できるのではないかと、わたしはかんがえている。生態学の成果と方法をとりいれて、歴史現象を理解するこころみは、すでにまえから部分的にしばしばおこなわれていることであるが、なおいっそうそれを多面的にすることによって、おおくのあたらしい視点と、問題解決のきっかけを得ることができるであろう。

まえにわたしは、「文明の生態史観序説」という小論をかいた。それは、そのような生態学的な見かたを人類の歴史に全面的に適用して、いわば生態学的歴史観ともいうべきものが成立しうるのではないかとかんがえ、その可能性をさぐろうとしたものであった。それは、きわめておおまかな仕かたで、わたしのかんがえをのべたものにすぎなかったが、そのこころみに対しては、たくさんの人たちから、賛否さまざまの批判をうけたのであった。

そのとき、理解の対象としてとりあげた「歴史」は、けっして人類史の全般にわたるものではなく、地域的にも、時間的にも、おおくの限定をもっていた。また、複雑な人類文明の諸様相について、多面的に検討してみたわけでもなかったのである。その歴史観の適用範囲を時間的・空間的に拡張し、内容を多面化することは、いわば第二段の仕事として、論じのこしたままになっているのである。ここでは、そのような延長作業のひとつとして、人類史における宗教の問題をとりあげて、二、三の方法論的考察をおこないたいとおもう。

宗教の生態学

生態学的歴史観――つづめていえば生態史観にたつとき、われわれは、歴史における宗教を、どのように理解することができるか。

ただし、これは、「文明の生態史観」を前提とし、その延長線上に問題を設定したものであって、じっさいは、生態学的観点というものは歴史観に限定されるはずのものではなく、宗教は歴史においてのみあるものではない。いっそう一般的な形で問題をのべると、こうなる。われわれは、宗教という現象を生態学的観点からどのように理解することができるか。そういう意味では、いまの問題は、生態学的比較宗教論、ないしは、こういういいかたがゆるされるとすれば、宗教生態学へのこころみということになるであろう。歴史における宗教の問題は、その一部として理解することができる。

いまここで、宗教生態学を建設しようという野心はない。また、生態史観にもとづく世界宗教史論を全面的に展開しようというつもりもない。そういうことは、たくさんの具体的な個別研究のつみかさねのうえでないとできないことだ。ここではただ、それらの個別研究にさきだって、二、三の方法論的問題を提示してみようとおもうのである。

従来の比較宗教学的研究においては、それぞれの宗教の、神観、世界観、救済観などの教義内容とともに、それぞれの儀礼、宗教的慣習などが、研究対象としておもにとりあげられた。ここでは、それらの問題をふくみつつ、いっそうひろく、宗教を人類の生活現象の一部とみなして、宗教と環境、あるいは宗教と土地との関係について考察する方法をかんがえてみよう。いっそう具体的にいえば、宗教の発生・成立・伝播・消滅などの現象に関する諸条件を、他の生活現象との関連においてかんがえてみようというのである。

宗教の人類進化史的意味

人類の生活現象の一部として、宗教を生態学的にあつかおうというのは、じっさいはかなりむつかしい仕事である。人類は、その進化の歴史を通じて、たとえば、狩猟・採集、農耕・牧畜などの生産と消費の様式、あるいは多様な社会制度など、そのほかさまざまな文化を発展させてきた。しかし、そのおおくのものは、相互の関連をみいだすことがかなり容易であるし、環境との相互規制を推定することも困難ではない。それに反して宗教は、人間のもっとも内面的な現象とかんがえられているように、生活体としての人間の外部においておこる諸現象との相互連関は、追求することがかなりむつかしい。

宗教については、じつは根本的なことがよくわからないのである。宗教は、人類の生活現象のひとつとしてみた場合、人類にとって、いったいどういう意味をもつものであろうか。

ここで、宗教一般について、その哲学的な本質論を展開するつもりはまったくない。ここでとうているのは、宗教の人類史的意味、ないしは人類進化史的意味である。人類誕生以来の進化の歴史のなかで、宗教というものは、どのようにして発生し、どのような機能をはたしてきたか。

一般に起源論というものはたいへんむつかしいものだが、とくに宗教についていえば、いったいどういうわけで、こんなものが発生したのか。

宗教の起源については、有名なタイラーのアニミズム説をはじめ、たくさんの説が提出されているけれど、それらの説は、宗教の相対的な原初形態についての推定をこころみたものであって、その絶対的な起源については、いまのところ、なにひとつたしかなことはいえないのである。したがって、たとえば「サルに宗教があるか」というような、一見ばかばかしい設問も、まったく意味をもたぬわけでもない。霊長類の社会生活についての研究は、近年めざましい発達ぶりをみせているが、サルに宗教が存在することをしめすような観察例は、まだえられていないようである。しかし、この問題は、霊長類研究の発展とともに、今後どういう展開をしめすか、まったく予想がつかない。

起源のことをいえば、「言語」という現象もまた、その起源がわからないもののひとつである。しかし、これはまだしも、とりくみやすい面をもっている。シンボル作用そのものは、動物においてもみとめられることであるし、これもやはり最近の霊長類の社会の研究からも、音声言語の発達について、いくらかの光がなげかけられている。それに、言語については、声帯の発達とか、大脳における言語中枢の発達などの、いわば実体的な諸現象の裏づけがあるために、とにかくもそれを進化史の文脈のなかにくみいれて理解することができたのである。たとえば、言語をもたぬ状態よりは、言語をもった状態のほうが、あきらかに進化している。その発生の経過は実証的にはわからないけれど、言語というものの人類進化史上の意味は、うたがいようがないほどあきらかである。

そういう点でも、宗教というものは、わけがわからないのである。大脳における「宗教中枢」というようなものが発見される見こみは今後ともない。だいたい、宗教をもたない状態よりも宗教をもった状態のほうが、たしかに進化しているといえるのかどうか、たいへんうたがわしい。あるいは、宗教というものは、人類にとってたしかに必要なものなのか。今日、言語のない社会などというものはかんがえることもできないが、宗教のない社会というものはかんがえることができないのかどうか。

あるいは、つぎのような問題をかんがえてみてもよい。宗教は、人類史のある段階において発生し、一定の機能をはたしたのち、やがては消滅するものであろうか。あるいはまた、さまざまに変容しつつ、人類の存在とともに存続しつづけるものであろうか。

こういう、宗教についてまったく本質的ともいえる点が、いっこうにわからないのである。しかし、これらの問題については、たしかな解答を保留したままで、なおかつ、われわれは宗教と他の生活現象との関連を追求することが、ある程度できるはずである。

シャーマニズムと上天神信仰の場合

宗教はつねに社会的なものであり、その発生・展開などの諸条件というのも、けっきょくは社会的諸条件のことではないか、という見かたもありうる。それならば、宗教と社会との相互規制をとりあつかうのは宗教社会学であって、ことさらに生態学は必要ない、ともいえる。しかし、じっさいは宗教の発生・展開・伝播・衰滅などの諸条件は、かならずしも社会的とばかりはいえないとおもわれる。一般に、人類史上のさまざまな現象が、かならずしも文化現象とばかりはいえないのであって、環境に対する身体的適応によっておこるような現象もすくなくないのである。宗教の場合も、それに似た面がないわけではない。たとえば、北方森林地帯にひろくみられるシャーマニズムの起源を、極北ヒステリーで説明しようとする説がある。極北ヒステリーそのものの生ずるメカニズムはわからないし、文化的・社会的な側面をみとめることができないわけではないが、やはりそれは、特定の環境に対する、人類の脳神経生理学的な適応ないしは不適応というとらえかたがいっそう適切であろう。そこでは、心理学的側面とともに、「極北」という特定の環境に対するふかい理解を必要とするのである。

また、シュミット以来よくいわれていることであるが、牧畜民における原始信仰は、非人格的な上天神信仰であるという。もしそうならば、なぜそうなるのか。この場合も、遊牧民社会の社会学的諸事実よりも、遊牧民の生活を規制する生態学的諸事実のほうが、いっそう密接な関係をもっていそうなことは、たやすく想像できる。この場合も、牧畜民における乾燥地帯の環境的諸条件と上天神信仰が、具体的にどのようなかかわりあいかたをしているのか、まったくわからないが、すくなくともそこにだいじな問題がひそんでいそうなことだけはたしかなようである。

そのような、環境との関連をもじゅうぶんに考慮にいれて、人類の全生活体系の一体的な把握のうえに、宗教をもかんがえてみることが必要であろうといっているのである。

人類の、身体的・文化的諸特性を一体的に把握するという立場は、人類学のものである。宗教の科学的研究としては、宗教心理学・宗教社会学のほかに、宗教民族学ないしは人類学的宗教学が存在して、すでにおおくの成果をあげている。たとえば、さきにあげたシャーマニズムや上天神信仰の問題も、すでに人類学の問題として論じられてきたものであった。その意味においては、わたしがここにその必要性をといている宗教の生態学的研究というのは、じつは宗教の人類学的研究というのと、おなじことになるのではないか。わたしは、理論的にはそうだとおもう。あるいは、宗教の人類学的研究は、そのような総合的な立場をとることによって、その特色を発揮できるのだとおもう。ただ、人類学においては、伝統的に、その研究対象として主として未開民族がとりあげられてきた。宗教を問題にする場合にも、そこで論ぜられてきたのは、さまざまな精霊信仰、トーテミズム、マナイズムなど、主として未開民族の信仰にかぎられていて、いわゆる高等宗教はまったく考慮のそとにおかれていた観がある。いま、人類史全体のながれのなかで宗教現象をただしくとらえるためには、もちろんいわゆる高等宗教を問題にしなければならぬことはいうまでもない。伝統的な人類学のわくをこえることが必要であろう。

II　疫学アナロジー

伝染病との対比

宗教の本質はともかくとして、宗教を人類の生活現象の一部としてみた場合、方法論的に有用とおもわれるひとつのアナロジーをあげることができる。それは、これからあとの議論をすすめてゆくうえに、おそらくはしばしば有用なヒントをあたえてくれるであろうとおもわれる。

宗教のアナロジカルな現象として、ここにあげたいのは、病気、とくに伝染病である。宗教はもちろん病気ではない。しかし、その外的側面をみるかぎり、宗教と伝染病とのあいだには、かなりの類似点がある。伝染病の病気には、いくつかの要因が存在するが、宗教にも、ほぼそれにみあう要因をみいだすことができるのである。それをつぎに列挙してみよう。

第一は、病原体の存在である。バクテリアであれウイルスであれ、なんらかの病原体が存在しなければ伝染病は成立しない。おなじように、高級なものであれ低級なものであれ、なんらかの宗教的観念あるいは行為というものが伝達されなければ、宗教は成立しない。

第二に、流行病の場合には、病原体を広範囲にまきちらさなければ流行病は成立しない。宗教の場合も、特定の宗教的観念の伝播者の存在によってひろまる。それは、予言者や教祖のこともあるし、それにしたがうおおくの使徒たち、あるいは司祭者、僧職などの伝播の専門家であってもよいし、その宗教的観念の単なる保持者——いわば保菌者——であってもよい。

第三に、伝染病は、病気によるけれど、体内への病原体の侵入によってかならず発病するとはかぎらない。個人の健康状態によってかなりの差がある。宗教の場合も、特定の宗教的観念に感染しても、その個人がその宗教にそまるとはかぎらない。

第四に、伝染病の蔓延におけるおおきな要因は、社会である。社会構造、その居住様式、衛生状態、組織などが決定的な役わりをもっている。宗教の場合も、まったくおなじである。

第五に、伝染病の場合は、社会的要因をもつつみこんで、そのいっそう基礎的な条件として、一般的な環境条件をかんがえなければならない。たとえば、気候とか、水利とかの問題である。宗教の場合もまた、おそらくはおなじような広汎な環境条件の役わりもかんがえなければならないだろう。

精神の疫学

病気を基礎的に研究するのにも、いろいろな接近法がある。病原体の性質をしらべるのは、細菌学あるいはウイルス学であり、あるいは寄生虫学である。宗教研究の場で比較対照物をもとむれば、教義・儀礼などの宗教的諸観念の研究がそれにあたるだろう。つぎに、病気であることによって体内にどのような変化がおこるかを研究するのが病理学である。それは、一種の身体的体験の客観的研究であり、その意味において、宗教研究における宗教心理学に対応するものとかんがえてよいであろう。

医学における基礎的な研究方向としても、もうひとつ、疫学 epidemiology の存在をあげなければならない。それは、病気とくに流行病・寄生虫病の、発生・伝播・消滅に関係ある各種条件を研究する学問である。流行病・寄生虫病などの伝播には、社会的条件がおおきく関与していることはいうまでもないが、さらに、社会的条件をふくみつつ、それをこえた、一般環境条件も無視することができない。さらに、そのようないわば外的条件のほかに、各個人の内的条件も存在する。疫学は、病気というものを、そのようなさまざまな要因の総合的観点からみようとするものである。

さきに、宗教の生態学的研究というものは、宗教の発生・伝播・消滅に関する外的・内的諸条件を、総合的に研究するものでなければならぬことを論じた。それはちょうど、病気の研究において、疫学がはたしている役わりに対応する。その意味では、宗教生態学はいわば宗教の疫学的研究であるといってよいし、あるいは、精神の疫学といってもよい。そして逆に、疫学は病気の生態学的研究であるといってもよい。じっさい、疫学はすでに一般に医生態学 medical ecology の名でよばれているのである。それは、生物生態学の諸理論の直接の応用とはいえないけれど、そのかんがえかたと研究方法においては、たしかに、共通の生態学的手法でつらぬかれているものとみることができる。

エピデミックとエンデミック

疫学 epidemiology は、もともと「流行性（epidemic）の」病気を研究の対象としたものであった。流行病というのは、風土病すなわち endemic な病気に対する概念で、後者が、ある局限された地方に長期にわたって持続的にみられるのに対して、前者は、短期間に急速に伝播するのを特徴としている。エピデミックな病気というものは、風土とか民族とかにあまり関係なしに、だれもかれもかかる可能性がある。コレラ、ペストなどはその好例である。環境による伝染力の差がすくないだけに、もっとも厳重な防疫対策を必要とする種類の病気である。エピデミックの型のもっともはげしいものは、パンデミックといわれる病気である。一九一九年の「スペインかぜ」などはその例で、全世界的な流行をみせるものである。

逆に、エンデミックの病気は、特定の土地あるいは環境にふかくむすびついている。ある土地においては、持続的に発見されるけれど、それが、急速に他の土地にひろがるということはない。広島県の一部にみられる片山病とか、熱帯におけるマラリアなどがその例である。

しかしながら、病気におけるエピデミックとエンデミックの差は、じつは相対的なものにすぎない。また、両者は条件次第で相互に転換することがおおい。ある地方にむかしからエンデミックにあった病気が、突然にひろい地域にひろがったり、ある時期に世界的に流行したエピデミックないしはパンデミックな病気が、一地方に「土着」してエンデミックな病気になるという例もある。

このような、エピデミック、エンデミックという概念は、おそらく宗教研究においても有用であるにちがいない。宗教においても、あきらかに、一地方の特殊な環境条件とふかくむすびついたエンデミックな宗教が存在するとともに、世界のおおくの地方をまきこむようなエピデミックな性質の宗教もある。しかも、その両者の区別は、宗教の場合も、もちろん相対的で、両者は条件しだいで相互に転換しうるものである。われわれは、宗教の歴史において、一地方の特殊な宗教が、突如としてひろい地域の人びとのあいだにひろがった例や、かつては広大な地域におこなわれた宗教が、今日ではごくちいさな地域に残存物として存在しているにすぎない例を、いくつもみることができる。

疫学は、今日においては、もとよりエピデミックの病気の研究に限定されるものではない。エンデミックの病気をもとりあつかい、また、エピデミックとエンデミックの相互転換の条件を探求する。宗教の生態学もまた、それを目ざすべきであろう。

流行病にせよ風土病にせよ、バクテリア、ウイルス、寄生虫などによる、いわゆる伝染性の病気をかんがえやすいが、今日の疫学の対象は、さらにひろく、非伝染性の病気をふくめている。場合によっては、頻発する災害、事故などに対しても、疫学的方法は適用される。それらが頻発するには、それだけの原因ないしは条件が存在するのであり、その条件をあきらかにすることは、疫学の仕事である。あるいはまた、伝染性か非伝染性かあきらかでない病気に対して、疫学的研究方法を適用した結果、その病気の正体をあきらかにすることに成功したという例も、いくつも存在する。

宗教の場合も、宗教はつねに伝染性のものであるとは断言できないであろう。それは、一定の条件のくみあわせのもとでは、独立に、しかも同種のものが頻発する可能性がある。たとえば、さきにあげた北方諸民族におけるシャーマニズムの場合であるが、その中心となっているシャーマン的人格の発生は、あんがい北方諸地域におけるクル病の多発と相似的な現象であるかもしれない。クル病は、よくしられているように、紫外線の不足を主要因として、他の条件のくみあわせによっておこる。シャーマン的人格も、なんらかのそのような北方的諸条件のくみあわせによっておこるのかもしれない。この場合、もちろん、シャーマン的人格の発生の原因を問題にしているのであって、文化現象としてのシャーマニズムの起源をいっているのではない。シャーマニズムそのものは、シャーマン的人格の存在を前提として、それに、おどり、口よせ、そのほかさまざまな文化的現象がつけくわわって形成されたものである。それはちょうど、クル病の患者には、病気そのものの存在を前提として、その行動の仕かた、その社会的な立場などが、民族によってことなる文化的付加物として、つけくわわっているのに似ている。

病気と宗教

以上、宗教を病気との対比において論じたが、それは、宗教をもって病気の一種とかんがえようという意味ではない。宗教の信者においては、もちろんなんらの器質的な障害はみとめられないし、また、流行性精神病の一種とみなすことさえ、今日の医学の常識からいって、病気という概念をあまりにも拡大解釈しすぎるということになるであろう。宗教が、人類の存在にとって、なんらかの意味で正常ならざるもの、病的なものであるかどうかは、宗教というものの人類史的意味がもうすこしはっきりしてからでないと、なんともいえない。そしてそれは、さきに論じたとおり、人類史の現段階においては、まだ結論はでないようである。

宗教は、いまのところ病気の一種とはかんがえられない。しかし、宗教と病気とは、あるいは、単なるアナロジー以上のつながりをもっているかもしれない。現在のわれわれの常識では、宗教は精神にかかわるものであり、病気は、精神病をふくめて、肉体にかかわるところのものであると了解している。しかし、かつては、そうではなかった。病気は、かならずしも肉体的現象とはかんがえられていなかったのである。日本においても、九、一〇世紀における怨霊思想の横行にみられるように、精神的なるものが疫病流行の原因とかんがえられた。今日においても、アフリカ諸民族のあいだにひろくみられるように、病気は、なんびとかののろいによって発生しうるのである。それに対して、治療の方法も、単なる肉体的医術のほかに、呪術によるいわば精神的医術が存在しうるのである。

こういう例をあげると、宗教と呪術を混同するものであると批判されるかもしれない。たしかに、呪術は実利的・手段的であるのに対して、宗教は、より非実利的・自己目的的な性格をもつ。そしてまた、フレイザーのように、呪術の挫折において宗教の起源を説明しようという学説も存在する。それにもかかわらず、現実においては、呪術と宗教との区別はしばしばきわめて困難であり、いわゆる高等宗教さえも、そのなかに呪術的要素をなにほどかはふくんでいるのがふつうである。そして、その呪術というものが、病気の原因ないしは治療法・予防法とかんがえられていたのであって、ここに、病気と宗教とのふかい関係の一面をみることができる。

疾病史と宗教史

じつは、呪術をもちだすまでもなく、たいていの宗教は、その発生の端緒において、すでに病気と関係していることがおおいのである。それは、仏教やキリスト教のような、世界的大宗教といえども例外ではない。カピラヴァストゥの王子ゴータマ・シッダルタが、王宮の生活をすてて山林にはいり、仏教を創始するにいたった直接の動機のひとつは、外出のときに病気の人間をみたからである。キリストの場合、その一代において、かれのおこなう奇蹟によって、おおくの病人が治癒しているのである。

宗教という現象をささえる内面的条件のひとつとして、病気というものが存在することは、うたがいをいれない。病気は、その場合、身体的というよりは、内的・精神的な体験としてとらえられているのであって、そのかぎりにおいて、内的・精神的な体験としての宗教と、同列にならんでいるのである。その点に着目すれば、宗教という現象は、人類の精神構造において、病気の裏がえし現象であるという見かたもなりたつであろう。

そのことを、さらにべつの面から考察してみよう。これは、まったくの作業仮説にすぎないのであるが、疾病《しっぺい》史と宗教史とのあいだには、なんらかの関係が存在するのではないだろうか。人類の歴史において、疾病史という分野は、まだまったく未開拓で、断片的な歴史事実がしられているにすぎないが、もし系統だって研究がすすめられた場合には、疾病とくに流行病の蔓延と宗教の急速な普及・興隆とのあいだに、なんらかの関係が存在することがみつかるかもしれない。

日本の例でいえば、京都の祇園祭は、あきらかに悪疫退散の祈願の祭であったという。京都における祇園会《ぎおんえ》および今宮会《いまみやえ》などはいずれも、いわゆる御霊会《ごりょうえ》であって、その起源はともかくとして、それが京都の市中において中世以来さかんにおこなわれるようになった現象の裏には、都市生活にともなう悪疫の流行とそれに対する市民の恐怖があったのである。他の国における事例を、いまあげることはできないけれど、ヨーロッパにおいても、各地方におけるペストその他の疫病の流行、消滅と、キリスト教の盛衰とのあいだには、なんらかの関係がみつかるかもしれない。

こういう点をかんがえあわせると、はじめに、宗教と病気とのアナロジーをかんがえ、宗教生態学と疫学との併行をかんがえたが、それは、かならずしも表面的な類比におわらないかもしれないのである。宗教生態学は、じつは、いっそう拡張された形での、疫学の一分野とかんがえることさえできるのかもしれない。この点についてのくわしい研究は、べつの機会にゆずらねばならない。

Ⅲ　ベナーレスとイェルサレム

最初説法の地

つぎに、土地と宗教との関係について考察をすすめるために、具体的な事例として、古代におけるふたつの大宗教の発生地、ガンジス河谷とイスラエルとをとりあげて、若干の比較考察をおこなってみよう。

まず、ガンジスの場合である。ガンジス川のほとり、ウッタル・プラデーシュ州ベナーレス市の郊外に、サールナートというところがある。そこには、アショーカ王の石柱をはじめ、巨大な仏塔、あるいは僧院のあとなどがあって、そこがむかしは仏教の一大中心地であったことをしめしている。

サールナートは、仏教の発生の地である。もっとも、ブッダがさとりをひらいたのはここではない。それは、ブッダガヤーの菩提樹のしたであったとつたえられている。ブッダガヤーは、いまはボドガヤーとよばれ、ずっと東、ビハール州ガヤーの郊外にある。そこにも、有名な大塔をふくむ寺院の遺跡があって、ブッダがそのしたにすわっていたといわれる菩提樹もうえつがれ、幾代目かの子孫が、いまもしげっている。

ブッダは、ブッダガヤーでさとりをひらいたのち、西にむかい、ミガダーヤすなわち、鹿野苑《ろくやおん》において、最初の説教をおこなった。いわゆるベナーレスの最初説法、初転法輪である。その鹿野苑が、いまのサールナートにほかならない。

仏教では、むかしから四大聖地をかぞえあげる。第一は、ブッダ誕生の地ルンビニーである。第二は、成道の地ブッダガヤーである。第三は、初転法輪の地サールナートである。第四は、入寂の地クシナーラーである。これらの聖地に対しては、はやくから仏教徒の巡拝がおこなわれた。サールナートも巡礼の目標地のひとつであり、古代仏教の一大中心としてさかえたのであった。七世紀前半における唐の僧、玄奘も、もちろんここをおとずれて、そのさかんなありさまをかきのこしている。

インド仏教の運命

さて、ここでは、今日のサールナートについてしるすのが目的である。今世紀初頭、遺跡の発掘がすすみ、僧院あとなどの保存、維持もよくおこなわれるようになった。アショーカ王の石柱の、獅子柱頭など、みごとな芸術作品をふくむかずかずの発掘物は、その場所に付設された博物館におさめられている。

サールナートには、インド仏教徒の組織であるところのマハーボディ・ソサエティ（大菩提協会）の、うつくしい寺がある。その内部には、ブッダの生涯をあらわした壁画がある。日本人仏画師のえがいたものである。また、その寺にちかく、まったく中国ふうの寺がある。中国人仏教徒の建立にかかるものである。また、そのまえに僧の宿舎があるが、そのあたりを黄衣のビルマ僧たちがゆきかう。

サールナートの現状は、今日のインドにおける仏教の運命を象徴しているかのようである。そこには、古代の栄光をしめす遺跡は存在するけれど、現代の活動をしめすものは、あまりにも貧弱である。存在するのは、日本の壁画であり、中国の寺であり、ビルマの僧である。仏教をうんだインドにあって、しかもその一大聖地にあって、存在するもののおおくが外国のものである、というのは、どういうことであるか。インド仏教は、どこへいったのであろうか。

じっさい、インドは仏教をうんだ国ではあるが、現代のインドにおいて、仏教のしめる位置はあまりにもちいさい。インド仏教の現状については、日本では知識階級に属する人たちでさえ、きわめてしばしば、正確な認識が欠けているのがみられる。たとえば、インドの総人口のうち、仏教徒のしめる比率は何パーセントほどになるか、という質問に対して、ただしい答をあたえうるひとは、ごく少数であろう。なんにんかの人びとに質問をこころみたところによると、おおい場合には三〇パーセント、すくない場合でも五パーセント程度の答がふつうである。しかし、現実には、インド仏教徒は、実数にしてせいぜい十数万、比率にすれば、全インド人口の〇・一パーセントにもみたないのである。インドにおいては、仏教はすでに存在しないのも同然、という状態にまできているのである。

ヒンドゥー教の聖地

サールナートはベナーレス市の郊外にある。慣習的に、ベナーレスと英語ふうなよびかたをするけれど、今日でもたとえば空港の玄関には、ヴァーラーナシー Varanasi とある。ふるいサンスクリット名を復活したのである。町は、紀元前から存在するふるいインドの町である。

ヴァーラーナシーは、ヒンドゥー教の七つの聖地のひとつである。仏教とはちがって、ここではヒンドゥー教はいきている。市中には、おびただしいヒンドゥー寺院が存在し、全インドからの熱心なヒンドゥー教徒があつまる。ガンジスの岸には、死体をやくガットがならび、聖なる河に水浴するヒンドゥー教徒の大群衆がひしめく。郊外のサールナートの閑散さと、なんというはげしい対照であろうか。

ヴァーラーナシーとは、こういう町である。サールナートは、こういう町にあるのだということをわすれることはできない。仏教の聖地とはいうものの、それは、現実にはヒンドゥー教の洪水のなかにのみこまれそうになって、からくも存在しているのである。現代の仏教徒が、聖地の巡礼をおもいたって、サールナートをおとずれたとしても、現実に目にふれるものは、仏教ではなくて、ヴァーラーナシーのヒンドゥー教なのである。それは、仏教をうんだ国インドを、いまなお仏教国と信じているような、純真な外国の仏教徒に、一大ショックをあたえずにはおかない風景である。

サールナートの仏教は、じっさい、ヒンドゥーの波にのみこまれてしまっていたのである。サールナートが仏教遺跡としての現状を、ともかくもととのえるようになったのは、今世紀にはいってからの発掘によるものであるし、また、マハーボディ・ソサエティの活動以後のことである。一二世紀末に、インド仏教が滅亡して以来、サールナートもボドガヤーも、けっきょくヒンドゥー教徒によって占領されていたのであった。

イェルサレム占領

さて、話はまったくことなるが、十字軍はなぜおこったか？　いうまでもなくそれは、聖地の回復を目的とするものであった。

イェルサレムは、キリスト教徒にとっては、聖地である。そこは、イエスの最後の活動の舞台であったばかりでなく、その、死と復活という、イエスの生涯におけるもっとも劇的な事件のおこった場所として、キリスト教徒にとってはわすれることのできない土地である。聖地巡礼の風習はキリスト教徒のあいだにもはやくからおこなわれ、たくさんの信徒たちが、年々イェルサレムをおとずれたのであった。

七世紀の前半に、イェルサレムはイスラーム教徒によって占領された。しかしその後もキリスト教徒による聖地巡礼は、さまたげられることなくつづいていたようである。キリスト教徒にとって、決定的な意味をもつ事件は、一〇七一年のセルジューク朝トルコによるイェルサレム占領であった。ビザンチン帝国は危機におちいり、聖地巡礼団ははげしい迫害に直面したのである。

法王の聖地奪回のよびかけに応じ、第一回十字軍は一〇九六年に出発した。一〇九九年には首尾よくイェルサレムを占領し、その目的を達した。そしてそれ以来、オリエント一帯には、十字軍諸侯によるいくつかのキリスト教王国が成立することとなった。

しかし、それはながつづきはしていない。一二四四年、エジプトのアイューブ朝によってイェルサレムは占領され、それ以来二〇世紀にいたるまで、この「聖地」はキリスト教徒の手にもどることはなかったのである。

ユダヤ教徒とイスラーム教徒

イェルサレムは、今日においても、キリスト教徒にとって聖地であることにはかわりはない。しかし、聖地巡礼のためにイェルサレムをおとずれるキリスト教徒は、そこになにをみいだすであろうか。そこにあるものは、とおいキリストの時代の遺跡である。そして、そのまわりをとりかこむものは、すべてべつの宗教である。キリスト教の発生の地において、今日存在するものは、キリスト教ではないのである。

今日、イェルサレムはふたつの国に分割されている。ひとつは、あたらしくつくられたユダヤ教徒の国、イスラエルである。もうひとつは、イスラーム教徒の国、ヨルダンである。いずれにしても、キリスト教徒の国ではない。国境は市中をはしり、市はふたつの宗教によってひきさかれているのである。

イェルサレムの町は、キリストのあらわれるはるか以前からの、イスラエルの首都であった。そこにはヤーヴェの神殿があり、この町はユダヤ教徒の聖地であったのである。しかし、一世紀後半におけるローマ帝国に対する反乱の結果、ユダヤ人はこの都から追放され、ユダヤ教の神殿は破壊されてしまった。そして、二〇世紀にユダヤ人の故国イスラエルが再建されるまで、この状態がつづいたのであった。

けっきょく、「聖地」イェルサレムを、一〇〇〇年ものながいあいだ保有していたのは、ユダヤ教徒でもキリスト教徒でもなく、第三の宗教イスラームの教徒たちであったのである。

もっとも、イスラーム教徒たちも、イェルサレムをべつの意味において「聖地」とみなしていた。それは、イスラームの教祖ムハンマドが、イェルサレムをおとずれたことがあるという伝説によってささえられているのであるが、史実かどうかはうたがわしい。たとえ史実であるとしても、「聖地」であるための根拠としては、はなはだよわいといわねばなるまい。これはもちろん、イスラーム教がユダヤ教およびキリスト教を「下じき」にして発生した、という特殊事情にもとづくものであろう。

Ⅳ　方法と仮説

宗教の交代と伝播

ベナーレスとイェルサレム。ひとつはインド、ひとつはオリエント。地理的には、はるかにとおい。しかし、このふたつの聖地の歴史と現状をくらべてみるとき、そこには、ふしぎな運命の類似がみとめられるようである。

このふたつの土地は、いずれも世界的な大宗教の発生の地である。ベナーレスにおいては仏教がはじまり、イェルサレムにおいてはキリスト教がうまれた。今日、それら宗教は、その発生の地においては、いずれもほとんどいきた宗教とはみとめがたいのである。それにかわって、それぞれにまったくべつの宗教が、そこにはおこなわれている。

われわれがここでかんがえようとしている主題は、土地と宗教との関係ということである。それについて、ベナーレスとイェルサレムの比較は、なにをおしえるであろうか。問題を、ふたつの方向にわけてかんがえることができる。第一は、土地を軸としてかんがえる方向である。第二は、宗教を軸としてかんがえる方向である。

土地を軸としてかんがえるとき、ベナーレスとイェルサレムの比較からどのような問題をひきだすことができるか。さきにのべたとおり、このふたつの都市は、どちらも、二〇〇〇年にわたる「聖地」である。しかも、奇妙なことには、その都を聖ならしめる宗教そのものは、どちらの場合にも、なんどか交代しているのである。われわれはここで、ひとつの土地をめぐる宗教の交代という現象に注目しなければならない。

第二に、宗教を軸としてかんがえるとき、問題はどうなるか。もともとベナーレスとイエルサレムの比較は、仏教とキリスト教との比較であった。仏教とキリスト教は、その宗教としての内容においては、まったくことなる存在である。それにもかかわらず、両者とも、土地との関係においては、ある種の共通性をもっているようである。すなわちどちらも発生の地をさって、他の土地へ移動し、そこでさかえた宗教である。われわれはここで、宗教における移動ないしは伝播という現象に着目しなければならない。

ひとつの土地の歴史において、いくつかの宗教が交代する。ひとつの宗教の歴史において、いくつかの土地への移動がみられる。このふたつの現象において、ベナーレスとイェルサレムは、どちらもおなじ型をしめしているようにおもわれる。その類似を手がかりとして、そこから、人類史における宗教の交代と伝播の法則をひきだすことはできないであろうか。

段階対応の仮説

ベナーレスとイェルサレム、ないしは北インドとオリエントのふたつの土地で、あいにた現象がみられたとしても、それをもって、ただちに一般的な法則とみなすことは、もちろんできない。しかし、一般的な法則に到達する手つづきとして、つぎのようにかんがえることはじゅうぶん論理的であろう。まず、ベナーレスとイェルサレムの比較からえられた結論をもって、いちおうの仮説を構成する。つぎに、その仮説を作業仮説としつつ、世界各地について、それがあてはまるかどうかを検討する。あてはまれば、その仮説は法則となる。あてはまらなければ、修正すべき点を修正すればよい。

なぜ、そのような法則が成立するのか、その理由をたずねてみることは、もとより必要である。法則の成立がたしかであれば、つぎは、その仕事にかからねばなるまい。

まず、ひとつの土地における宗教の交代について、どのような仮説をたてるか。さきにみたとおり、北インドおよびオリエントにおいて、宗教の交代があった。北インドにおいては、バラモン教、仏教、ヒンドゥー教という、三つの段階の変遷があった。オリエントにおいては、ユダヤ教、キリスト教、イスラーム教という、これも三つの段階の推移があった。このことから、つぎのふたつの仮説をかんがえよう。

一　北インドにおける宗教の三段階は、それぞれ、オリエントにおける宗教の三段階に対応する。すなわち、バラモン教はユダヤ教に、仏教はキリスト教に、ヒンドゥー教はイスラーム教に対応する。

二　北インドおよびオリエント以外の地域においても、右の三段階に対応するところの宗教の交代が存在する。

このふたつの仮説をまとめて、いま、「段階対応の仮説」とよぶことにしよう。具体的な対応の内容については、べつにのべる。

ここで「段階」および「対応」という用語の意味を、もっとはっきりさせておこう。まず、「段階」というのは、宗教の発展段階という意味ではない。つまり、北インドにおいて、仏教が第二段階、ヒンドゥー教が第三段階をしめるという場合、仏教よりもヒンドゥー教のほうが、宗教として発展段階がたかいということを意味しているのではない。じっさいは、段階というかわりに、類型といってもよいのであるが、その歴史における時間的な継起関係に着目して、段階ということばをつかったのである。

つぎに、「対応」とは、どういう意味か。さきに、われわれの主題は土地と宗教との関係であるといった。ここで土地というのは、もちろんその土地において成立している社会のことである。そこで、べつべつの土地におけるふたつの宗教がたがいに対応をしめす、という場合は、べつべつの土地に成立しているふたつの社会において、それぞれの宗教がはたした社会史的役わりがにているという意味である。それは、教理あるいは儀礼においてにているということを、かならずしも意味しない。

層序学的方法

地質学においては、各地にあらわれている地層のかさなりを比較して、それぞれの地層の対応関係を決定する。それによって各地の地史の対応関係をかんがえるのである。いま、各地域の宗教の変遷について、段階の対応をかんがえるということは、ちょうど、地層の対応関係をかんがえるのに似ている。A地の第一層はB地の第一層に対応するということがいえるように、A地域の第一段階はB地域の第一段階に対応するということが、宗教の歴史についてもいえるとかんがえるのである。

この場合、北インドおよびオリエントにおいて、まず三つの段階をみとめ、それを基準にして、他の地域の対応をかんがえてゆこうというのは、いわば、ある地域の地層を標準にして、それとの対比において他の地域の地層をかんがえるというのに似ている。北インドおよびオリエントの宗教の交代は、いわば、指標的な地層断面の役わりをはたすものである。

それはまた、各地の氷期の対応関係を決定するのに、いちおう北ヨーロッパにおける四回の氷期を規準にしてかんがえるのにもにている。その場合、地域によっては、規準的な四回の氷期にあてはまらぬ場合がすくなからずでてくる。もちろんそれでよいので、それぞれの地域の特性が、規準地域との対比においてしめされればよい。おなじように、宗教における段階の対応も、地域によっては、右の三段階にうまく対応しない場合のあることは、当然予測できる。それはそれで、それによって地域の特性がしめされればよいのである。

免疫現象

段階対応の仮説がなぜ成立しうるかという問題については、さきにのべた精神疫学的な立場からの考察が、若干のヒントをあたえてくれるかもしれない。

ひとつの場所、ひとつの社会をとった場合、そこにおいてエピデミックな流行をしめした宗教が、歴史的にみて、せいぜい三つ程度にすぎないという事実は、ある意味ではおどろくにたることである。ひとつの土地を、さまざまな大宗教が、なんどもかさねておそうということはないのである。だからこそ、各地の宗教史を比較して、段階対応の法則が成立する可能性があるのである。

精神疫学という見かたから、エピデミオロジーからのアナロジーを延長すると、右の事実は、容易に一種の宗教的免疫現象の存在を想像させる。すなわち、いっぺんエピデミックな宗教の波にあらわれた社会は、ある種の免疫性を獲得するとかんがえるのである。そして、いっぺん免疫性を獲得すると、同種のもの、あるいは類似のものに対しては免疫になって、エピデミックな宗教の波がふたたびおそうことがあっても、それにかかることはない、とかんがえるのである。もし、時間がたって、免疫性がおとろえたときに、あたらしい宗教の波にあらわれた場合には、その社会はその宗教にかかる。免疫効果はかなり長期間のこるものとかんがえると、人類文明史の三〇〇〇年くらいのあいだには、じっさいのエピデミックな宗教の波は三どくらいしかひとつの土地をあらわなかったということも、容易に了解がつく。

具体的に、宗教的免疫現象とは、どのような社会的・心理的機構によって発現するのか、それはよくかんがえなければならないことではあるが、現象論的に研究をすすめてゆくうえには、この種のアナロジーもまた、なにほどかの有効性をもっているものとかんがえることができる。

地域対応の仮説

「段階対応の仮説」は、それぞれの地域における宗教の変遷を、比較しようとするものであった。それは、土地と宗教とのかかわりあいを、土地を軸として展開したかんがえかたである。それに対して、宗教を軸として問題を展開すればどうなるか。

「段階対応の仮説」によって、もし北インドにおける第二段階の宗教がオリエントにおいても第二段階に対応するとすれば、仏教はキリスト教に対応することになる。仏教とキリスト教は、宗教としての内容はいちじるしくことなるにもかかわらず、土地とのかかわりあいにおいて、たいへんにた点がある。どちらも、その発生の地からはきえさったけれど、他の土地において、おおいにひろく伝播した。そして、その伝播の方向は、ごくおおまかないいかたがゆるされるとすれば、仏教はだいたいにおいて東へのび、キリスト教はだいたいにおいて西へのびた。問題を旧世界にかぎっていうならば、仏教は、その東のきわみ、日本群島にゆきつき、キリスト教は、その西のきわみ、西ヨーロッパ諸国にゆきついた。

その伝播の途中において、ふたつの宗教は、いろいろな土地において、さまざまに変容し、あるいはいくつかに分裂した。全体としての移動の方向は逆になっているけれど、このふたつの宗教のへてきた歴史的・地理的運命には、おおくの平行現象があるようにおもわれる。

そこで、つぎのような仮説をかんがえる。すなわち、仏教およびキリスト教の伝播した地域を相互に比較するとき、おなじ特性をそなえた地域が、東と西とにそれぞれ存在する。この仮説を、いま、「地域対応の仮説」とよぶことにしよう。

すくなくとも、ふたつの宗教の出発点として、北インドとオリエントが対応し、また終着点として、日本と西ヨーロッパ諸国が対応するであろうということは、たやすく推測できる。ただし、具体的な「対応」の内容は、べつに考察する。

文明史的比較宗教論

以上の考察から、研究の意図と方法は、ほぼあきらかになったとかんがえる。なお、いくつかの考察をつけくわえておこう。

いまここに、こころみようとしているのは、一種の比較宗教論である。一般に、宗教には、教理と儀礼のふたつの要素がある。宗教の比較研究においても、そのふたつの要素についての比較がきわめて重要である。それによって、それぞれの宗教の系譜的相互関係があきらかになる。しかしながら、宗教現象には、教理および儀礼の側面のほかに、その社会的機能という側面がある。教理および儀礼を、宗教の内容をなすものという意味で、宗教の内的側面とよぶことにすれば、後者をその外的側面ということができよう。ここで考察しようとしているのは、主として後者、すなわち宗教の外的側面の比較である。それはいわば、宗教そのものの研究というよりは、宗教と、宗教をとりまく外界との関係の研究である。

歴史の研究において、思想史は独自の領域であるという。思想のことは、他の諸現象からきりはなして、その原因結果の関係を歴史的にたどることができる、という意味であろう。

宗教の歴史はどうか。宗教には、思想としての一面があり、それに着目するかぎりにおいては、宗教の歴史は思想の歴史である。したがって、それは独自の領域でありうる。しかし、その外的側面の考察を主とするかぎり、それはとうてい独自の領域ではあり得ない。社会とのかかわりあいを問題にすれば、社会史とかさなり、文化との関連を問題にすれば、文化史とかさなる。社会も文化もふくめて、現象をもっとも包括的にしめすことばとして文明という語をもちいるとすれば、ここでこころみようとしているのは、宗教の文明史的考察である。あるいは文明史的比較宗教論であるといってもよい。

文明史的比較宗教論という立場にたって、いまここに、いくつかの分析方法を用意した。それはいずれも仮説的なものであるか、あるいは他の現象からのアナロジーとしてえられたものである。それらの方法をもちいて、じっさいに、世界の宗教の分布と歴史を分析してみて、成果をおさめうるかどうかが、つぎの問題である。じっさいに、これらの武器を適用してみた結果については、すでに若干の成果をえているが、それについては稿をあらためてしるすことにしたい。ここでは、単に二、三の方法論的おぼえがきをしるすにとどめる。

（一九六五年一二月）

あとがき

地球上の、各地の文明の比較研究というようなことに、わたしが本気になって関心をはらうようになったのは、一九五五年以来のことである。その後、一〇年あまりのあいだに、ぽつりぽつりとかいてきたさまざまな論説類のなかから、この方向にそうものをいくつかえらんで、ここに一冊の本にまとめた。

「文明の生態史観」を中心に、一冊の本をまとめてはどうかという話は、すでに一九五七年ごろからあった。わたしもそのつもりで、いくらか材料をあつめたりしていたのだが、いろいろな事情で、実現がのびのびになっていたのである。その後、議論はずんずん先にいってしまって、いまさらという気もするけれど、たくさんのひとから、当然一冊の本になっているものとして、といあわせをうけるし、知人からは、本になっていないと引用もできないではないかと文句をいわれる。わたし自身も、とにかくここまでのところで里程標をつくっておこうという気になって、やっと一〇年来の懸案がここに実現することになったのである。

よみかえしてみると、対象のおおきさのわりには、デッサンのようなものばかりで、肉づけがあまりできていない。いろいろの事情で、この問題に努力を集中できなかったことによるのであるが、幸か不幸か、たくさんの友人たちからの刺激によって、この種の問題についての関心は、ほかの仕事をしているあいだも、わたしの心のなかでは、おとろえもせずに持続してきたのである。このような研究に、本文のなかでもつかっているように、「比較文明論」という名をあたえることはゆるされるだろうとおもうのだが、できることなら、おおくの研究者たちとともに、いっそう確実な基礎のうえにたって、精密な材料をもちいて、「比較文明学」とよべるものを構築するところまではゆきたいというのが、いまのわたしのねがいである。

この本の前半におさめたいくつかの論説を、はじめて発表したころは、論壇の正統的な思潮からはずれた、かなり目あたらしい見解として、批判もされ、論評をうけた。しかし、いまからみると、それほど異端のかんがえかたでもないようにおもえるのだが、どうだろうか。こういうものを、常識のわくのなかにとりこめるほど、この一〇年間に世のなかのほうがかわったのであろうか。

一〇年にわたって、いろいろな機会にかきついできたものであるから、それぞれの文章をかいたときの事情と背景をあきらかにするために、あらたに各章のはじめに解説をつけ、また、文献などについては本文のあとに註をつけた。本文は、ほとんどもとの形のままで収録したので、今日では記述に多少の時代おくれがおこっていることをおゆるしいただきたい。

この本を出版するにあたって、わたしは、わたしの思想に対して批判と助言をあたえてくださった、たくさんのかたがた、とくに、京都大学人文科学研究所の、社会人類学共同研究班の諸氏に対して、心からのお礼をもうしのべなければならない。また、これらの論文を発表する機会をあたえてくださった諸雑誌・諸新聞の編集者の諸氏に感謝したい。この本がどうやら実現までこぎつけたのは、中央公論社出版部歴代の担当者諸氏の、忍耐と激励のおかげである。しるして、謝意を表したい。

梅棹忠夫

一九六六年一〇月

追記 1 『文明の生態史観』の刊行

『文明の生態史観』が刊行されたのは一九六七年一月のことで、中公叢書の一冊としてであった(註)。この本はひろくよまれて重刷がつづいた。一九八五年八月には第三一刷をかさねた。初刷以来、小松左京氏のつぎのすいせん文がかかげられていた。

『文明の生態史観』は、戦後提出された最も重要な「世界史モデル」の一つであろう。それは、これまで東と西、アジア対ヨーロッパという、慣習的な座標軸の中に捉えられてきた世界史に革命的といっていいほどの新しい視野をもたらした。この視野によって複雑に対立し、からみ合う世界の各地域の文明が、はじめてその「生きた現実」の多様性を保ったまま、統一的に整理される手がかりが与えられたといっていい。

発表後数年を経てなお色あせぬのみか、将来、みのり多い成果が、この視野からもたらされるであろうと期待される。

一九八七年九月の第三二刷からはカバー装となって、今日にいたっている。

(註) 梅棹忠夫(著)『文明の生態史観』(中公叢書) 一九六七年一月 中央公論社

追記 2 文庫版の刊行

一九七四年九月には、『文明の生態史観』の文庫版が刊行された（註）。この文庫版の巻末には、京都大学名誉教授の谷泰氏（当時は京都大学教授、京都大学人文科学研究所長）の手になる八ページにわたる解説が付されている。文庫版も版をかさね、一九九六年四月現在で第二〇刷をかぞえる。カバー裏には、ハードカバー版とおなじ小松左京氏のすいせん文が掲載されている。

（註）梅棹忠夫（著）『文明の生態史観』（中公文庫）一九七四年九月　中央公論社

追記3　フランス語版の刊行

この本はフランス語に翻訳されている（註1）。ただし、フランス語版の半分は本書からの翻訳で、あとの半分はわたしのべつの著書『地球時代の日本人』からの翻訳である（註2）。このフランス語版の題名を直訳すると『惑星時代の日本』となる。訳者はパリ大学のルネ・シフェール教授である。出版社はP・O・F（Publications Orientalistes de France）である。このフランス語版の出版については、べつのところでくわしくのべた（註3）。

（註1）UMÉSAO, Tadao, *Le Japon à l'ère planétaire*, traduit et présenté par René SIEFFERT, 1983, Publications Orientalistes de France, Paris.

（註2） 梅棹忠夫（著）『地球時代の日本人』 一九七四年九月 中央公論社
なおこの書物には文庫版がある。
梅棹忠夫（著）『地球時代の日本人』（中公文庫） 一九八〇年六月 中央公論社（『梅棹忠夫著作集』第一三巻『地球時代に生きる』所収）
（註3） 梅棹忠夫（著）「コレージュ・ド・フランス出講記」『千里眼』第六号 一二三六―二六七ページ 一九八四年六月 千里文化財団
この文章はつぎの書物に収録されている。
梅棹忠夫（著）『日本とは何か――近代日本文明の形成と発展』（NHKブックス五〇〇）一九八六年五月 日本放送出版協会（『梅棹忠夫著作集』第七巻『日本研究』所収）

追記4 イタリア語版の刊行

前記のフランス語版を底本として、イタリア語に全訳され、翌年に刊行された（註）。出版社はミラノのスピラーリ社である。このイタリア語版の出版に際してミラノで刊行発表会があり、わたしはたまたまパリにいたので、数日間ミラノにうつって、その会に出席した。

（註） UMESAO, Tadao, *Il Giappone nell' era planetaria*, 1984, Spirali Edizioni, Milano.

追記5 中国語版の刊行

一九八七年の七月、中華人民共和国の北京にすむ、王子今というひとから突然に手紙がきて、わたしの『文明の生態史観』を中国語に翻訳したいという。そして、一九八八年六月にその訳書が一冊おくられてきた。出版社は上海の三聯書店上海分店出版である（註）。

いまのところ中華人民共和国は著作権に関する条約を批准していないので、原著者としても原書の出版社としても、翻訳許可あるいは出版許可をだすわけにもゆかないのが現状である。もちろん経済的な交渉はない。その後、ある程度の部数をとりよせることができて、中国からの訪問客などに贈呈している。

中国語訳は日本語の原本の全訳のようである。訳の良否はわたしにはわからない。猫頭鷹（maotouying）はミミズクである。猫頭鷹文庫はミネルバ文庫にあたるであろう。

（註）梅棹忠夫（著）王子今（訳）『文明的生態史観——梅棹忠夫文集』「世界賢哲名著選訳　猫頭鷹文庫」第一輯　一九八八年　三聯書店上海分店出版

追記 6　英語訳、ドイツ語訳そしてフランス語訳

本書の「生態史観からみた日本」については、つぎの英語訳がある（註1）。

また、「文明の生態史観」については、つぎのドイツ語訳（註2）、英語訳（註3）、フランス語訳（註4）がある。

（註1） UMESAO, Tadao, "Japan as viewed from an eco-historical perspective", *Review of Japanese culture and society*, vol. 1 no. 1, pp. 25-31, 1986, Center for Inter-cultural Studies and Education, Josai University.

（註2） UMESAO, Tadao, "Prolegomena zu einer historischen betrachtung zivilisierter lebensformen", *Japan ohne Mythos——Zehn kritische Essays aus japanischer Feder 1946-1963*, herausgegeben und übersetzt von Karl Friedrich Zahl, pp. 206-238, 1988, Iudicium Verlag, München.

（註3） UMESAO, Tadao, "Introduction to an ecological view of civilization", *Japan echo*, vol. 22, special issue, pp. 42-50, 1995, Japan Echo, Tokyo.

（註4） UMESAO, Tadao, "Pour une vision ecologique de la civilisation", *Cahiers du Japon*, numero special, pp. 44-52, 1995, Japan Echo, Tokyo.

追記　7　著作集に収録

「梅棹忠夫著作集」の刊行にあたっては、この書物の全文を収録した（註）。その底本には文庫版の第一六刷をもちいた。

（註）　梅棹忠夫（著）『比較文明学研究』「梅棹忠夫著作集」第五巻　一九八九年一〇月　中央公論社

編集部追記　完訳英語版の刊行

二〇〇三年に『文明の生態史観』に「海と日本文明」を加えた完訳英語版が刊行された（註）。

（註）UMESAO, Tadao "An Ecological View of History : Japanese Civilization in the World Context" (Japanese Society Series) Edited by Harumi Befu, Transrated by Beth Cary 2003, Trans Pacific Press.

海と日本文明

編集部付記

筆者は一九九九年七月二九日、東京ビッグサイトにおいて日本財団主催で開催された国際シンポジウム「海は人類を救えるか」で記念講演をおこなった。本稿はその講演記録にもとづいて加筆、再構成したものである。講演当日においては、インタビューアーとしてジャーナリスト秋岡栄子氏との対談の形式をとったが、本稿では秋岡氏の了解をえて単独講話のかたちに書きあらためた。対話形式の講演記録は、中公叢書『文明の生態史観はいま』(二〇〇一年)に収録されている。

はじめに

日本はまわりを海にかこまれた島国です。しかも、それは数千の島からなり、ヤポネシアともいうべき一大群島を形成しています。この文明の形成と発展については、海をぬきにしてはかんがえることはできません。数千年あるいはそれ以上の過去にまでさかのぼって、この島じまと海との関係について、ここで、もういちどふりかえってみたいとおもいます。

わたしは歴史学者でもなく、考古学者でもありません。歴史学者ですと、たしかな文献をふまえて過去を再構成してゆくでしょう。また考古学者ですと、発掘された遺物をもとにして過去を推定してゆくでしょう。わたしは民族学者ですので、民族学的知識をもとに過去を文明の歴史として考察するような仕事をしてきました。ただ、わたしがやってきた仕事は、舞台がほとんど大陸なのです。その大陸を専門にしてきた人間が海をかたるというのですから、どういうことになりますか、わたし自身にも予測はつきません。

わたしは世界じゅうをかなりひろくあるいてきました。いちども足をふみいれなかった大陸は南極大陸だけです。わが足であるき、わが目で見て、わが頭でかんがえるというのが、わたしの学問のスタイルです。しかし、海のうえをあるくわけにはいきません。海を船のうえから見るぐらいのことです。世界じゅうをあるいているうちに、海と陸地との関係について、多少のかんがえをもつようになりました。ここでは、主として海と日本群島との関係について述べてみたいとかんがえています。

文明の生態史観

わたしはむかし、大陸における諸文明の歴史について、「文明の生態史観」というかんがえを発表しました。それは一九五七年のことですが、その後、さまざまな批判をうけながらも、最近どうやら、かなりひろく理解されてきたようにおもわれます。いままでは、そもそも日本文明というかんがえかたがありませんでした。日本文化とはいうけれど、日本文明という言いかたをするひとがいなかったのです。

わたしの定義では、文明というのは、人間と装置系および制度系とでつくっているシステムだとかんがえています。文化というのは、その精神面における反映にすぎません。この意味では、日本文明はみごとな文明です。われわれは現在の地球上における最高度の文明生活をおくっています。それなのにどうして日本文明をいわないのか。文化ばかりいう

A図

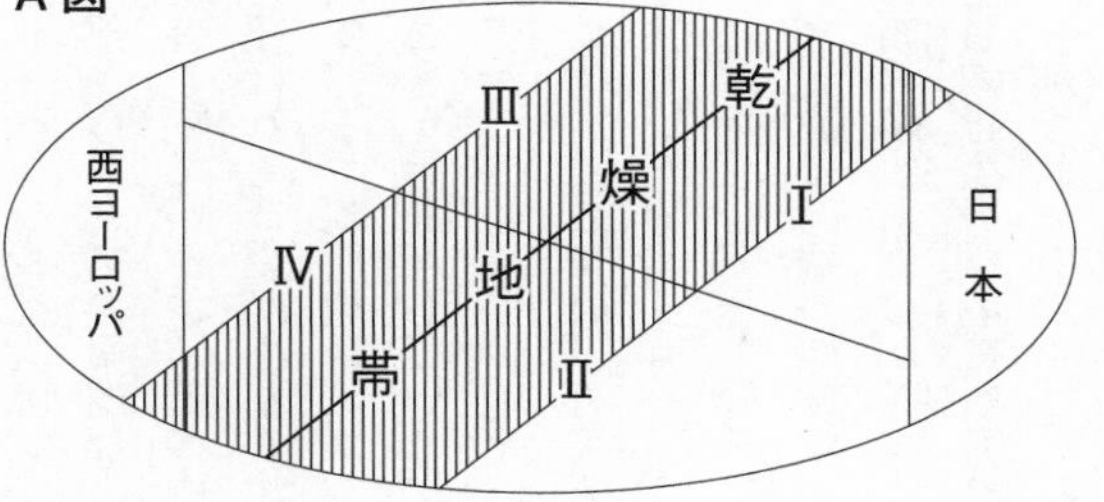

のか。

一般におこなわれていますのは、日本は一八六八年、つまり明治維新において近代化がはじまった、それまでは途方もなくおくれた国であったという見かたです。しかし、そんなことがどうして言えるのでしょうか。日本の近代は一八六八年どころか、一六世紀後半からはじまったという見かたをわたしはしています。いろいろな兆候があります。日本の歴史そのものをすっかり見なおさなければいけないのではないでしょうか。世界のどこの国とくらべても、日本はそんな後進国であるわけがない。冷静に日本と世界の文明、生活の組みたてかたをよくしらべてみようというので、ずっと、わたしは世界をあるいてきたわけです。そのあいだ、「文明の生態史観」のかんがえかたを各地において検証してきたのですが、いまのところ、この見かたをもって、日本および世界を見ていってもよいのではないかとかんがえております。

それは、かいつまんで言いますと、アフリカとヨーロッパとアジアをひとまとめにしてアフロ・ユーラシア大陸、つまり旧世界の構造についてのひとつの見かたです。アフリカの中部からアジアの南西部、中央アジアをとおって北東アジアに突きぬける巨大な乾燥地帯がはしっています。その中央地帯は砂漠です。その両側にはひじょうに広大な、ステップと呼ばれる草原があります。それをはさんで東側と西側に、対称的な肥沃なる農耕地帯が出てくる。乾燥地帯には、遊牧民と呼ばれる人たちがいます。遊牧民というのは家畜を飼うことを生業としている民族集団ですが、この人たちが家畜を飼いながら繰りかえし乾燥地帯から豊饒な農耕地帯へ出撃してくる。そのたびに農耕地帯は壊滅的打撃をこうむるわけです。ここでは、なんども破壊と建設の繰りかえしをやっているのです。中国やインド、あるいは東ヨーロッパ、イスラーム諸国まで、みなその例です。

それに対して、その砂漠の暴力がおよばなかった地域がふたつあります。それは、ユーラシア大陸の両端の地域です。ここでは、ぬくぬくと文明をそだてることができました。その西の端にあるのが西ヨーロッパで、東の端にあるのが日本です。だから、西ヨーロッパと日本は生態学的にひじょうに共通の状況におかれていて、歴史的に平行的な道をたどることができたのです。このふたつこそが近代文明をそだててきた地域です。そして、中国やインド、ロシア、イスラーム諸国という地域は、お気の毒ながら、なんども破壊をこうむって、順調に成育ができなかった。そのために、ついに近代文明というものを展開できなかった地域です。日本と西ヨーロッパは、その意味では文明史において平行の道をたどったのです。わたしはこのふたつの地域、日本と西ヨーロッパを「第一地域」と名づけました。あとはすべて「第二地域」です。「第二地域」というのは、いうなれば古典的アジア国家です。まず、中華帝国です。そしてインド帝国、ロシア帝国、イスラーム帝国です。この四つのブロックをわたしは、古典的大陸帝国といっていますが、これらとちがって、西ヨーロッパと日本だけが、近代国家になることに成功したのです。たしかに日本は、とくに古代において、中国文明からの遺産をひきついでいますが、それをもとにして近代文明を展開したわけではありません。それこそ生態学的環境の独自性のうえにたって、まったくちがうものを展開したのです。西ヨーロッパも古代地中海帝国の遺産をうけつぎつつ、独自のものをつくりあげました。その結果、日本と西ヨーロッパとは、ひじょうによく似た文明をつくることに成功した、こういうかんがえです。

内陸の海、草洋

さきほどわたしは、主として海ではなく大陸で仕事をしてきたと言いました。しかし、大陸にも海はあります。乾燥地帯は、ある意味で内陸の海なのです。まんなかに砂漠があります。砂漠はほとんど草がはえていない。ところがその両側に、ひろびろとひろがった草地、ステップがあります。東アジアでいうと、モンゴルはまさにその典型で、広大な草地です。そしてむこう側、西側にもひろい大草原があって、ウクライナからロシア、ハンガリーまでひろがっています。これが内陸における海なのです。この広大な草地のひろがりをさして、「草洋《そうよう》」という言いかたがあります。まさに草の海です。この海をどのようにしてわたるのか。海をわたるには船がいります。それはラクダです。ラクダこそは草洋をわたる船なのです。

わたしは戦争中、現在の中国河北省の張家口《ちょうかこう》という町に住んでいました。「口」というのは、いわば長城線にうがたれた穴なのです。長城というのは、草原からせめよせてくる遊牧民をふせぐための巨大な構築物です。山から山へと延々とつらなる煉瓦づくりの城壁です。この関門をくぐって外にでると、そこはステップ、すなわち草の海、草洋なのです。わたしはその穴の外側に住んでいました。ちょうどこれは草洋に出る港です。そこにいましたら、ほんとうに草の海の入口だという実感があります。そこから外は渺々《びょうびょう》たるモンゴルの草原です。それはさらにゴビの砂漠をへだてて、西のかなたウクライナからロシア草原までつづいているのです。その草原のかなたから、ときどき砂漠の船の船団がやってくる。数百頭のラクダの隊商が、ゴンゴロゴン、ゴンゴロゴンと首にさげたおおきな鈴をならしながらおりてくるのです。これは砂漠のカーゴ・シップです。はるか西のほう、ハミやトゥルファンあたりから、ウリや干しブドウといった産物をもって砂漠をこえてくる。ちょうどわたしがおりましたころは戦争の最中でした。奥地では戦争をやっているはずなのですが、ふしぎなことに、ちゃんと戦場をくぐりぬけてラクダの隊商がおりてくるのです。まさに砂漠を航海する船団です。船団が港について、二、三日すると、張家口の町に干しブドウや干しウリがどっと出まわってくる。わたしはそういうところに住んでいたのです。その意味では、「張家口」のコウは「口」よりも「港」と書いたほうがよいのかもしれません。

この広大な草洋を、昔のひとは海とかんがえました。この海が西なる世界と東なる世界をへだてていたのです。しかし、古代からこの海をわたって、西と東とをむすびあわせようというひとが幾人もおりました。有名なのは唐代の三蔵法師、玄奘三蔵《げんじょうさんぞう》というひとです。このひとは孫悟空の活躍する『西遊記』のモデルになった坊さんですが、インドまでお経をとりにいきました。かれは広大なる草洋を突っきって、さらに南にむかい、ヒマラヤをこえたのです。たいへんな苦労をして、ぶじに大部の経典を持ってかえってきた。その経典は唐の都、長安――いまの西安におさめられています。それによって正統な仏教が中国につたえられた、ということになっています。これはまさに草洋をこえてきたのです。

草洋は、漢文明からみれば外なる世界です。なぜなら長城の外は夷狄の世界だからです。これに対して漢文明、中国文明が触手をのばしてゆく。漢代のことです。内陸部に点々と植民地をつくってゆきました。植民地はどういうところにできるかというと、砂漠あるいは草原のなかのオアシスです。蘭州から西にオアシス群がつらなっていて、そのいちばん西にあるのが沙州すなわち敦煌《とんこう》です。まわりは砂漠です。それでは、そのオアシスはどのようにしてできるかというと、あのすぐ南側にチベット高原の前衛にあたる祁連《きれん》山脈という巨大な山脈があって、そこには雪がつもります。雪は溶けて水になります。そして水が砂漠へおりてきたところにオアシスができるのです。こうしてオアシス国家が内陸アジア全体にたくさんできました。これらが東西交通の足がかりになったのです。やがて東アジアと西洋がこれによってむすばれる。古代史で言いますと、古代中国、漢に対して、古代西洋はローマです。漢とローマは巨大な中央アジアの砂漠とステップをこえて、じつにほそい糸でむすばれていました。東アジアと西洋とは、ながいあいだ、内陸アジアの草の海によってへだてられていたのですが、海は文明をへだてるだけでなく、また、むすびつける役をもはたします。東アジアと西洋とは、内陸の草洋をこえて、幾すじものほそい糸でむすびあわされていたのです。

中世になって、こんどはほんとうの海の交通がはじまります。そこではじめて、東アジアと西洋とがむすびあわされたダイナミックな世界が出現することになります。

このへんで目を日本に転じて、日本文明の形成と海との関係についてかんがえてみたいとおもいます。

縄文の航海者たち

わたしは、しばしば「日本人はどこから来たか」という質問をうけます。それに対してわたしは、「どうして日本人は外から来なければならないのですか」と逆に質問をします。日本人は、どこかよそから来たかのようにかんがえているひとがおおいようです。なぜ、ここにもともといたとかんがえてはいけないのですか。もちろん、後世に外からはいってきたひともいるでしょう。しかし、ある部分はこの列島にむかしから住んでいたにちがいありません。日本には歴然とした旧石器時代の遺跡があります。これは何万年も前からこの列島に人間がいたことを意味します。これがどうして日本人の先祖であってはいけないのでしょうか。日本人は、かならずしも外から来たのではない、旧石器時代以来、すくなくとも一部はここに住んでいたのだと、わたしはそういうかんがえをもっております。

最近、青森県で三内《さんない》丸山遺跡の発掘調査がすすんでいます。この遺跡は縄文中期のもので、約四五〇〇年前のものとおもわれます。この遺跡とその周辺をわたしは三度おとずれる機会がありました。そこにはずいぶんの数の人間が住んでいたようです。この人たちのもっていた文明は、わたしはその後の日本文明にまっすぐにつながっているようにおもえるのですが、これを日本人の祖先とかんがえてはいけないのでしょうか。

もちろん、日本列島で人類という生物が発生したということはいえないとおもいます。たぶんアフリカです。そこから一〇〇万年、あるいは数十万年かかって大陸をあるいてきたのでしょう。どこかで海をわたったのかもしれませんが、海をわたっていない可能性もあるのです。なぜかと言いますと、古代のある時代には大陸と日本とは陸つづきであった可能性がじゅうぶんにあります。それで、陸のうえをあるいてやってきたのかもしれません。

三内丸山の遺跡は青森湾のいちばん奥にあります。かれらはどのようにして生きていたのでしょうか。遺跡からはたくさんの海産物の遺物が出てきます。かれらは主として魚介類をたべていたのです。それからクリの栽培をしていた形跡があります。そのほかにも植物栽培の形跡があるのです。そういうことをかんがえますと、「植物栽培は弥生時代以後」という従来からの固定観念は、どうも成りたたないかもしれない。すでに縄文中期ぐらいからなんらかの農耕があったかもしれない。以後の日本人の生活につながるような農耕文化があったというふうにかんがえるべきではないかとわたしはおもっています。

三内丸山遺跡からは船の遺物は出ていません。しかし、なんらかの航海技術をもっていたことは、まずまちがいないでしょう。三内丸山からはかなりのヒスイが出ています。ヒスイの産地は新潟県糸魚川の姫川流域だけです。ほかから出ないところを見ると、姫川流域でとれたヒスイがなんらかの方法で三内丸山までいっているのです。短距離ずつはこんだのか、あるいは一気に持っていったのか、それはわかりませんが、その当時すでに海洋航海の手段があったとかんがえてもおかしくはありません。たとえば八丈島あたりで、内地にしか出てこない、いろいろな鉱石が出てきます。縄文人は、かなりひろく船でうごいていたにちがいない。北海道とのあいだにも行ききがあった証拠はいくつも出てきます。海をこえて人海は、人間をへだてるよりも、むすびつける要素のほうがおおきいのです。海をこえて人間と人間がむすびつく、それで、ものがつたえられるわけです。

南太平洋、ソロモン諸島の近所にバヌアツという島国があります。そこで最近、土器が発掘されているのですが、これが縄文土器とそっくりなのです。このことを、どうかんがえたらよいのか。こんなところまで縄文人の活動範囲がひろがっていたのでしょうか。さらにとおくへ飛びますと、南米のエクアドルから出る土器が、また縄文土器とそっくりなのです。これもどうかんがえてよいのか。いまのところ、まだはっきりした結論を考古学者は出していないとおもいますが、ひょっとしたら縄文人は太平洋をかけめぐっていたのかもしれません。

騎馬民族説

さきほど、日本人はもともとこの列島にいたと言いました。一部はいたのですが、その後、周辺部から大量にほかの人たちが乗りこんできます。日本人は、その意味でいえば混成的な民族といえるかもしれません。南方からもはいってきます。西からもはいってきます。北からもはいってきます。たくさんの人たちがこの列島に乗りこんできたというふうにかんがえたらよいのではないでしょうか。

「騎馬民族日本征服論」というのがあります。いわゆる「騎馬民族説」と言われているものです。これは奇想天外で、おもしろい説です。江上波夫先生という大考古学者が戦後に言いだされた学説で、日本に騎馬民族が乗りこんできて建国したというかんがえです。騎馬民族すなわち北方遊牧民です。ウマに乗った遊牧民の集団が朝鮮半島をとおりぬけて、南朝鮮から玄界灘をこえて九州にはいってきたというのです。江上説は、かなり詳細をきわめていまして、いつ来たかという年代まで確定しています。それは崇神天皇のときだと言います。崇神天皇というのは人皇第一〇代です。四世紀ぐらいになります。江上さんは、その崇神天皇が騎馬軍団をひきいて九州に上陸してきたというのです。

江上説は、じつに魅力のある説です。日本建国の歴史をときほぐすために、騎馬民族の侵入があった、つまり征服国家としての日本という、ひじょうにおもしろい説なのですが、わたしはこれは、すこし成りたちにくいとかんがえています。なぜかと言いますと、わたしはもともと遊牧民研究からスタートした人間ですので、その点からも、この説は承認しがたいのです。

遊牧民を成りたたせるための文化要素はなにか。ひとつは乳しぼり、搾乳の技術です。搾乳というのは、子どもの家畜を親の家畜から隔離することによって乳をしぼる、つまり、子どもの家畜が飲むべき乳を人間が横どりするという技術です。もうひとつはオスの家畜の去勢です。家畜のオスはまるで野獣のようにあらあらしく、あばれますが、去勢するとおとなしくなります。この去勢という技術なしでは、家畜のむれのコントロールはできません。遊牧という生活様式を成りたたせるためには、どうしてもこのふたつの技術体系が必要なのです。騎馬民族が来たとしたら、当然これらの技術が日本にはいっているはずです。ところが日本には、ざんねんながら搾乳の伝統はありません。それから去勢もないのです。日本の家畜は、ウマもウシもずっと昔からいますが、去勢はしていない。

ずっとのちに、一九世紀になってから、義和団事件のときに、北京の外交団が敵にかこまれて籠城したことがあります。それをすくいだすために、各国の軍隊が天津から北京へ攻めこみました。当然、日本軍も出兵しています。そのときに各国の兵隊が日本の軍馬を見て、「これはまるで猛獣ではないか」といっておそれたといいます。そのころも日本の陸軍の軍馬は去勢していなかった。おどろくべき話です。そんな軍馬などあるものではない。搾乳の記録は多少あります。しかし、日本で搾乳技術が定着しているかというと、とてもそれはいえない。搾乳もない、去勢もない。そういう騎馬民族とは、いったいなんでしょうか。こういう点からかんがえると、遊牧民のような騎馬民族が日本に大挙してはいってきたとは信じがたいのです。

ツングース水軍の到来

江上さんの騎馬民族説は、ひじょうにおもしろい説で、とるべき点があります。たとえば、日本における古代の軍事組織などは、モンゴルとよく似ています。文化的にもモンゴル、北東アジアと共通点があります。この点は、やはり考慮しなければいけません。わたしのかんがえは、これも専門のかたのご批判をあおぎたいのですが、わたしは、日本に来たのはツングースだと見ているのです。モンゴルではありません。

日本語の系統について、昔のひとはよく「ウラル・アルタイ語族」という言いかたをしました。しかし、いま、そんなことをいう言語学者はいません。というのは、ウラル語族とアルタイ語族とは、かなりちがうということがはっきりしてきたからで、それをいっしょにすることはないのです。ウラル語族というのは、ヨーロッパ寄りのフィンランド語、エストニア語、マジャルすなわちハンガリー語などがこれに属します。それに対してアルタイ語族というのがあります。西からかぞえて、トルコ語、モンゴル語、ツングース語がこれに属します。ツングースというのは、よく知られている民族では満州族です。この言語は中国語とまったくちがいます。そして日本語も、ひょっとしたらツングース語の一派かもしれないとかんがえているひともいます。ツングース語と日本語は、文法的にはかなり似た点がおおいのです。

ツングース族の本拠は、満州すなわち中国東北三省の東南よりの部分です。現在のツングース族の代表は、いわゆる中国五五少数民族のひとつ、満州族というのがそれです。じつは清朝すなわち大清帝国を建国したのはこの満州族でした。東満州の山地から起こってきて、一七世紀初頭に北京を攻略する。それで中国全土を制圧して大清帝国を建設したのです。その満州族の古代における一派が日本列島にはいってきた、というのがわたしの仮説なのです。しかも、江上説のように騎馬軍団が陸上をあるいてきたのではなく、水軍が船で来たのだとわたしはかんがえています。この仮説をわたしは「ツングース水軍説」と名づけています。

渡来ルートと船

ここで、いよいよ海の話になります。ツングースたちは日本列島に船で来ている。どうして大陸の民族が船をつかいこなせるようになったのかと言いますと、わたしは、大陸のおおきな川が水軍をはぐくんだと見ています。南満州に遼河というおおきな川があります。それから朝鮮との境は鴨緑江です。さらに東をむいてながれているのは豆満江です。これらの大河で船の技術に習熟した民族が海にのりだしたと見ているのです。

遼河または鴨緑江をくだると黄海です。そして、朝鮮半島の西側にでます。豆満江をくだると日本海です。そして、朝鮮半島の東側にでます。ツングース水軍が日本にきたとすれば、どちらの道をとったでしょうか。どちらの可能性もありますが、わたしは大胆な推理ですが、日本海説をとっています。豆満江をくだって日本海にでたかれらが、朝鮮半島の東側をまっすぐに南下して日本列島に到達したというかんがえです。その後のツングース族と日本との交流からみて、このルートがもっとも自然だからです。

船の動力はなにであったかと言いますと、帆があったかどうかは問題です。当時はもちろん、綿布はありません。ジャンクのような木の帆、または沖縄の山原船《やんばるせん》のような草をあんだ帆があったかもしれません。しかし、いちばんかんがえられるのは、人力による櫓です。

日本近海に達してからは、これも大胆な推理ですが、わたしは関門海峡をとおって周防灘にでて、さらに南下して日向に上陸したという筋がきをかんがえています。その根拠にしているのは、宮崎県の西都原《さいとばる》古墳群の存在です。巨大なものをふくんで、大小三百数十の古墳がのこされています。そのなかから舟形埴輪が出土しています。その船には両側の舷側に六つずつの櫓べソがならんでいます。この櫓べソにおおきな櫓のくぼみをはめこんでこぐのです。いわゆる八挺櫓などといわれるものです。このタイプの船はあきらかに外洋航海用のものです。大陸のツングースたちは、このタイプの船でやってきたのではないでしょうか。

わたしはまた、ソウルの博物館で朝鮮古代の船の模型をみたことがありますが、これもおなじタイプの船で、舷側には、やはり櫓べソがならんでいました。

これらの点からみて、わたしは、日本海をわたってきたツングース水軍が、日向に根拠地をつくったのではないかと推論しています。西都原古墳の築造年代は四世紀後半から六世紀と推定されていますが、それからみると、ツングース水軍の到来は、四世紀前半とかんがえてよいでしょう。伝承によれば、神武東征軍の出発点は日向ということになっています。しかも、その東征軍は陸軍ではなくて水軍です。船で瀬戸内海を東にすすんで、河内に上陸したのです。これも、わたしの推論によるツングース水軍説と関係があるのではないでしょうか。ちなみに、神武天皇はいつごろのひとでしょうか。歴史家はなにもこたえてくれませんが、わたしは東征伝説が史実を反映しているものであれば、それは五世紀ごろだとみています。

渤海国とのまじわり

八世紀初頭にツングースと日本との交流の歴史のなかで画期的な事件がおこります。七二七年の渤海国使節団の来朝です。渤海国というのは、高句麗国家の滅亡のあとをうけて満州東部につくられた国です。その住民たちはまぎれもなく満州族、つまりツングースです。生業は狩猟と焼き畑農耕で、唐の制度をとりいれた律令制国家であったとかんがえられています。

その渤海国の使節団は日本海を突っきって日本にきたのですが、対馬海流にながされて、出羽の国の海岸に漂着しました。そこで蝦夷の襲撃をうけて、二四人のうち一六人がころされたということです。のこりは命からがら脱出して、四カ月後には平城京にはいりました。これが渤海国と日本との国交のはじまりで、その後八世紀から一〇世紀のはじめ、つまり奈良朝のはじめから平安朝の前期にかけて、渤海使節団は三十数回きています。それも堂々たる使節団です。国書とみやげものをどっさり持ってわたってくる。

　かれらはどこから来たか。たぶん船出する場所は、さきほどのツングース水軍の出発点と推定した豆満江の河口あたりです。つまり、朝鮮半島の付け根の日本海側です。ここは、当時はもちろん渤海国の領土です。渤海使節団がそこで船団をととのえて、日本海をわたってくるのです。その時に朝鮮半島の東側をとおる。はじめは波おだやかでいい。ところが日本列島にちかづくと、西から猛烈な対馬海流がながれてくる。それにぶつかってながされる。だから日本国のどこにつくかわからない。しかし、どこかにつきます。能登半島の西側の付け根あたりを拠点にさだめて、そこで隊伍をととのえて都にはいる。それからあとも、だいたい能登が基地になります。

　これは日本国とツングース国家渤海国との正式の国交です。それからこんどは返礼のために、こちら側からの使節団が渤海国にむかいます。むこうもおかえしをはじめから期待して来たらしい。なかにはぼろ船でやってきて、こちらで船をつくっておくりかえしてくれというのもありました。場合によると年にいっぺんぐらいのわりで、ひんぴんとやってくるのです。

　かれらはなんのためにきたのかというと、新羅に対する対抗戦略、国際戦略です。新羅が朝鮮半島の南東部にいる。ところが、伝統的に日本と新羅とは仲がわるいのです。敵対関係にある。渤海と新羅も仲がわるい。それで、渤海と日本が同盟をむすぶことによって、新羅をはさみうちにしようという戦略があったらしいのです。はじめはそういう軍事同盟です。

のちには、この国交は一種の官許貿易になってきます。渤海国と日本とのあいだには、そうとうの貿易がおこなわれていました。なにをもってきたか。かれらがもってくるのはテンの毛皮です。それを数百枚もってくる。これは当時の宮廷貴族にとってはたいへんな魅力でした。日本からはなにをもっていったかというと、日本は当時まだ木綿はありませんので、麻と絹です。毛皮と布を交換して、むこうの使節団がおみやげをもってかえってゆく。なかには、ひどい話ですが、「舞姫一一人」というのがあるのです。その娘たちはどうなったのでしょうか。

ツングース・バイパスの興亡

この渤海使節団については、上田雄《たけし》というひとのしっかりした研究がまとまっていて、二百数十年にわたる渤海使節団と日本との交渉があきらかにされています。両国の関係はたいへん親密で、おたがいにことばが通じたのではないかとおもわれるほどです。じっさいは漢詩を交換して意思の疎通をはかっていたようです。当時、両方とも中国文明の波を丸ごとかぶっておりますから、知識人はみんな漢詩ができます。堂々たる漢詩のやりとりをして、そこで文才をきそいあうというようなこともありました。

この日本海から渤海にいたる道は、日本と唐との国交のバイパスとして、のちのちまでもながいあいだつかわれました。この道をとおって唐の都、長安にいった日本人の留学生や坊さんがたくさんいます。この渤海国と日本との関係は九二六年に渤海国が滅亡するまでつづきました。渤海は西どなりのモンゴル系の国、契丹によってほろぼされたのです。

しかし、ちょうどそのころ、渤海国の南にそびえる白頭山の大噴火という事件があり、これによって、この国の生産手段のひとつである焼き畑農耕が壊滅的な打撃をうけたからだという仮説もあるようです。この白頭山の大噴火の灰は東にながれて、日本の東北地方からも検出されています。

一一世紀のはじめに「刀伊《とい》の入寇」という事件がおこります。壱岐、対馬および筑前の海岸に武装した海賊がおそいかかって、これらの地方は略奪そのほか手いたい被害をこうむったという事件です。この刀伊というのはなにものであったのか、どこからでてきたのか正確にはわかりませんが、やはりツングースの一派であったようです。日本海は、よかれあしかれ、ツングース系諸民族に活躍の舞台をあたえてきたのです。

しかし、その後、ツングースと日本との直接的交渉はとだえたままになります。

東シナ海の役わり

つぎに、中国の周辺の海についてかんがえてみましょう。朝鮮半島、九州、沖縄と中国大陸とのあいだの海は、北部は黄海とよばれ、南部は東シナ海とよばれています。これは古代極東文明の内海として、周辺諸民族の活動の舞台となった海です。遣隋使、遣唐使の例でよく知られているように、日本と中国のあいだには、この海をわたってのはげしい往来がありました。初期は難波《なにわ》をでて九州をへて山東半島にとりつく、いわゆる北路が利用されましたが、のちには難波、九州からまっすぐ西にすすみ、寧波《ニンポー》などの揚子江下流地域に到達したことがおおかったようです。ヨーロッパのひとは、古代文明といえば地中海をかんがえるようですが、極東文明圏においては、この東シナ海が地中海とおなじような役わりをはたしたものといえます。

この海をめぐる大事件といえば、いわゆる元寇をあげなければなりません。日本でいえば鎌倉時代、中国の王朝でいえば元の時代です。一二七四年の文永の役と、一二八一年の弘安の役です。どちらの場合も台風のために壊滅的な打撃をこうむって、元帝国の日本征服の計画は挫折したのです。

文永の役においては、元軍の主力部隊は高麗軍であったようです。弘安の役では、当時元帝国の支配下にあった南宋の海軍が主力であったようです。元軍の司令部はモンゴル遊牧民ですから、台風については無知であったかもしれません。しかし、高麗軍および南宋の軍が台風のことをしらなかったとは、とうていかんがえられません。このもっとも危険は季節に大軍をくりだすとは、いったいどういうことだったのでしょうか。とにかくも、日本はこの自然のたすけによって元軍の侵略からまぬがれたのでした。

ちょうど、そのすこしまえですが、ヨーロッパに派遣された元帝国のモンゴル軍とそれをむかえうつヨーロッパ軍とのあいだにおこなわれたリーグニッツのたたかいで、ヨーロッパ軍は完全に敗北し、全ヨーロッパは危機にたたされました。ところがそのとき、オゴタイ・ハーンが死んだという知らせが前線にとどき、モンゴル軍はひきあげていったのです。このように極東の日本と極西の西ヨーロッパとは、ほぼおなじ時期に危機一髪のところですくわれたのでした。偶然とはいえ、このことは日本と西ヨーロッパとの歴史における平行性を暗示しているようにおもわれます。

明の時代には、おびただしい中国人すなわち漢民族が東シナ海にでてきました。東シナ海は明の船でうめつくされていたといってもよいでしょう。かれらの船はいわゆるジャンクです。木の帆をはった船です。いまでも揚子江の下流にいきますといっぱいいます。あれが東シナ海や南シナ海をはしりまわっていたのです。泉州の西に、明代の船がしずんでいたのを引きあげて、博物館にしているところがあります。その船は中じきりがあって、もちろん竜骨のある堂々たる構造船です。その船は積み荷ごとしずんでいたので、積み荷も引きあげられて展示されています。その積み荷には荷札がついていますが、その荷札のなかには日本あてのものもあります。東シナ海は極東文明圏の成立においておおきな役わりをはたしていたのでした。

海洋の漢民族

中世には倭寇とよばれる海の暴力集団が東シナ海をあらしまわりました。倭寇というと日本人の海賊集団といわれていますが、正体は日本人ばかりではなかったようです。多数の漢民族つまり中国人がはいっていました。そのような中国人の海上私兵団がたくさんいたのです。それが沿岸をあらす。しばしば上陸して略奪をおこなう。その海上私兵団の首領のひとりに鄭芝龍という人物がいて、日本の五島列島に本拠をおいて東シナ海一帯に勢威をふるっていました。そして日本人の娘を妻にして、そのあいだにうまれた子どもが、のちの鄭成功です。

一七世紀はじめには、それまでながく中国を支配していた明王朝が農民軍の反乱によって崩壊します。そして山海関をこえて清軍が殺到してきます。清軍というのは、まさにツングースです。かれらは、たちまちにして中国全土を平定して、ツングース族による清王朝をうちたてます。司馬遼太郎の『韃靼疾風録』は、この時代をあつかった大ロマンです。そのなかには鄭成功も登場してきます。

近松門左衛門が「国性爺《こくせんや》合戦《かっせん》」というドラマを書きました。鄭成功はその主人公です。「国性爺合戦」の「性」の字は、もとは「姓」で書いていました。鄭成功が明の王朝のためにひじょうに努力して復興運動をやったというので、明王朝の末裔から姓をもらう。明朝の初代光武帝は朱元璋で、「朱」姓です。その姓をもらった。「爺」は尊称です。鄭成功は幼名を和藤内といいました。これは、「和でもない、唐でもない混血児」という意味です。

史実は、鄭成功が海の将軍として、海上武装集団をひきいて大陸沿岸をあらしまわったのです。それで当時、南中国を支配していた清王朝は手をやいて、ほとほと閉口しはてたということになっています。しかし、鄭成功の明朝復興運動は失敗におわりました。

いまアモイの港にコロンスというおおきい島があります。そのなかに鄭成功記念館という博物館があって、さまざまな鄭成功の遺品や資料が陳列されています。中国人にとっても、このひとは民族的英雄なのです。

鄭成功の勢力範囲というのは南シナ海一帯にひじょうにひろくひろがっていました。台湾がひとつの拠点ですが、ある意味で海上につくられた王国です。一七世紀初頭にそれだけの海上勢力をつくるぐらい、漢民族というのは海洋民族だったのです。

そのすこしまえ、明の時代に鄭和という将軍が出てきます。かれは明政府の命を受けて、船団をひきいて南海のあちこちを入寇、服属させていくわけです。この鄭和の遠征はマダガスカルまで行っています。インド洋全域をカバーしていたのです。この例からも、漢民族の海洋性というものを、やはり見なおす必要があるとおもいます。

ここで西インド洋におけるアラブの活躍について述べておきましょう。アラブ人というのは、砂漠の民、大陸の民族とかんがえられていますが、かれらもまた、漢民族とならんで海洋民族なのです。西インド洋全域がアラブの海なのです。これはちょうど漢民族における東シナ海、南シナ海のようなものです。これらの海に漢民族のジャンクが満ちあふれていたように、西インド洋にはダウ船とよばれるアラブの船が満ちあふれていたのでした。わたしは、ダウ船がはたした役わりは、東のジャンクがはたした役わりに対比できるとみています。

東南アジアの日本人町

一六世紀後半から、この海のドラマに日本人がくわわってきます。おびただしい日本商船隊が海外に出ていったのです。商船隊といっても、これもまた倭寇以来の伝統で、わたしは武装要員をのせていたとみています。貿易船がたくさん出ていくようになったので、幕府は統制をつよめてライセンスを発行するようになります。そのライセンスが御朱印というものです。おおきな朱色のはんこをついた海外渡航認可証です。ただし、これはその船に対してあたえられた恒久的な許可証ではなくて、一航海ごとにあたえられたものです。この公認貿易船が貿易品をしこたま積んで船出してゆく。その貿易資本というのはどこにあったかというと、京都です。京都には、角倉了以をはじめ茶屋四郎次郎など、たくさんの大資本家がいますから、それが堺などで船を仕たてて南へおくりだしてゆくのです。京都の祇園祭の鉾は、のちに鎖国で不要になった御朱印船の帆柱をもってきたものだという伝承がありますが、真偽のほどはわかりません。

御朱印船は続々と海外へ出てゆきました。南へいくとルソン、いまのフィリピンです。中国泉州から西へいって海南島をこえると、ベトナム、インドシナ半島にぶつかります。つきあたったところは、いまダナンといっておりますが、むかしはツーランという町でした。港は、いまはホイアンという名まえになっていますが、むかしはフェイフォです。そこへ日本の商船隊がはいってゆく。商船隊ですけれど、持っていったものは、むかしの渤海貿易の絹などという平和なものではありません。主力は武器だったようです。その当時の日本商船隊というのは、いわば「死の商人」です。当時、ベトナムは南北にわかれて内部抗争をくりかえしていました。そのちょうど真んなかあたりに船をつけて、両方相手に商売していたのです。日本の甲冑、刀剣類、武器はひじょうに性能がいいというので、たかく売れたようです。わたしはその町にいきましたが、フェイフォには、そのころの日本人のお墓がのこされていました。現在も日本人の子孫と称する人たちがいるようです。

ベトナムの南をまわりこむとカンボジアです。その首府プノムペンの西方にウドンという町があります。そこにも日本人町があったのです。カンボジアには有名なアンコールワットがあります。アンコールワットは壮麗な石造寺院ですが、その内壁に筆で書いた日本人の署名があります。肥州の住人の森本右近太夫一房というひとで、日づけは寛永九年とある。一六三二年です。かれも、あるいはウドンの住人であったかもしれません。森本右近太夫はこの壮麗な寺院をみて、祇園精舎へ来たとおもったようです。その当時、アンコールワットの絵図面が日本の内地でずいぶんと印刷されて出まわっていたのです。それにはまぎれもなく「祇園精舎」と書いてある。だから、森本右近太夫のおもいちがいも無理からぬことなのでした。ほかにもたくさんの日本人がアンコールワットへ行ったとおもわれます。これが一七世紀のはじめです。

それからさらに西へいきますと、日本人のつぎの大根拠地がタイのアユタヤです。アユタヤというのは、いまのバンコクからメナム川をすこし北へさかのぼったところで、当時タイの首府で王城がありました。のちにビルマ軍がゾウ軍をひきいてせめこんできて、アユタヤはほろぼされます。だから日本人町も全部廃墟になってのこっていません。

そのアユタヤ時代に日本人が大活躍したという伝承はあります。いわゆる山田長政の伝説です。数年前に、アユタヤの博物館をつくってくれという要請がタイから日本政府にあって、日本がのりだしたことがあります。そのとき、バンコク在留の日本人は山田長政記念館をつくりたかったのですが、タイ側は、そういう史実はないというのです。いまはりっぱな博物館ができていますが、山田長政は出てきません。山田長政という人は正体不明です。静岡県の清水の出身だということになっていますが、まったく架空の人物のようです。清水次郎長の完全な創作だという説もあります。

いまのミャンマー、ビルマの西部にアラカン王国という独立国がありました。そのアラカン王家には日本武士の傭兵団がいたことがわかっています。いろいろ記録があるのですが、日本武士というのは、じつに勇敢でよくたたかうけれど、いばりかえっていると書いてあります。日本人はここまで来ていたのです。

幻のベンガル湾海戦

このように、日本人はつぎつぎと拠点をつくっていったわけです。東南アジア全域にわたって、日本の商船隊はそうとうの規模で展開していました。これがすでにベンガル湾まで来ているのです。そのころ、ベンガル湾の対岸カルカッタ、それからフランスのシャンデルナゴルなどの港町には西欧の武装船団がはいってきています。

このままいけば、どうなったでしょうか。歴史で「もしも」というのは言っても仕かたのないことですけれど、わたしは空想をたのしんでいるのです。アキャブまで日本の武士団が来ています。すぐうしろのアユタヤには、そうとうおおきな日本人町があり、続々と日本人がつめかけてくる。

しかし、その後、日本は南方への道を段階的に閉ざしてゆくのです。一六三九年に、最終的に鎖国を完成します。もしこの鎖国をしないで、日本人勢力が進出をつづけていたら、どうなったでしょうか。わたしは、ベンガル湾において、対岸まで来ているイギリス勢力と衝突したであろうという空想をえがいています。わたしはこれを「幻のベンガル湾海戦」と呼んでいます。これはしかし、じっさいには起こらなかった。日本が鎖国という奇妙なことをやってしまったために、全員総引きあげだったわけです。あるいはかえれなくなってしめだされて、そこで生をおえたひともたくさんいたはずです。ベンガル湾海戦は起こらなかった。それは一九四〇年代にまで持ちこされたわけです。

一七世紀初頭には、すでに日本も西ヨーロッパ諸国も大航海時代にはいっています。だから、もし鎖国がなくて、日本の海洋勢力が順調にのびていたら、東南アジアだけではなく、東にむかって太平洋をわたってカリフォルニアを占領していたかもしれない。アメリカ大陸では東からイギリス、フランス勢力がおしよせてきますから、どこかでぶつかったにちがいありません。ミシシッピ上流あたりでしょうか。そうすると、ロッキーから西は日本にまかせるというようなことになったかもしれない。これもひとつの歴史の空想です。

西太平洋同経度国家連合

最後に、今後の日本があゆんでゆくべき方向について、ひとこと意見をのべておきます。日本はいままで、西のほう、大陸にばかり関心をはらい、関係をもとうとしました。しかし、その結果はまことに無惨なことでした。

日本はもともと海洋国家です。それも、さきほど言いました「ツングース水軍」にはじまって、みんな船に乗って活動してきたのです。大陸国家とはちがうのですから、大陸の諸地域とふかい関係をむすぼうとしても、よい結果はえられません。

歴史的にみても、最初に大陸に手をだして大やけどをしたのが六六三年の白村江《はくすきのえ》のたたかいです。新羅と唐の連合軍に対して百済と日本の連合軍がこの川のうえで激突したのです。このたたかいで日本軍は壊滅的な打撃をうけました。日本に逃げかえったひとはほとんどいなかったのではないでしょうか。これが第一回の大陸における大失敗です。

第二回が、これまた朝鮮半島ですが、秀吉の朝鮮出兵です。これはいったいなにをやったのでしょうか。これほど無意味な対外戦争は、世界史のなかでもめずらしいのではないかとおもいます。佐賀県の名護屋城というのは、このときの秀吉の出兵の根拠地でした。山のうえから北を見ますと、はるかかなたに朝鮮半島がひろがっているはずです。ここから各大名の船が自分の家紋をかかげた帆をはって、続々と出てゆく。それを秀吉は見ていたのです。どういうつもりで見ていたのか、ふしぎな気がします。こんなにみごとな侵略戦争もめずらしい。大義名分もへちまもないわけです。要するに「朝鮮をとってこい」というだけでした。それでなにがのこったか。各将兵が出兵して、朝鮮半島をあらしまくって、のこったのは、じつにふかいうらみだけです。なにひとつ得るところはなかったのです。

第三回の大陸出兵の惨憺たる状況は、二〇世紀における日清、日露、それから日中戦争です。これもなにひとつ得ることがなかった。日本は大陸にふかくかかわって、ロクなことはないのです。日本人は、西の大陸と友好的関係をもつことはたいせつでしょうが、ふかいりしないほうがよいのです。大陸というのは、あるいはアジアというのは、そんなになまやさしいものとちがいます。アジアの大陸的古典国家は、人間のあらゆる悪――悪ということばはわるいですが――どろどろした人間の業《ごう》がいっぱいつまっているところなのです。日本人のようなおぼこい民族が手をだしてうまくいくものとちがうのです。わたしはアジアをずいぶんあるいていますので、そのことを痛感しています。

大陸ではなく、海に関心をもちましょう。海は日本のもともとのふるさとです。海にもどりましょう。海というのはどこのことでしょうか。南をむきなさい。太平洋にはたくさんの島があります。その島じまと日本との連帯をかんがえるのです。大陸へ行くには東西に同緯度をたどってゆくわけですが、こんどはそうではなくて、南北の同経度連合をかんがえようというのです。太平洋の諸島をむすびあわせた太平洋国家連合というゆきかたがあるのではないでしょうか。日本、インドネシア、ミクロネシア連邦、フィリピン、パプア・ニューギニア、オーストラリア、さらにニュージーランド、これらとの島嶼国家連合を本気になってかんがえないといけません。

なかでも、とくにだいじなのはオーストラリアです。いま、オーストラリアの鉄鋼、アルミ、天然ガスなどの、あの安定供給がなければ、現代の日本文明をささえることはとうていできません。逆に、日本の安定需要がなければ、オーストラリアは生きていくことはできないのです。オーストラリアと日本とは共存共栄のぬきさしならぬ関係にはいっております。将来ともそうだとおもいます。ですから、西へむかって大陸に手をだすことはもうかんがえるな、日本からオーストラリアにかけての西太平洋同経度国家連合をかんがえたほうがよろしいですよということです。これが日本民族のいきる道、二一世紀以後の未来図だとわたしはかんがえています。

旧版解説

谷　泰

「文明の生態史観」は、世界史理論に関して、戦後に提出された、もっとも重要なモデルの一つである。本書はすべてで一一の論考からなっている。いずれも一〇年いじょうもまえに発表されたものである。いや前半の部分は、二〇年もまえになる。だのに、いまよんでみても、けっして古いという印象をあたえない。かつて生態学者であったという著者の、自然科学者としての具体的で、客観的な理論にささえられ、ひごろ漠然と感じていたことがらが、その理論の枠組みのなかで、きちんと整理して納得的におさめられてゆくとき、魅力と、理論としての強さを感じさせる。

この比較文明学の発想の時点は、一九五五年である。一九五五年というと、戦後日本が復興後、国際的世界にまともに復帰しはじめた時期にあたる。当時著者は、大阪市立大学の生物学教室に所属していた。発想の場所は京都大学カラコラム・ヒンズークシ学術探検隊に参加しておとずれたアフガニスタン、パキスタン、インドの地においてであった。ちなみに、この学術探検隊は、のちのわが国における海外学術調査の隆盛の糸口をつくった、戦後さいしょの総合学術調査隊であったことをも記しておこう。

当時、人文・社会科学系の学者のほとんどの関心は、日本の近代化をどのように位置づけるかということにあった。いまでこそ、日本で近代化論争は過去のものになった感がある。しかし当時はそうではなかった。しかもそのとり上げ方は、西欧諸国の発展段階をモデルにして、日本はその発展段階のどこに位置するか、というものであった。ところでそれらの議論の中に、東南アジアはもちろん、インドやイスラム世界が登場して比較の対象になるなど、およそ考えられもしなかった。西欧の第一走者たちのコースの脇に、日本のためのコースを想定し、いま日本はどこを走っているかを議論している観があった。もちろんこういった日本と西欧への極度の関心の集中から自由な人もいた。ところがこういう人も、アジア的専制、アジア的停滞、アジア・アフリカ的連帯というキー・タームの背後に前提されている、戦前いらいの借りものの、西洋と東洋という二分スキームで世界を論じていた。

もちろん、明治いご一〇〇年の日本の歴史は、いかにして日本を、西欧なみの近代国家にするかという努力の歴史であった。近代化はすなわち西欧化を意味していた。それをおもうと、こういう議論が一般的だったのも無理のないことであった。一〇〇年にわたる、西欧を手本にしたがむしゃらな力走のあいだ、インドや東南アジアなど眼中に入れる余裕さえなかったのが、正直いって、明治いごの日本的状況だったからだ。

しかし、第二次大戦後のいわゆる非西欧諸国の国際舞台への登場、そして復興後の日本のそれへの積極的参加の時期がおとずれたとき、西欧にだけ眼をむけて走ることで事たりる時代はおわっていた。一九五五年とは、じつはそういう時期であった。

「文明の生態史観」の発想が、こういった時期に、しかも日本の多くの学者の関心外にあった〝中洋〟にたって生れた、ということは象徴的でさえある。学者は保守的なものだと著者はかいている。ところが著者は、転換する時代の先端にたって、一般の関心のそとにある乾燥した世界にとび出して、この斬新な発想をえているのである。

もちろん、こういったからといって、先を見通した目先のきいた発想だ、と思ってもらってはこまるのである。内容と発想のいきさつとは、べつの事柄なのだ。さて一一の論考のうち、梅棹理論の構想が体系的に示されているのは、『中央公論』誌上に発表された「文明の生態史観」（一九五七年）である。そして、翌年に同誌上に発表された「東南アジアの旅から」では、その理論の精緻化がこころみられている。ところで、この「文明の生態史観」の最初のところで、著者は、トインビーという西欧側の文明論の挑戦に対する応答として、この論文を発表するのだとのべている。しかし文明論というものが、トインビーの紹介にもかかわらず流行しないわが国の学問風土の中で、この文明の生態史観は、マルクシズムの発展理論をはじめとする、世界史の理論に対する大胆な挑戦として、学者のあいだでは、受けとられた観があった。その国内的反応についてはさておいて、まず文明論として、トインビーの理論との相違と特徴をのべておこう。

トインビーの「歴史の研究」は莫大な歴史知識をもりこんだ、長大な書物だ。そのため、理論の枠ぐみがわかりにくいが、要は文明についての個体モデルを骨子としている。歴史上に発生した文明は、それぞれ生誕から成長、死にいたる、生体の一生のサイクルに類比されるパターンをもっているというのである。トインビーがこのように個体の一生をモデルにみているのに対し、著者は個体の集りとしての群落のサクセッシヴな展開をモデルにみたてている。「木をみて森をみず」という言葉があるが、「木をみず森をみる」立場といえようか。木の一本一本は死んでも、森はその個体の寿命をこえて、生きつづけ、灌木林から喬木林にまで遷りかわってゆく。もちろん樹種構成や遷移（サクセッション）の速度、遷移のパターンは、環境におうじ、初期条件におうじ多様である。外から別種の木をもちこんでも、森の条件は変ってくるかもしれない。生態学者としての著者の発想は、トインビーのモデルとおおきく異なっている。しかも個体モデルが、各文明の性格形成を、個性というヴェイルの背後に押しやるのに対して、この群落モデルは、環境という、より科学的に規定しやすい土俵のなかに、文明を位置づける。文明の分類と配置が、地球学的基礎のうえでさだめられる。そこにトインビーの文明論よりも、より普遍的な、それだけに人類学的な文明論の枠ぐみが示されうることになったのである。しかも群落は個体とは別のパターンであるにしても、歴史的に遷移する。そこに文明の条件におうじた、歴史的法則を打ち出すこともできた。他からの影響を考慮する余地をもひらいていた。生態学的文明モデルは、その理論の柔軟性と妥当性を約束する、多くの要素をもっていたのである。文明論のモデルとして、梅棹モデルは、トインビーのそれよりもすぐれている。しかし文明論のはやらない日本の風土にあって、まともにその文明論史上の意味を論ずるものはなかった。むしろ「文明の生態史観」は、当時、なんらかのかたちで、歴史理論にかかわる学者に対して、かくれた挑戦の書としてうけとられた。挑戦として映ったのには、それなりの理由がある。つぎにそれについて触れておこう。

戦後わが国では、マルクシズムの発展段階論が、歴史理論展開の、また歴史解釈の下敷きとされていたことは、いうまでもない。「文明の生態史観」は、その理論の背後で、暗黙のうちに了解されていた前提に対して、考えの修正をせまるものをふくんでいた。近代化はそのまま西欧化を意味しないということはもちろん、発展段階は多様だという主張は、西欧をモデルとして歴史をみる、公式的段階論者に対する挑戦を意味する。と同時に、アジアをふくめた日本を、近代化においてつねに一歩おくれた段階に位置づけて、実践のための理論的基礎を提供しようとする人びとに対しては、日本を他のアジアからきりはなして、西欧と同じ第一地域に分類する考えは、かれらの理論の約束する現実関連性を否定する可能性をもっていた。ところが他方、M・ウェバーやO・ヒンツェなどの指摘していた封建制の比較論についての、西欧と日本とのパラレリズムの論拠に一つの見通しをあたえている。またアジア的専制国家論や停滞論にも地球学的根拠からの見方を示している。歴史理論への挑戦とうけとられるだけの有力な打撃力を、著者の理論は含んでいたのである。

歴史理論にかかわりのある学者たちの多くが、著者の論文をよんだ。しかし、この挑戦に対する応答は、まともなかたちでいまだ提出されていない。欧米の学者の歴史理論は、紹介に熱をいれるが、自国の学者の挑戦はさけるという体質にくわえて、生態学的発想の意味が理解できなかった点もある。「文明の生態史観」は、和辻の風土論の延長上にある環境決定論ではないか程度の応答で、挑戦をかわしたのである。おまけに論文として、あまりに簡潔明快すぎることと、そのわかりやすい表現のスタイルが、複雑を好み、細かくせんさくすることのすきな歴史学者たちの体質にあわなかった点もあったかもしれない。

しかし、その理論的枠組みと、その立場のもちうる視野の地平の広さにおいて、和辻はもちろんのことマルクスの歴史理論とも、マックス・ウェバーの理論ともまったく異なる立場から、重要な提言がなされていることは、二〇年たったいまになってもかわりない。ところで、この「文明の生態史観」による刺戟のうけとめ方はさまざまだったが、それらの中で、この理論を積極的にうけとめ、その展開をしようとしたグループがある。それは京都大学人文科学研究所の今西錦司の主宰した研究班であった。ここでの討論の成果のうち、その一部は、本書の九三、九四ページに注記されている論文として残っている。わたしたちは、これらの論文による間接的影響を無視してはなるまい。

さて著者は、この「文明の生態史観」の骨格を発表したのち、それにつづく論文で、独自の展開をおこなった。著者にとっての文明とは、社会と文化との総体、つまり生活様式の諸要素のデザインの仕方としてとらえられている。したがって方法としては、社会人類学ないし文化人類学的方法がとられる。中近東の旅からのあと、東南アジア、アフリカと人類学的調査の機会をますたびに、比較文明学の内容も豊かさがましていったことが、これらの論考からうかがえる。ただ、その後の展開が、いわゆる人類学的視点からのみではなかったことも、つけ加えておきたい。というのは、いわゆる高等宗教や官僚機構など、ふつうは人類学者のとりあつかわないものまでが、比較の対象になっているからだ。とりわけさいごの、「比較宗教論への方法論的おぼえがき」は、人類学の論考らしくない。むしろ比較宗教社会学の分野がとりあつかう対象がとりあげられている。ところがそこでも、伝染病の生態学の一分野ともいえる疫学モデルがアナロジーの基礎になっている。

著者は、このさいごの論文を、東アフリカで人類学的調査をおこないながら書いた。そして帰国後、大阪市大の生物学教室をさって、京都大学人文科学研究所の社会人類学研究室で共同研究班を主宰することになった。公式的にいえば生態学研究者から、人類学者に変身したということになろうか。共同研究テーマは「文明の比較社会人類学的研究」であった。班員のなかからは、「文明の生態史観」のモデルをさらに発展させた、ユニークな論文がつぎつぎと発表された。また著者もみずからの比較文明学の内容を豊かにする論考を発表しつづけている。したがって、本書におさめられている論考は、大阪市大在職中に書きあげられたものだけをまとめたものといえよう。

「新文明世界地図」にのべられた言葉をかりれば、「文明の生態史観」は、土地に根ざした人類の歴史を、全地球的歴史のながれの中において、ひずみのない姿の下にみようとする、戦後提出されたもっとも重要な人類史モデルの一つであった。さてこのたび著者は再度の変身をして、国立民族学博物館の館長となった。まさにひずみのない人類の姿をよりいっそう精力的に明らかにする仕事にのり出したことになる。この機会に、「文明の生態史観」が中央公論社の文庫本におさめられ、多くの新しい読者の目にふれるようになったことを、よろこびたい。

［一九七四年八月］

〈世界史〉に求められるものは何か――増補・新版の機会に

谷　泰

本書には、梅棹忠夫が一九五〇年代半ば以来公にし、のちに〈梅棹の文明の生態史観〉と呼ばれることになった世界史理論にかかわる一二の論考がおさめられている。なかでも「文明の生態史観序説」（『中央公論』一九五七年二月号）および「東南アジアの旅から」（『中央公論』一九五八年八月号）とは、みずから〈文明の生態史観〉と呼んだユニークな世界史理論の基本的視点を世に問うかたちで示した基本文献と言ってよい。また本文庫版の旧版にはなく、新たに付加された「海と日本文明」を含めた他の掲載論考は、この二論文で提示した世界史の理解枠のさらなる精緻化、あるいはそれぞれの対象地域に応じてのより詳細な記述といった、なんらかのかたちで〈文明の生態史観〉に関連する論考である。その点で本書は〈梅棹の生態史観〉を知る格好の一冊と言ってよい。

ところでわたくし、五〇年まえの旧版解説の冒頭で、〈同氏の「文明の生態史観」は、戦後提出された世界史理論としてもっとも重要なモデルのひとつであり、二〇年たったいまも決して古いという印象を与えない〉と記した。そしていまもその判断に基本的変更はない。ただそこでわたしは「戦後提出された世界史理論として」という限定符を付していた。そういう限定符を付した背景には、彼の理論が公にされた後、トインビーの文明論や戦後日本の歴史学世界で盛んに論じられたマルクシズム的歴史発展段階論との対比で、〈梅棹の生態史観〉がさまざまにあげつらわれた。そのほとぼりの冷めない頃に解説を書いたことが関係している。いまなおこういう限定符を付したままでいると、戦後はそうだとして、それ以前なら〈梅棹の生態史観〉に類する世界史理論がすでに提出されていると解釈する余地を残すことになる。じつは後述するように、梅棹の生態史観は、戦後はもちろん、戦前を視野に入れても、他に類を見ない、ひとつの重要な視点を提出した世界史理論だとわたくしは考えている。

もちろん〈世界史理論〉とは、〈歴史理論〉の中でも特異的位置を占める理論群である。〈梅棹の生態史観〉がこういう理論群のなかで他に類を見ないものなら、あまたある〈歴史理論〉のなかでも他に類を見ないことになる。ならば「世界史理論として」などと言わずに、広く〈歴史理論〉として評価する方が、そのユニークさが一層強調されるのかもしれない。にもかかわらずわたしは、やはり「世界史理論として」という限定符は維持して評価したい。というのも〈世界史理論〉とは、近代、それも十九世紀後半になって初めて獲得された地球規模での〈世界知（グローバル・ナレッジ）〉の下でようやく成立可能になった歴史理論群で、それ以前の歴史理論とは異なる機能をもちうる。梅棹理論もまたそう言う条件を備えている。このことを示したうえで、しかし他の世界史理論とは明確に異なる世界知を基礎とした世界史理論だということを強調したいからである。

そこでまず〈世界史理論〉というものを、それ以前の〈歴史理論〉との対比の上で理解すべく、それまでの〈歴史理論〉について考えてみる。中国の歴史書の古典司馬遷の『史記』と古代ギリシャ史の古典ヘロドトスの『歴史』とを見比べても、そこには歴史を動かすエージェントとしてなにを措定し、いかにそれらを関係づけるか、その枠組みに大きな差異がある。近代ヨーロッパで国家に焦点をさだめ、それを国家理性の展開として描く歴史記述もユニークな歴史理論だ。またルネッサンス期の〈古代の再発見〉を契機とし、ついにヨーロッパ連合構想の基礎理論を提供した古代ギリシャ・ローマから中世的ゲルマン世界、そしてついに啓蒙先進地域としてのヨーロッパ近現代へというヨーロッパ史記述の背後にある歴史理論も、イスラム世界の歴史家からすれば歴史の簒奪かもしれない。しかし議会制民主主義、法における平等、ロゴス的普遍といった理念の展開として、特定の時間的・空間的拡がりを画した固有の歴史理論である。そしてそれらは、互いに理論的枠組みを異にしつつ、つぎの点で一致している。記述される歴史主体と関連性をもつとみなされた出来事を、地域的・時代的拡がりを限って中心的に記述し、その外部の残余を周縁的領域として触れない。結果として、現在のいかなる地点から過去の関連性ある事象を見晴るかし、ある深度の過去から記述を説き起こすか。そういう記述者の現在地から放射的に網掛けされる視界に応じて見えてくる異なった〈見え〉の数だけの歴史記述、ひいては現在の位置づけが生ずる。そして、関係づけられた範囲内の人々相互は縁ある衆生、関係性ある同士として相互的差異了解の手がかりが提供されても、その外部にある人々との通底しあえる道を用意するものにはならない。ところがこのような知の構図に決定的な変更をもたらす契機が、世界周航航海の成功とともに訪れる。そしてさまざまなレベルでの世界的規模での知の蒐集蓄積のもとで、やがて地球という限られた同一地表に住むもの全体を同類として見晴るかした〈世界知〉にもとづく歴史記述の試みがなされ始める。

こういう歴史上未曽有の知の近代的展開とともに提出された〈世界史理論〉のなかで、最も早く明確な理論枠組みをもって提起されたものに、マルクスの諸著作に見出せる歴史の〈発展段階論〉をあげることができる。そこではいかなる人類の歴史段階においても措定されうる〈所有〉形態の発展として人類史が記述される。このようなマルクスの〈世界史理論〉が、ダーウィンの生物の進化論とほとんど時を同じくして提起されたことは、この時期のヨーロッパでの世界知の獲得状況を象徴的に示してはいる。ただ、マルクスの発展段階論と、ダーウィンの進化論とでは、基礎にする世界知の内容が異なるだけでない。

〈進化〉と〈発展〉という語からもわかるように、その理論構成の枠組みが異なる。世界知の獲得が、近代科学技術の展開の担い手であったヨーロッパ人によって進められたこともかかわり、マルクスもまたヨーロッパ中心的な進歩史観の外に立つものではなかった。結果として、それ以前からあった中心・周縁的構図をもつ〈ヨーロッパ史〉理論の枠組みを引きずったまま、ヨーロッパを発展段階の先端に位置づけることになる。こうしてユーラシア大陸西端のヨーロッパを〈先進〉と位置付けたうえで、その東の外部に隣接していた〈周縁〉地域の呼び名であった〈アジア〉を、大陸のはるか東端にまで拡大して、近代資本主義段階以前とみなす。爾後に議論される〈アジア的生産様式〉、〈奴隷制段階〉、〈アジア的停滞〉、〈アジア的専制〉といったテーマは、しょせんこういう〈周縁〉的余白の性格付け、また細区分のために提起されたものであった。こうしてあまねく見出せる〈所有〉形態の発展スケール上に、諸地域の社会を位置付けることで、相互的差異を通底しあったものとして見据え合う地平を提供したものの、そこで見えるのは対等性を欠く、追いつくべき先端からの距離であった。

ところでダーウィンの進化論を、生物レベルでの〈世界知〉を基礎にした、生物に関する〈世界史理論〉と呼ぶとして、その理論構成の枠組みにも系統分化での先後はある。しかしそこには中心も周縁もない。いかなる現存種も、適応という観点から、それぞれが個々の環境に最も適応したものとして競争的に生き残った種として位置づけられるのであって、対等である。進化は、生物起源の一点からはじまる複雑性にむけての差異化増大過程として示される。そしてその多様な分化系統樹の先端から過去へと遡ると、すべては原初的な始点に向けて収束する糸のいずこかで繋がっている。それこそ自動翻訳の基礎を用意した生成文法理論にも似た、差異ある生成の経緯を相互照合しあえる地平を開いた理論枠組みなのである。そしてこのような種の系統分類と分布の知識、そして地球的規模で収集された気候データをもとに、二十世紀初頭には、植物群落のタイプと気候条件とを関係づけた植生区分図が、植物生態学の分野で提出される。また植物種間関係のもとに形成される地域に応じて固有な群落形成の過程を記述する記述枠として、植生をめぐる時系列的サクセッション理論が提唱される。もちろん人類も、ダーウィンの進化系統樹の一分枝の末端に位置し、他の動植物と同様、特定の生物的他者を食することで、固有の生態的位置を占めたものである。こうして植生区分で示される生態環境のどこで生活を始めるかに応じ、人類は異なった対応を迫られる。そこで道具使用を開始した人類は、所与としての植生条件に受動的に対応するのではない。とりわけ農耕・牧畜の開始以後、自然条件の改変、とりわけ食物として選んだ動・植物の再生産にとりより好ましい局所的に均等な条件を人為的に作り出し、それを拡大することに乗り出す。そこで技術的にはより容易な灌水のための砂地の給水溝掘りから、重い伐採・耕作具での森の開拓へと、地域の生態的条件によって、開発の進行速度も時期も異なる。こうして生産、流通、そしてこれらをコントロールする人的編成の総体をひとまず〈文明〉と呼ぶことにして、その成立時期も、その性格も、生態的条件で異なることになる。こうして、所与の地球環境条件の配置を無視した自然の大規模な改造が進行する十九世紀の技術段階以前では、世界の植生区分図でみるような地域によって異なる生態学的制約のもとで、諸文明が構成される。生物レベルでの〈世界知〉の獲得以後に生まれた、中心／周縁とも先進／後進とも無縁な生物・生態レベルでの〈世界史理論〉は、こうして人類レベルでの〈世界史理論〉の成立にとって無視できない意味連関性をもつ理論群として、二十世紀初頭に登場してきていた。

まさにそういう時代に梅棹が、旧大陸の東端日本において、このような世界の植生区分図を作成した吉良竜夫をもふくむ、生態学者今西錦司を中心にしたグループの一員であったことは、かれの〈文明の生態史観〉が構想されることになる背景を理解するうえで重要である。彼はこういう知識的背景をもって第二次世界大戦中モンゴルで、わが国では出会うことのない草原の遊牧民に出会う。またラクダのキャラバンを組んで砂漠に乗り出す移動商人集団をも見る。一九五五年のカラコラムヒンヅークシ学術調査隊へ参加したおりには、乾燥した西アジアからモンスーン・アジアの西端インドを旅する。さらに東南アジアを経験する。こうして、これらの地域がどうして〈アジア〉という一語で呼ばれうるのか、アジア概念の異常さを実感するのである。そしてパキスタンからインドへの移動のさい、道中を共にした西欧の学者との討論を通じ、封建制が日本と西欧において固有に成立していることに気づく。ちなみに、ドイツの歴史家O・ヒンツェはすでに、封建制がヨーロッパと日本とで並行的に成立した事実に注目し、それを古代帝国の支配制度が、その外縁部の氏族的権力が分散した地域に導入されるときに現れる固有の地域統合原理であるという見解を示していた。たしかにこの両地域は、地球生態学的植生区分からして、大陸の中央部を傾きをもって走る乾燥した砂漠・サバンナ帯の西北および南東端を占める冷温帯樹林帯に属する。しかも文明成立の開始期という点からも、乾燥した砂漠・サバンナ地帯とは遅れ、かつ異なった骨組みをもった分権的な文明圏として近代化を達成している。梅棹は、こういう気づきの下で、植生区分図をそれなりに念頭に置きつつ、大陸中央を斜めに走る乾燥帯とその東西に隣接する湿潤な樹林帯とを第二地域、第一地域と二分して、世界史を理解するための基本的な理解枠を提出したのである。

先に指摘したように〈マルクス的世界史理論〉は、まさにヨーロッパの中心化に起因するアジア概念の異常な拡大、そして先進／後進的枠組みから自由ではなかった。他方、トインビーにも見られるような〈文明論〉は、世界的規模でひとしく諸文明を枚挙はしても、並列的に示すだけで、通底する一般的理解枠を欠く。それに対して〈梅棹の生態史観〉は、地球規模での生態環境という〈世界知〉のもとで、アジア概念を正すだけではない。異なる文明に属する人々がともに参照し、通底的に理解しあえる基準的枠組みを提出したのである。もちろん第一地域／第二地域といった区分は専門の歴史家からすればあまりにも乱暴な二分論と映るだろう。しかしこのようなマクロな生態環境の配置を参照することで初めて顕わになる事実もある。こういう科学的世界知に根差した生態学的配置への理解から、世界史の展開パターンを把握しようとした世界史理論はこれまで出されていないのである。しかもざっくりとした区分であるだけに、さらなる二次的座標軸の定立を許容する点で開かれた、しかしひとつの無視できない基準座標軸の提案なのである。だからこそ彼は、本書に収録されたその後の関係論文において、東洋でも西洋でもない〈中洋〉論や、陸地の植物生態とは別個の環境で生活世界を展開した海洋民の意味を論じた「海と日本文明」といった個別的論考をものしている。彼はこうして、自己の揺らぐことのない視点を維持しつつ、付加修正可能な開かれたものとしてこの理論を提示している。そのことを認めてもらって、わたくしとしては、大枠の第一／第二地域区分に加えて、ユーラシア大陸の東西で区分される夏雨／冬雨という区分も考慮されてよいと考えている。読者もまた、個々の論考を批判的な眼で読まれ、ご自身の世界を見る枠組みを作り上げる手がかりとされることを期待している。

爾後的な話だが、この理論が提出されたあと、京都大学人文科学研究所で、いくつもの専門分野の研究者を集めた今西錦司主宰の共同研究で、梅棹の文明の生態史観の有効性が議論された。そして自然とのかかわり方において決定的な移行を画した産業革命段階以前での世界史を考えるうえでは、十分有効性をもつ視点であるとされた。このことを言い換えるなら、産業革命期に入るとともに、このような視点は有効性を失うということだ。事実現在、人類は、地球レベルでの生態的配置を超えて、モノと情報をめぐる科学技術をもって、地球での生態的環境を危機に貶めている。梅棹の文明の生態史観は、まさにその有効性の限界を知る時点において、陰画として、地球の長い歴史を通じて形成された固有の生物・生態的配置の重要性を再確認させているともいえる。そういう点でもわたくしは、マルクシズムを含めた進歩的世界史理論にも、単なる文明史論にもみいだせない深い射程をもった世界史の枠組みを設定した〈世界史理論〉だと考えている。［二〇二三年九月］

（たに・ゆたか　京都大学名誉教授）

『文明の生態史観』
中公叢書　一九六七年一月
中公文庫　一九七四年九月
中公文庫改版　一九九八年一月
『梅棹忠夫著作集』第五巻（中央公論社刊）　一九八九年一〇月
中公クラシックス『文明の生態史観ほか』　二〇〇二年一一月

「海と日本文明」
『中央公論』　二〇〇〇年一月号

編集付記

一、本書は『文明の生態史観』の完訳英語版（二〇〇三年刊）の内容構成に合わせて、中公文庫旧版（一九九八年一月刊）に「海と日本文明」を増補したものである。それぞれ中公文庫（一七刷、二〇二二年六月刊）、『中央公論』二〇〇〇年一月号を底本とした。

一、本文中の地名等の表記は旧版刊行当時のままとしました。

一、本文中に今日では不適切と思われる表現もありますが、著者が故人であること、刊行当時の時代背景と作品の文化的価値に鑑みて、底本のままとしました。

中公文庫

文明《ぶんめい》の生態史観《せいたいしかん》
——増補新版《ぞうほしんぱん》

2023年10月25日　初版発行

著　者　梅《うめ》棹《さお》忠《ただ》夫《お》

発行者　安部順一

発行所　中央公論新社
〒100-8152　東京都千代田区大手町1-7-1
電話　販売 03-5299-1730　編集 03-5299-1890
URL https://www.chuko.co.jp/

ＤＴＰ　嵐下英治
印　刷　三晃印刷
製　本　小泉製本

Published by CHUOKORON-SHINSHA, INC.
Printed in Japan　ISBN978-4-12-207426-2 C1130

各書目の下段の数字はISBNコードです。978－4－12が省略してあります。

中公文庫既刊より

う-15-10
情報の文明学
梅棹 忠夫
今日の情報化社会を明確に予見した「情報産業論」を起点に、価値の生産と消費の意味を文明史的に考察し、現代を解読する。〈解説〉高田公理
203398-6

う-15-12
行為と妄想 わたしの履歴書
梅棹 忠夫
すべての探検と学究の糸口は妄想からはじまった。国立民族学博物館初代館長、碩学が初めて綴った、思索の道筋。日経新聞「私の履歴書」に大幅加筆。
204006-9

う-15-15
女と文明
梅棹 忠夫
半世紀以上前に発表するや賛否両論の大反響を巻き起こした「妻無用論」「母という名のきり札」。先見的な女性論、家庭論を収録。〈解説〉上野千鶴子
206895-7

よ-33-6
養老孟司の幸福論 まち、ときどき森
養老 孟司
まちに集中する人ともの。このままで本当に良いのだろうか……？ 現代人に警鐘をならし、ユニークな視点でほんとうの豊かさを考え直す、養老流の幸福論。
206140-8

う-16-3
日本人の「あの世」観
梅原 猛
アイヌと沖縄の文化の中に日本の精神文化の原形を探り、人類の文明の在り方を根本的に問い直す、知的刺激に満ちた日本文化論集。〈解説〉久野 昭
201973-7

う-16-4
地獄の思想 日本精神の一系譜
梅原 猛
生の暗さを凝視する地獄の思想が、人間への深い洞察と生命への真摯な態度を教え、日本人の魂の深みを形成した。日本文学分析の名著。〈解説〉小潟昭夫
204861-4

や-8-3
本の神話学 増補新版
山口 昌男
自分だけの「知の見取り図」は、いつの時代も蔵書（アーカイヴ）から生まれる。著者の代表作に「図書館」に関する講演録・随筆を増補。〈解説〉山本貴光
207408-8